Kontaktadresse nach EU-Produktsicherheitsverordnung:
produktsicherheit@droemer-knaur.de

KNAUR

Im Knaur Taschenbuch Verlag sind vom Autor bereits erschienen:

Das große Siegel
Buddha und die Liebe
Vom Reichtum des Geistes
Wie die Dinge sind

Über den Autor:

Lama Ole Nydahl ist einer der bekanntesten Buddhisten des Westens und wurde 1972 vom Karmapa, dem Oberhaupt der tibetischen Karma-Kagyü-Schule, als buddhistischer Lehrer nach Europa geschickt. Nur wenige Jahre später wurde er zum Lama ernannt. Seitdem bereist er die Welt, um Vorträge zu halten, Meditationskurse zu leiten und Zentren zu gründen – mittlerweile über 600 in Europa, Amerika und Australien; davon über 150 allein im deutschsprachigen Raum.

Lama Ole Nydahl

Von Tod und Wiedergeburt

KNAUR

Herausgegeben von Hans Christian Meiser

Besuchen Sie uns im Internet:
www.mens-sana.de

Vollständige Taschenbuchausgabe Februar 2014

Ein Imprint der Verlagsgruppe
Droemer Knaur GmbH & Co. KG, München.

Redaktion, Recherche, Konzeption und Sprache:
Catrin Hartung, Maike und Pit Weigelt, Michael Fuchs
Erstellung der Abbildungen und Graphiken: Mika Blauensteiner
Glossar: Manfred Seegers, Jim Rheingans, Burkhart Scherer
Umschlaggestaltung: ZERO Werbeagentur, München
Umschlagabbildung: Ifa
Printed in Germany
ISBN 978-3-426-87357-1

6 7 5

Inhalt

Dank

Ich möchte allen danken, mit deren Hilfe dieses Buch entstanden ist. Peter Speier sammelte meine Vorträge zum Thema und überreichte mir schon 1991 ein vollständiges Manuskript. Astrid Poier aus Graz gelang eine kürzere Zusammenstellung der Belehrungen 1993. Erst nach 2005 war aber die Zeit gekommen, sich auf dieses Buch einzustellen. Die vielen Fragen bei meinen Phowa-Kursen, die Erfahrungen mit Schülern beim Sterben und mein eigener Fallschirmunfall vertieften die Belehrungen.

Caty Hartung begleitete das Entstehen dieses Buches die letzten zwei Jahrzehnte; Michael Fuchs und Pit und Maike Weigelt unterstützten uns die letzten fünf Jahre. Mika Blauensteiner verdanken wir die professionellen Fotos und Graphiken. Das umfangreiche Glossar erstellten wieder mit großer Sorgfalt Manfred Seegers, Jim Rheingans und Burkhard Scherer.

In unserem Europa-Zentrum, auf Sardinien und in Graz wurden wir wie immer liebevoll von unseren Freunden versorgt und konnten jeden Augenblick zum Schreiben nutzen.

Ich denke, viele werden ihnen allen mit mir danken.

Vorwort

Als meine Frau Hannah erfuhr, dass sie Lungenkrebs hatte, waren wir erschüttert, aber innerlich gefasst. Wir wussten, was uns und vor allem sie erwartete. Ihr Geist blieb weit, trotz unserer starken Liebe zueinander. Sie nutzte die letzten Monate ihres Lebens, so gut es ging, um ihre Arbeit abzuschließen, und verabschiedete sich dann einen Tag bevor sie ihre Sprache verlor bewusst von allen Freunden. Sie starb würdevoll mit einem Lächeln auf den Lippen.

Seit uns 1968 in Nepal Buddhas Lehre begeisterte, waren wir durch unsere tüchtigen Lehrer auf das Helfen anderer und den eigenen Tod vorbereitet worden. Meine Frau brauchte keine weiteren Belehrungen und wandte die entsprechenden Meditationen voller Vertrauen an. Ihre Umgebung konnte sich bestens auf ihre Bedürfnisse einstellen, denn auch sie wusste, was nun wichtig war, und so wurde sie liebevoll beim Sterben begleitet und unterstützt.

Auch die Trauerzeit um Hannah sah anders aus als üblich. Ich arbeitete nach einer kurzen Zurückziehung weiter, denn ich wusste, dass es ihr in dem jetzigen Zustand viel besser ging als in ihrem kranken Körper, und weil ich sicher war, dass wir in zukünftigen Leben freudvoll unser Wirken gemeinsam fortsetzen würden.

Dem Wunsch unserer Lamas und ihrer Übertragung entsprechend geschult, wurde ich über die Jahre zum Lehrer für diesen entscheidenden Augenblick im Leben. Mit steigender Freude kann ich immer wieder beobachten, welch heilsame Wirkung Buddhas Belehrungen auf verunsicherte Menschen haben, die nicht wissen, was sie am Lebensende erwartet.

Allen Schülern, die die Belehrungen zum zeitlosen Geist, zum Sterben, zum Tod sowie zur Wiedergeburt und vor allem die Übung des Bewussten Sterbens (Phowa) kennen, ist eine Sache gemein: Sie schauen unerschrocken in die Zukunft, denken an andere und sind Kraftspender für ihr Umfeld. Sie sind das stille Zentrum des Sturms, der angesichts eines bevorstehenden Todes meist über die Familie hereinbricht.

Mag dieses Buch vielen die Angst vor dem Sterben nehmen und ihnen helfen, schon jetzt die Samen für großes künftiges Glück zu legen!

Mit Blick über den See und die Berge im Europa-Zentrum im Juli 2010, im Segensfeld der Schützerin Weißer Schirm, am Tag von Schwarzer Mantel.

Euer Lama Ole

Der Kreislauf des Lebens

Alles fängt mit dem Zusammenschluss der größten und der kleinsten Zelle des Menschen an: der Eizelle der Frau und dem Spermium des Mannes. Aus dieser Verschmelzung entstehen innerhalb von neun Monaten Billionen von Zellen in 200 verschiedenen Ausprägungen. Nach einem Monat hat sich ein etwa sechs Millimeter großes Wesen gebildet, und vier Wochen später zeigen sich die Arme, Beine, Hände und Füße. Dabei ist die Entwicklung des Embryos nicht nur von Zellwachstum geprägt, sondern auch durch den Verfall von eben erst gebildeten Zellen. Damit die Hände später nicht wie kleine Paddel aussehen, müssen die Zellen der Schwimmhäute zwischen den Fingern sterben, denn erst dadurch werden die einzelnen Finger beweglich. Auch die Augäpfel könnten ohne gezieltes Absterben nicht vollständig ausgebildet werden, denn die Augen entwickeln sich aus einer einfachen Einstülpung der Haut zu einem komplexen Sinnesorgan. Ohne das Auflösen der Zellkerne in der ausgebildeten Linse wäre unser Blick im wahrsten Sinne des Wortes getrübt.

Ebenso entsteht im Gehirn zuerst ein Überschuss an Zellen, im weiteren Verlauf formen sich die Hirnareale durch die Rückbildung einzelner Zellen immer weiter aus. Doch die Erneuerung endet nicht – ganz entgegen der Annahme der Neurologie und Hirnforschung in den 90er Jahren, die das Gehirn bei Erwachsenen für nicht entwicklungsfähig hielten. Heute weiß man, dass es bis ins hohe Alter wandlungsfähig bleibt und selbst der Wegfall einer Hirnhälfte kompensiert werden kann.[1]

In der modernen Wissenschaft verabschiedet man sich zunehmend davon, den Menschen nur als eine Biochemiefabrik zu betrachten. Die ursprüngliche Annahme, dass das Gehirn den Geist »herstellt«, lag nahe, da sie sich gut in die materialistische Denkweise und europäische Geistesgeschichte einfügte.[2] Es wurde als eine wissensverarbeitende Maschinerie angesehen und das Bewusstsein auf eine dazugehörige Kontrollinstanz begrenzt. Dies ließ aber viele Bereiche ungeklärt, und hinzu kam das grundsätzliche Problem, dass der Geist Eigenschaften besitzt, die kein materieller Gegenstand aufweist.

In den letzten Jahren löst sich jedoch die Gehirnforschung zunehmend von dieser rein dinglichen Sichtweise und erweitert den Erfahrungshorizont über das neurobiologisch Erfassbare hinaus. Nicht nur, weil man hirnbiologisch viele Beobachtungen so nicht erklären kann, sondern vor allem, weil in der Nahtodforschung vermehrt nachgewiesen wurde, dass klare Erfahrungen unabhängig vom Gehirn möglich sind. Gewahrsein lässt sich also nicht darauf begrenzen – es ist eher ermöglichend als herstellend. In Befragungen von Menschen mit Nahtoderlebnissen berichten diese übereinstimmend von einem Gefühl der Ruhe und des Friedens (ca. 90 Prozent), von Lichtwahrnehmungen (ca. 77 Prozent) oder außerkörperlichen Wahrnehmungen.[3]

Ebenso wie die Quantenphysik entfernt sich auch die Gehirnforschung heute in großen Schritten von der Sichtweise, dass es nur die Wirklichkeit gibt, die man messen oder durch die Sinne wahrnehmen kann. In zunehmendem Maße gehen die Hirnforscher inzwischen davon aus, dass menschliche Wahrnehmung zu großen Teilen das Ergebnis einer geistigen Gestaltung ist. So ist zum Beispiel die Gehirnaktivität, abgesehen von der Aktivierung der Sinnesorgane, nahezu gleich, ob man einen Sonnenaufgang am Meer tatsächlich sieht oder sich mit geschlossenen Augen nur vorstellt. Es gibt zudem vielfache Hinweise darauf, dass das Bewusstsein nicht vom Gehirn hergestellt wird, sondern zeitlich, räumlich und örtlich unbegrenzt ist.

Insbesondere, wo Neurowissenschaften und Quantenphysik zusammenkommen, wird es aus buddhistischer Sicht spannend. Hier ergänzen viele Ansätze und Sichtweisen Buddhas 2500 Jahre alte Belehrungen. Während die klassische Physik von einer objektiven Wirklichkeit ausgeht, brechen sowohl die Quantenmechanik als auch die Relativitätstheorie mit dieser Vorstellung.[4] Ähnlich wie im Buddhismus geht man hier immer mehr davon aus, dass es keine Welt unabhängig vom Betrachter gibt, oder wie es Einstein einmal ausdrückte: »Realität ist eine Illusion, aber eine sehr hartnäckige.«[5]

Sowohl die Quantenphysik als auch der Buddhismus gehen über die dualistische Sichtweise hinaus, vermeiden die Extreme des Entweder-oder und bevorzugen stattdessen das Sowohl-als-auch. Vor 1200 Jahren drückte der Verwirklicher Saraha im Norden Indiens es lebensnah so aus: »Wer glaubt, die Welt sei wirklich, ist dumm wie ein Ochse. Wer glaubt, sie sei nicht wirklich, ist noch dümmer« (weil es auf bedingter Ebene gegen das Gesetz von Ursache und Wirkung – Karma – arbeitet).

Der Raum wird als an sich leer von eigenen Eigenschaften gesehen und dennoch als alles verbindend, alles Wissen enthaltend und von allem ungetrennt. An der Universität von Cambridge ließ Rupert Sheldrake im Herbst 2004 eine Gruppe von Menschen erraten, wer sie unter vier möglichen und ihnen bekannten Teilnehmern gerade angerufen hatte. Die Übereinstimmungen gingen weit über die statistisch zu erwartenden 25 Prozent von Versuch und Irrtum hinaus, sondern lagen bei 42 Prozent.[6]

Der Quantenphysiker Anton Zeilinger von der Universität Wien versteht die Quantenmechanik als eine Informationstheorie und hat zum Beispiel durch Versuche mit »verschränkten Teilchen« (Photonen) bewiesen, dass im Raum im selben Augenblick an unterschiedlichen Stellen ohne physische Übertragungswege dasselbe Wissen erscheinen kann.[7] So müssen Forscher häufig ihre Nobelpreise teilen, weil sie zwar zeitgleich, aber unabhängig voneinander in unterschiedlichen Ländern ihre Einsichten gewinnen.[8]

Dass unser Universum letztlich aus Information besteht, erschüttert die stark materiell geprägte Wissenschaft bis in die Grundfesten und bestätigt gleichzeitig die Belehrungen Buddhas, dass der alles umgebende Raum eher ein Behälter als etwas Trennendes ist, also kein schwarzes Loch, sondern vielmehr etwas, was die Wesen umfasst und verbindet.[9]

Verlässt man das bis jetzt gelehrte Weltverständnis und folgt den neuesten Erkenntnissen der Quantenphysik, Neurowissenschaft und Nahtodforschung, ist Wiedergeburt einsichtig. Es ist vergleichbar mit einem Radio: Auch wenn das Gerät kaputt ist, spielen die Radioprogramme weiter. Wenn der Empfänger, das Gehirn, allmählich zerfällt, was beim Sterben der Fall ist, und immer weniger Programme abspielen kann, verschwindet nicht der gesamte Mensch, sondern nur seine materielle Erscheinung, alle seine Eigenschaften bleiben erhalten. Das, was man hat, vergeht, das, was man ist – der Erleber aller Dinge –, lebt weiter, jenseits von Raum und Zeit. Der Tod ist ebenso wie die Geburt nur ein Übergang in einen anderen Bewusstseinszustand. Der Erleber aller Dinge verbindet sich nach einem Zwischenzustand (sanskr.: antarabhava, tib.: bardo), in dem die am stärksten gespeicherten Eindrücke hochkommen, mit einem dazu passenden neuen Körper und in einer seinem Inhalt entsprechenden Welt.

Unser Gewahrsein – das, was jetzt durch unsere Augen schaut, durch die Ohren hört, durch die Haut spürt und an gestern oder morgen denkt, unser Geist, der dies alles kann, ist in seinem wahren Wesen sowohl zeitlos als auch unbegrenzt. Er ist wie ein Spiegel, in dem die Bilder kommen und gehen, er selbst verändert sich aber nicht. Er ist wie das Meer, in dem die Wellen entstehen und verschwinden, während das Meer jedoch beständig bleibt. Das bedeutet, dass unser Gewahrsein, dem alles entspringt, niemals hergestellt wurde und deswegen auch nicht auseinanderfallen kann. Weil der Erleber nicht geboren wurde, kann er auch nicht sterben. Nur unsere Körper werden, weil bedingt, vergehen.

Der Geist ist das, was alles erkennt, aber er bleibt von nichts begrenzt oder eingeengt. Er ist wie der Raum. Daher ist alles, was geschieht, sein freies Spiel. Ob Dinge entstehen oder sich auflösen, ob sie kommen oder gehen, alles zeigt den Reichtum des Geistes. Das Letztendliche ist zu allen Zeiten und überall vorhanden. Ständig spielt der Geist mit sich selbst, lässt Welten, Zustände, Neigungen und innere Erlebnisse voller Gedanken und Gefühle in und aus sich heraus geschehen. Erscheint äußerlich oder innerlich nichts, zeigt dies den Raum des Geistes, seine innewohnende Möglichkeit. Wird etwas erlebt oder geschieht etwas, zeigt dies dessen Klarheit und Fähigkeit zum freien Spiel. Dass beides zugleich vorhanden sein kann, verweist auf seine Unbegrenztheit.

Je mehr man versteht, dass der Geist an sich unzerstörbar ist, desto eher lösen sich Erwartungen und Befürchtungen auf, und man kann frei im Augenblick verweilen oder handeln. Man bleibt auf diese Weise immer seltener in seiner Vorstellungswelt von Vergangenheit und Zukunft hängen oder denkt, etwas beweisen oder entschuldigen zu müssen. Nach und nach entsteht eine Sichtweise, mit der alles spannend ist, bloß weil es geschieht und es die Möglichkeiten des Geistes ausdrückt. Statt Hoffnungen und Befürchtungen erlebt man plötzlich Raum und Freiheit außen wie innen und erfährt mit Wonne, wie viel Überschuss und Kraft die Wesen besitzen und weitergeben können und wie viel Reichtum sich entfalten kann. Ob etwas zusammenkommt durch Jugend, Kraft und Liebe oder sich durch Alter, Krankheit und Tod auflöst, beides zeigt das uferlose Spiel des Geistes, ist Ausdruck seiner unbegrenzten, ihm innewohnenden Möglichkeiten.

Ohne Anfang und Ende

Über die Welt, das Leben, den Tod und das Danach machen sich die Menschen seit Jahrtausenden Gedanken, und es wurden unzählige Annahmen und Ansichten dazu entwickelt. Die Vorstellung, dass es einen Anfang und ein Ende der Welt gäbe, ist dabei weit verbreitet. Sie findet sich bei Wikingern ebenso wie im griechischen Denken oder in den drei großen Glaubensreligionen des Mittleren Ostens, in denen Gottesvölker mit oft schwierigen Göttern sie auf dem Weg zu einem gelobten Land erfahren. Während in Glaubensreligionen ein persönlicher Gott der Verursacher und Endzweck ihrer Welt ist, gehen der Buddhismus und andere Erfahrungsreligionen wie Hinduismus und Taoismus von einem beständigen Kreislauf des Werdens und Vergehens (Kreislauf des Lebens) aus.

Die Welt ist nicht die Schöpfung einer höheren Macht oder etwas objektives Äußeres, sondern wird durch Wahrnehmung und Handlungen laufend geschaffen, weswegen man sich durch die Entwicklung einer überpersönlichen Einsicht befreien kann. Statt nach einem Sündenfall oder einem Schuldigen für die Widerwärtigkeiten des Lebens zu suchen und auf etwas Jenseitiges zu hoffen, schaut man auf die gegebenen Umstände und Wirkungen und zielt auf die Entwicklung von dem, was ist, sowohl im Leben als auch darüber hinaus. Dementsprechend findet man handfesten Rat zum Meistern des Lebens und des Sterbens und zu einer glücklichen Wiedergeburt im Allgemeinen in den Erfahrungsreligionen und hier im Besonderen im tibetischen Buddhismus.

Um das Verständnis für die verschiedenen Zustände und Verhaltensweisen des Geistes zu erleichtern, unterteilen die buddhistischen Belehrungen den Kreislauf des Lebens. Er besteht zwar aus einer beständigen Kette von aneinanderhängenden Augenblicken, lässt sich aber in Zwischenzustände gliedern. Solche Zwischenzustände von einem bestimmten Anfangspunkt bis zu einem bestimmten Endpunkt werden mit dem Begriff »Bardo« bezeichnet. Wörtlich übersetzt bedeutet er »Lücke« oder »zwischen«. Es gibt unendlich viele solcher Bardos, denn alles verändert sich ständig. So gesehen, befindet man sich – bis zur Erleuchtung – stets im Übergang von einem Zustand zum anderen. Allgemein verstanden bezeichnet Bardo den Zwischenzustand zwischen dem jetzigen Leben und der Wiedergeburt in das darauffolgende Leben. Nur der Zustand, in dem der Wissende seine eigene Zeitlosigkeit erkennt – Befreiung oder Erleuchtung –, ist kein Bardo.

Im Tibetischen Totenbuch spricht man an manchen Stellen von nur zwei Bardos: dem des Lebens und dem des Todes; an anderen Stellen aber auch von vier: dem des Lebens, des Sterbens, der Soheit und des Werdens. Bei noch genaueren Erklärungen werden im Zwischenzustand des Lebens noch zwei weitere unterschieden, so dass man insgesamt von sechs Bardos spricht: dem Bardo des Wachzustands, des Traumes, der Meditation, des Sterbens, der letztendlichen Natur und des Werdens.[10]

Die sechs Bardos entsprechen drei immer wiederkehrenden Bewusstseinszuständen von der Geburt bis zu dem Zeitpunkt, in dem der Sterbeprozess unwiderruflich eingesetzt hat, und drei aufeinanderfolgenden Zwischenzuständen, die sich zwischen dem Sterben und dem nächsten Leben abspielen.

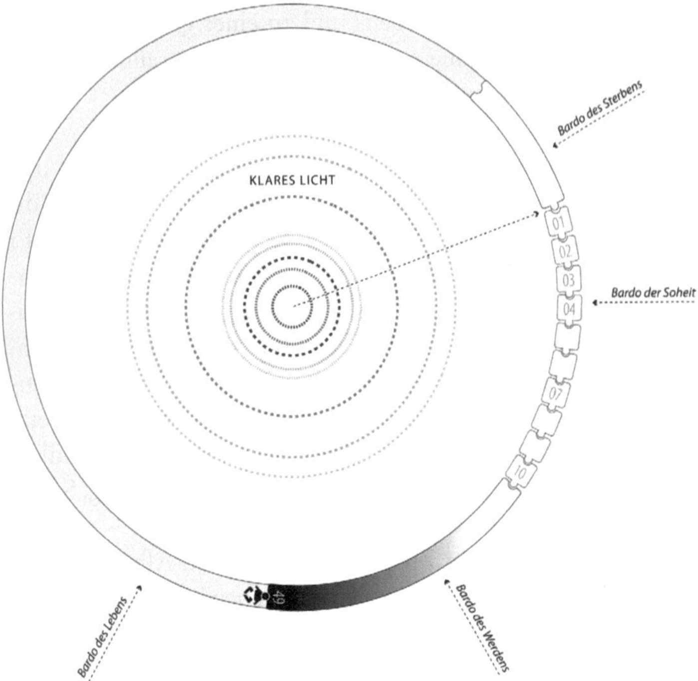

Abb. 1 Kreislauf des Lebens

Bardo des Lebens (sanskr.: jatyantarabhava, tib.: rangzin bardo): Im Wachzustand arbeitet jeder mit der gemeinsam erfahrenen Sinneswelt durch Körper, Rede und Geist. Man ist bewusst, kann denken und überlegt handeln. Die Welt wird als fest und logisch erlebt. Während des Tages wird eine gemeinsame, wenn auch von der eigenen Einstellung gefärbte Welt erfahren. Das Geteilte ist, was die Reichweite unserer Sinne und die Offenheit der jeweiligen Kultur an Erfahrungen zulassen, und das Eigene ist der »Dreh«, den man ihr durch eigene Wünsche und Erwartungen gibt. In dieser Zeit kann man bewusst sein Leben verändern, steuern und mit seinem Geist arbeiten (vgl. die Kapitel »Die Wege zum Glück« und »Die Wiedergeburt«). Mit Hilfe buddhistischer

Mittel kann man sich hier am besten für die Zukunft und somit auf alle anderen Zwischenzustände vorbereiten.

Bardo des Traumes (sanskr.: svapanantarabhava, tib.: milam bardo): Die Traumphasen während des Schlafes werden als zweites Bardo innerhalb des Bardos des Lebens bezeichnet. Dazu gehören auch Rauschzustände durch nicht psychedelische Drogen oder Alkohol. Im Traum werden während dreier nächtlicher Abschnitte drei Arten von Erfahrungen gemacht: Zuerst werden die Eindrücke des Tages verarbeitet, danach können körperliche Erfahrungen während des Tiefschlafes aufkommen, und kurz vor dem Aufwachen ist der Geist mitunter offen für in Kürze erscheinende Geschehnisse, während beim ungestörten Durchschlafen Vorausschauungen auf die in der Ferne liegende Zukunft möglich sind. Er wird als genauso wirklich erlebt wie die Tageswelt, obwohl Dinge völlig frei und unabhängig von Zeit, Ort und Körper geschehen, nicht mit anderen geteilt werden, nur den Geist betreffen und auch nicht in Zeitfolge ablaufen. Im Tiefschlaf, in dem das Bewusstsein in der Körpermitte verweilt und nur von Verwirklichern mit bestimmten Meditationsübungen erfahren wird, herrscht völlige Unwissenheit.

Bardo der Meditation (sanskr.: samadhyantarabhava, tib.: samtan bardo): Ein fortgeschrittener Buddhist meditiert regelmäßig mit der Absicht, seinen Geist zu erkennen. So hält er während der Geschäftigkeit des Alltags eine möglichst reine Sichtweise und überlagert damit den täglichen, meist gewohnheitsmäßigen Erlebnisfluss. Man lernt auf diese Weise, immer weniger auf störende Gefühle einzugehen, verweilt bewusster im Augenblick und kann allmählich die zeitlosen Eigenschaften des Geistes erfahren. Nach Beendigung der sitzenden Vertiefung wird, wenn sich die Aufgaben des Lebens wieder melden, diese Ebene bestmöglich festgehalten. So lernt man mit jeder Meditation nicht nur den Geist besser kennen, sondern das weite Sowohl-als-auch-Gewahrsein lässt einen das Erlebte auch besser überschauen. Man verwendet den Begriff Bardo der Meditation nur dann, wenn ein direktes Erleben der Natur des Geistes tatsächlich stattgefunden hat. Erst dann ist man in der Lage, zwischen Meditation und Nachmeditation zu unterscheiden. So, wie einem der Wechsel von einem Erfahrungsbereich in den nächsten (Schlaf/Meditation) über die Jahre immer vertrauter wird, kann man auch den Sterbeverlauf später, falls es körperlich möglich sein sollte, bewusst durchlaufen und je nach Fähigkeit für die Zukunft bestens nutzen (vgl. die Kapitel »Die Wege zum Glück« und »Das Bewusste Sterben«).

Die täglichen Erfahrungen sind aber nicht die einzigen Zwischenzustände, die durchlebt werden. Fallen die Bedingungen für ein Leben weg, kann der Körper den Geist nicht mehr halten. Seine Energiebewusstheit verlässt ihn dann, und drei weitere Bardos erscheinen mit Kraft.

Bardo des Sterbens (sanskr.: mumursantarabhava, tib.: chikai bardo): Der erste dieser Zwischenzustände, der Bardo des Sterbens, ist der Sterbevorgang selbst, das heißt die Zeit kurz vor, während und kurz nach dem klinischen Tod, den alle seit anfangsloser Zeit immer wieder erlebt haben und bis zur Erleuchtung immer wieder erfahren werden (vgl. Kapitel »Das Bewusste Sterben«).

Bardo der Soheit (sanskr.: dharmatantarabhava, tib.: chönyi bardo): Während des zweiten Zustands, dem Bardo der Soheit, besteht die Möglichkeit, mit dem Klaren Licht des Geistes zu verschmelzen. Auf diese Weise erkennt man das Wesen des Geistes und wird erleuchtet. Bleibt dieser Augenblick ungenutzt, folgen für gutausgebildete Menschen etwa 68 Stunden der Unbewusstheit. Sobald man daraus erwacht, können Buddhisten in den nächsten sieben Tagen ihren Lehrern und den Buddhaformen begegnen, zu denen sie durch Einweihung oder geleitete Meditationen eine Verbindung aufgebaut haben, und in ihre Kraftfelder höchster Freude eintreten (vgl. Kapitel »Der entscheidende Augenblick«).

DIE SECHS ZWISCHENZUSTÄNDE		
Bardo des Lebens	*Bardo des Lebens*	• zwischen Empfängnis und Beginn des Sterbeprozesses • Geburtsort, Einstellung, körperliche Veranlagungen sind Folgen von karmischen Ursachen • Aufbau und Abbau von Karma
	Bardo des Traumes	• zeitweiliges Bewusstsein innerhalb des Schlafes • Speicherbewusstsein schüttet teilweise seine karmischen Eindrücke aus, die man als Traum erlebt • keine Sinneswahrnehmung
	Bardo der Meditation	• unmittelbares Erleben der Natur des Geistes • Ruhen im Hier und Jetzt/Einswerdung mit Lama oder Buddha • in seiner Mitte verweilen, ohne sich durch Gedanken und Gefühle ablenken zu lassen, das Gefühl zwischen den Meditationen aufrechterhalten; wird ab der ersten Bodhisattva-Stufe erlebt
Bardo des Todes	*Bardo des Sterbens*	• vom ersten Anzeichen bis zum Zeitpunkt, in dem der Geist den Körper verlässt* *(ca. 30 Min.)* • Verlust von Körper, Familie, Freunden, Besitz und Vorstellungen • Sinneswahrnehmungen schwinden • Auflösen der Elemente: Weißes (Erscheinen), Rotes (Zunehmen) und die Schwärze (Erlangen) treten nacheinander auf
	Bardo der Soheit	• nach dem Verlassen des Körpers bis zur Erkenntnis des eigenen Todes* *(ca. 10 Tage)* • Möglichkeit, mit dem Klaren Licht des Geistes oder den Lichtformen zu verschmelzen • beste Möglichkeit für Phowa, zu Beginn dieses Bardos oder 3 Tage danach
	Bardo des Werdens	• nach der Erkenntnis des eigenen Todes bis zur erneuten Verbindung mit der bedingten Welt in sechs möglichen Daseinsbereichen* • zu Beginn Fortführung der Eindrücke des letzten Lebens • Eindrücke aller Lebenszeiten aus dem Speicherbewusstsein ab ca. dem 25. Tag* bestimmen die nächste Wiedergeburt

*durchschnittliche Zeitangaben, sie können individuell sehr variieren

Lopön Tsechu Rinpoche: *»Eigentlich bezieht sich das ganze Konzept von Bardo auf die Zeit, während der wir in Samsara gefangen sind, denn die Grundlage dafür ist unsere Unwissenheit. Bis wir uns davon befreit haben, also bis zur Erleuchtung, ist dies ein Bardo-Zustand, der Zustand der Unwissenheit bis zur Erleuchtung.« (1992 in Rødby/Dänemark)*

Abb. 2 Die sechs Zwischenzustände

Bardo des Werdens (sanskr.: bhavantarabhava, tib.: sipä bardo): Hat man die Möglichkeit, einen überpersönlichen Zustand zu erreichen, im vorherigen Bardo nicht nutzen können, gelangt man ab dem zehnten Tag in den nächsten Zwischenzustand, den Bardo des Werdens. Die Eindrücke des Speicherbewusstseins, bestehend aus Neigungen und Karma, bilden hier ein immer festeres Muster, das einen innerhalb der folgenden 39 Tage an ein neues Leben in der bedingten Welt bindet (vgl. Kapitel »Die Wiedergeburt«).

Das Tibetische Totenbuch

Im Westen sind vor allem die Unterweisungen des Tibetischen Totenbuches (tib.: Bardo Thödröl, dt.: Befreiung durch Hören im Zwischenzustand) sehr bekannt. Sie sind in einer buddhistischen Schrift aus dem 8. Jahrhundert enthalten, die auf den Begründer des tibetischen Buddhismus, Guru Rinpoche, zurückgeht, und genießen unter anderem aufgrund ihrer Ähnlichkeit der geschilderten Lichtphänomene mit den von heutigen Forschern beschriebenen Nahtoderfahrungen eine breite Anerkennung. Das Tibetische Totenbuch enthält Belehrungen über den Sterbeverlauf und die Wiedergeburt und erklärt Möglichkeiten, aus dem Kreislauf von Tod und Wiedergeburt auszubrechen. In den drei alten Schulen Tibets las man das Buch zu Lebzeiten, damit man sich im Sterben und im Zwischenzustand an die Anweisungen erinnerte und unmittelbar Befreiung erlangen konnte. Auch Verstorbenen im Zwischenzustand wurde aus dem Buch vorgelesen, um sie auf den Weg zu einer besseren Wiedergeburt zu führen.

Gleichwohl sollte auch hier der Verstand nicht abgeschaltet werden, denn in Tibet herrschten bis zur chinesischen Eroberung im Jahre 1959, die noch viel mehr Leiden brachte, mittelalterliche Zustände mit wenig Polizei und Ordnungshütern. Die Behörden – weitgehend die Landbesitzer in Lhasa und die drei umliegenden großen Klöster – versuchten deswegen durch die Erhaltung eines gewissen Angstpegels in der Gesellschaft, die Bevölkerung gefügig zu halten, was bei den friedvollen Bewohnern in der Mitte des Landes auch gelang. Dementsprechend betonte man gerne das Leiden beim Sterben und die Höllen danach. Zieht man gegenwärtige Erkenntnisse der Forschung zur Nahtoderfahrung mit in Betracht, ergeben sich, sicherlich nicht nur aufgrund der guten Schmerzmittel heutzutage und der zivilisierten Gesellschaften westlicher Länder, weit bessere Aussichten. Letztendlich hängen die Eindrücke und die im Geist hochkommenden Bilder nach dem Tod von der Einstellung und Lebensführung ab.

Einen umfassenden Einblick in die vielfältigen Erfahrungen und Abläufe nach dem Tod bis zur erneuten Wiedergeburt bieten vor allem die buddhistischen Lehrer (tib.: Lamas) der drei »Alten« oder »Rotmützen«-Meditationsschulen Tibets. Ihre großen Meditationsmeister, auch Verwirklicher genannt, bilden dabei die Grundlage der Belehrungen. Da der Geist nicht nur neue Erfahrungen hervorbringt, sondern auch bisherige speichert, erinnern sich diese durch ihre Klarsicht an Erfahrungen aus früheren Leben. Das erklärt vieles und schenkt unerschütterliche Sicherheit.

Belehrungen Buddhas, die Aussagen Guru Rinpoches, Erfahrungen buddhistischer Meister und Einsichten anderer, die vielleicht in früheren Leben buddhistisch meditierten, bestätigen tiefe Hoffnungen: Es gibt zeitlose »überpersönliche« Bewusstseinsebenen höchster Freude und bereits zu Lebzeiten erlernbare Mittel, um im Augenblick des Todes den Geist dauerhaft aus jeder Art von Schmerz zu befreien und – gelingt es, das dann entstehende Klare Licht als das eigene Wesen zu erkennen – sogar die Erleuchtung zu verwirklichen. Diese Körper, Rede und Geist umfassenden Übungen heißen auf Tibetisch Phowa, und die einfachste und für jeden verwendbare wird im Kapitel »Das Bewusste Sterben« beschrieben. Diese Meditation schwächt schon im

Leben Todesängste ab und bringt diejenigen, die sie gelernt haben, selbsttätig auf sogenannte »reine«, das heißt befreite und überaus glückliche Bewusstseinsebenen, aus denen es kein Zurückfallen gibt.

Wer wünscht, alle dem Geist innewohnenden Fähigkeiten und Eigenschaften in diesen Bereichen zu entfalten, sollte sich frühzeitig entscheiden, hierzu den Sterbevorgang zu nutzen. Zu keiner anderen Zeit kommen die Bedingungen für riesige Entwicklungssprünge so günstig zusammen wie hier: Wenn alle Sinneseindrücke wegfallen, sich Gewohnheiten auflösen und sich alle Energien bündeln, öffnet sich der Weg in ein ungeheures Entwicklungsfeld. Man wird dann, je nach Einsicht und Mut, seinen Geist immer tiefer als zeitlose Wahrheit, selbstentstandene Freude und tatkräftige Liebe erkennen.

Die Wege zum Glück

Selbst wenn man die gleichen guten Bedingungen hätte wie Buddha vor 2500 Jahren: ein Königreich, Freunde, Geliebte, Bedienstete, Ausbildung, Sport, Gesundheit und einen frohen Geist, würde man dennoch eines Tages erkennen müssen, dass die Vergänglichkeit nicht vor der eigenen Haustür haltmacht und alle äußeren Freuden nicht ewig währen. Auch wenn man mit viel Glück kaum krank werden würde, so käme man sicher an Alter und Tod nicht vorbei. Als Buddha im Alter von 29 Jahren nach der Begegnung mit Krankheit, Alter, Tod in einer darauffolgenden langen Nacht des Grübelns diesen leidvollen Vorgang des Lebens als unumgänglich erkannte, schaute er am nächsten Morgen in die Augen eines Verwirklichers und verstand: Es gibt hinter den Erlebnissen einen zeitlosen Erleber, auf den immer und überall Verlass ist. Dieses Gewahrsein zum Besten aller zu verwirklichen, erschien ihm das sinnvollste Ziel überhaupt, und so machte er sich auf den Weg, genau das zu tun.

Die Vier Edlen Wahrheiten

Nach seiner Erleuchtung mit 35 Jahren begann Buddha, »der Erwachte«, seine 45 Jahre andauernde Lehrtätigkeit mit vier Kernsätzen:

»Es gibt Leid.« Diese Aussage ist nicht so schwarzseherisch, wie Unbedarfte sie auf den ersten Blick erleben und sie noch heute an vielen Universitäten verstanden wird, sondern zeigt beim näheren Hinsehen auf den unendlichen Reichtum, der dem Geist innewohnt. Verglichen mit der zeitlosen Wonne, die das letztendliche Wesen eines jeden ist, bleibt jede bedingte Erfahrung mehr oder weniger leidvoll, und sogar die schönsten Augenblicke eines Lebens zeigen nur bruchstückhafte Einblicke davon. Buddha unterschied drei Arten von Leid: Das »Leid des Leidens« wird erlebt, wenn alles zusammenbricht und man weder äußeren noch inneren Halt verspürt, wie bei schweren Verlusten, Trennung, unbezwingbaren Schmerzen oder beim Sterben ohne dauerhafte Werte. Das »Leid der Vergänglichkeit« beschreibt, dass man nichts festhalten kann und alles Glück, Schöne und Angenehme einem letztendlich zwischen den Fingern zerrinnt. Das »Leid der Unwissenheit« bedeutet schließlich, nicht erleuchtet zu sein und deswegen nicht zu verstehen, »wie die Dinge sind«.[11] Während man mit den ersten beiden groben Formen des Leidens beschäftigt ist, erlebt man selten die viel feinere dritte, welche jedoch die eigentliche Ursache für alle Leiden ist und sich erst mit der vollen Erleuchtung auflöst.

DREI ARTEN VON LEID *traditionelle Erklärung*
❶ ***Das Leid der Unwissenheit*** Das alles durchdringende Leid, das herrscht, solange man nicht erleuchtet ist.
❷ ***Das Leid der Veränderung*** Jedes bedingte Glück führt am Ende zu Leid; das bedeutet, fallen glückbringende Bedingungen weg, beginnt das Leid.
❸ ***Das Leid des Leidens*** Das Leid ist sehr spürbar. Es tritt in allen Daseinsbereichen auf.

Abb. 3 Drei Arten von Leid

»Leid hat eine Ursache.« Alle Wesen suchen Glück und wollen Leid vermeiden, doch sie ernten oft das Gegenteil. Der Mensch beherrscht zwar durch sein Wissen die äußere Welt, seine innere macht aber bei den meisten, was sie will, und verursacht, wenn sie Körper und Rede mit einbezieht, das Verhalten, das zu Leiden führt. Da etwas letztendlich Böses sich entsprechend dem Gesetz von Ursache und Wirkung stets selbst zerstören würde, bleibt als einzig logische Erklärung für Leid die eigene Dummheit. Der unerleuchtete Geist ist wie ein Auge, das die äußeren Erscheinungen zwar bestens wahrnimmt, aber sich selbst nicht sieht. Genau diese grundlegende Unwissenheit verursacht jede Not. Obwohl alles Persönliche, seien es Körper, Gedanken oder Gefühle, seiner ständigen Veränderungen wegen kein dauerhaftes und wirkliches »Sein« aufweisen kann, erfährt sich der durch die Sinne erlebende Geist aufgrund der erwähnten Unwissenheit als ein von der Ganzheit getrenntes »Ich«. Das wiederum macht die äußere und durch die Sinne erfahrene Welt zu einem »Du« – zu etwas von einem Getrennten. An dieser Zweiheit festzuhalten und Körper, Rede und Geist als »Ich« zu verstehen, verhindert das letztendliche Glück. Das Eingehen auf die ständig anwachsenden Bedürfnisse führt grundsätzlich zu Enttäuschung. Solange die Fehlvorstellung eines als wirklich und von der Ganzheit getrennten Ichs erhalten bleibt, ist jeder verwundbar. Man nimmt dann alle Erfahrungen persönlich, schaut aus einem sehr engen Winkel in die Welt und macht Fehler.

Ergebnisse dieses Irrtums sind Begierde nach dem, was zu fehlen scheint, und Widerwillen gegenüber dem, was einen vom angeblichen Glück abhält. Die unschönen Zustände von Verwirrung, Begierde und Abneigung führen zu hässlichen Folgegefühlen: dummer Stolz, der durch Herabsetzung anderer dem eigenen Lebensgefühl auf Dauer schadet, sowie Geiz, Neid und Hass. Ihre unzähligen (Buddha spricht von 84 000 möglichen) Verbindungen verursachen weitere Störgefühle, geistige Schleier und Verwirrungen. Sie sind die Ursache für alle klotzigen und schwierigen Taten, Worte und Gedanken.

Versäumt man es, sich einen Überblick über die obenerwähnten Abläufe zu schaffen, und handelt trotz der deutlich erkennbaren Flüchtigkeit aufgrund seiner Gefühle, befindet man sich schon im schwierigen Rad von Ursache und Wirkung. Man erfährt auf diese Weise laufend die Wirkungen früherer Taten, ohne sich bewusst zu sein, dass man sie selbst verursacht hat, und setzt daher nochmals Kurzsichtiges, Schädliches oder Ungeschicktes in die Welt. Die dabei unvermeidlich entstehenden Kreise von Einengung und Leid wirken bis zum völligen Auflösen dieses grundlegenden Irrglaubens ständig und überall, beeinflussen das ganze Leben und reichen über den Tod hinaus.

»Es gibt ein Ende vom Leid.« Buddhas dritte Aussage ist herzerwärmend: Hier sprach er nicht von Dingen, die er gehört hatte oder die woanders geschehen waren, sondern belegte die freudvolle Aussage mit seinem eigenen Beispiel.

Was so bescheiden erklärt wird, ist tatsächlich Allwissenheit und stete höchste Wonne, eben Erleuchtung. Es gibt eine Erfahrung, nach der es sich zu streben lohnt, eine zeitlose, wirkliche Zuflucht, die jedem bereits innewohnt und die man nur entdecken muss. Dieser Zustand ist furchtloser Raum und die Erfahrung davon dauerhafte höchste Freude. Jedes Wort und jede Handlung werden dabei begleitet von vorausschauender Weisheit und tatkräftiger Liebe. Ohne die Trennung von einem »Ich« hier und einem »Du« woanders strahlt der Geist wie eine Sonne, die mühelos von sich aus strahlt. Buddha zeigte bis zu seinem Lebensende ununterbrochen diesen letztendlichen Zustand und verband Einsicht und Mitgefühl in Wort und Tat.

»Es gibt einen Weg zum Ende des Leids.« Mit dieser vierten Aussage machte er alles greifbar. In seinem Lehrstil zeigte sich, dass er langfristig lieber Kollegen als gläubige Anhänger wünschte. Statt dogmatisch vorzugeben, wie oder was zu denken oder zu glauben sei, lehrte er seine Schüler, alles kritisch zu hinterfragen und die wahren Zusammenhänge des Lebens selbst zu erkennen.

Als er starb, waren seine letzten Worte: »Ich kann froh von hier gehen. Alles, was euch nutzen kann, habe ich bereits gegeben.« Da eine solche Aussage leicht zur Unselbständigkeit hätte führen können, ergänzte er: »Jetzt glaubt mir kein Wort, bloß weil ein Buddha es sprach, sondern untersucht alles selbst. Seid euer eigenes Klares Licht!« Das war eine ausdrückliche Aufforderung an seine Schüler, nicht nach Glaubenssätzen zu greifen, sondern alles mit eigener Erfahrung zu überprüfen.

Verantwortung für sich zu übernehmen war also die Aufgabenstellung, und er lehrte seine unterschiedlich ausgerichteten Schüler dies auf verschiedenen Ebenen: Denjenigen, die vor allem eigenes Leid auflösen wollen, gab er die Belehrungen des südlichen Buddhismus, auch Theravada oder Grundlagenfahrzeug genannt; diejenigen, die vor allem aus Mitgefühl und mit Einsicht anderen nutzen wollen, bereicherte er mit den Mitteln des nördlichen Buddhismus, bekannt auch als Mahayana oder Großer Weg, und hielt schließlich den Schülern, die den großen Sprung wagen und sich wie Buddhas verhalten wollen, bis sie solche geworden sind, den leuchtenden Spiegel ihrer eigenen Buddhanatur vor, die Sichtweise und Übungen des Vajrayana oder Diamantweges.

Buddhas Schüler verbrachten nach seinem Tod Monate damit, seine Lehren zusammenzutragen, und mehrere von ihnen hatten ein kristallklares Gedächtnis. So entstanden die 108 (mitunter 103 oder 106) Bücher und 84 000 Belehrungen des Kanjurs, der (tibetischen) Sammlung seiner Lehren. Später wurde er noch durch den Tenjur erweitert, Erläuterungen früher indischer Meister. Er umfasst 254 ähnlich dicke Bände.

Im Wesentlichen besteht Buddhas Weg aus drei Pfeilern: Wissen – das hinterfragt werden soll, Meditation – wodurch das als gültig und nützlich Anerkannte vom Kopf ins Herz rutscht und einen bereichert, und einer Verhaltensweise – die den Übenden ermöglicht, die Wirkung der Lehren zu erfahren und sie wirksam abzusichern.

Aus buddhistischer Sicht hängen Glück und Freude nicht von äußeren Bedingungen ab, die sich ständig ändern, sondern von dem Erleber aller Erscheinungen – dem Geist selbst. Deshalb sucht man Erfüllung, indem man die Aufmerksamkeit nach innen kehrt. Der Geist ist seinem Wesen nach ein leuchtender Spiegel, dessen Strahlkraft jedoch durch Schleier von früheren Erlebnissen und den mehr oder weniger menschlichen Kulturhintergrund getrübt ist, in den man durch sein Karma hineingeboren wurde. Das, was in ihm erscheint – seine Bilder –, ist vergänglich und letztendlich nicht wirklich, nur der Spiegel selbst hat Bestand. Deshalb macht es Sinn, sich um den Erleber selbst zu kümmern und nicht um die darin herumtanzenden schnelllebigen Erscheinungen.

Buddhas entscheidendes Mittel hierfür ist Meditation (sanskr.: bhavana oder sadhana, tib.: gom). Erst durch die unmittelbare Arbeit mit dem Geist findet man eine Ebene der Zufriedenheit, auf der einem die äußere Welt und die Besitztümer dienen und den Raum für die Entwicklung wirklicher und dauerhafter Werte frei machen. Das Beobachten des Geistes sowie die Lebensgeschichten von verwirklichten Meistern und Buddha selbst sind dabei richtungweisend für den eigenen Entwicklungsweg. Sie zeigen durch ihre Zeitlosigkeit, wie man das Leben meistern kann, während man, getragen von Furchtlosigkeit, Freude und Liebe, jederzeit an andere denkt und ihnen hilft. Für manche Menschen reichen solche Beispiele aus, um sich den buddhistischen Mitteln gegenüber zu öffnen und die erlernten Meditationen zu nutzen. Andere werden durch Verluste aufgerüttelt, denn die meisten bemerken die glücklichen Augenblicke leider erst, wenn sie schon vorüber sind. So, wie die Werte der Jugend und Gesundheit erst durch Alter und Krankheit erkannt werden, wird auch das Leben leider oft erst dann geschätzt, wenn der

Tod bereits kurz bevorsteht. Um mit Freude und Ausdauer den Geist erfolgreich zu entdecken, braucht man Zielgerichtetheit und einen Schatz an Einsichten, der einen für das Hier und Jetzt öffnet.

Jede Arbeit mit dem Geist beginnt deshalb mit vier grundlegenden Beobachtungen. Sie geben Richtung und verleihen jeder Vertiefung von Anfang an Ziel und Sinn:

Der erste Grundgedanke zielt auf die kostbare Möglichkeit, das eigene Leben mit buddhistischen Mitteln für die Entwicklung zu nutzen. Ist man mit Buddhas Lehre in Verbindung gekommen, hat man die höchst seltene Gelegenheit, durch allumfassende Weisheit den erlebenden, zeitlosen Geist zu erkennen und uferloses Glück zu erfahren. Es ist wichtig zu verstehen, wie kostbar dies ist, denn nur wenige Menschen begegnen den buddhistischen Belehrungen und noch viel weniger können sie nutzen. Die überlieferten Belehrungen sprechen von acht Freiheiten und zehn Ausstattungen – Bedingungen, die zu diesem Zweck zusammenkommen müssen:

ACHT FREIHEITEN Man wurde nicht wiedergeboren ...
❶ ... in Höllenbereichen
❷ ... in Geisterbereichen
❸ ... im Tierbereich
❹ ... in Götterbereichen
❺ ... in einem Land ohne buddhistische Lehre
❻ ... bei Menschen mit falschen Anschauungen, die nicht erkennen, dass heilsame Handlungen die Voraussetzung für eine glückliche Wiedergeburt und Befreiung sind
❼ ... in einer Welt, in der es weder vollkommen Erwachte noch Belehrungen gibt
❽ ... mit schweren geistigen Behinderungen

ZEHN GÜNSTIGE BEDINGUNGEN
fünf von uns abhängige Bedingungen
❶ Mensch sein
❷ in einem zentralen Land geboren sein
❸ aller Sinne mächtig sein
❹ nicht durch extrem schlechte Handlungen belastet sein
❺ Vertrauen in die angemessenen Mittel haben
fünf von anderen abhängige Bedingungen
❻ Ein vollkommen Erwachter ist in der Welt erschienen.
❼ Er hat die edle Lehre gelehrt.
❽ Seine Lehren sind erhalten.
❾ Die erhaltenen Lehren werden praktiziert.
❿ Es gibt Wesen, die sich liebevoll um andere kümmern.

Abb. 4 Die menschlichen Freiheiten und Bedingungen

Versäumt man die unendlich wertvolle Möglichkeit, das Wesen seines Geistes zu erkennen und dadurch höchste Erfüllung zu erfahren, ist es unsicher, wie viele Leben ohne letztendliche Sichtweise folgen werden, bevor erneut derartig günstige Bedingungen auftauchen. Geburt, Alter, Krankheit und Tod sind bei jeder Wiedergeburt leidvoll, und sogar die schönsten bedingten Erfahrungen verblassen neben der Dauerwonne der Verwirklichung.

Der zweite Grundgedanke besteht darin, sich die Vergänglichkeit aller Dinge vor Augen zu führen. Ob es einem bewusst ist oder nicht: Nichts hat Bestand. Alles entsteht und vergeht – auch unser Körper –, und man weiß nicht, wann man ihn verlieren wird. Um Zeitverschwendung zu vermeiden, rät Buddha, die wechselnden Jahreszeiten, den Fluss der Tage und Augenblicke genau zu beobachten und ein allgemeines Gewahrsein für Vergänglichkeit zu entwickeln.

Ein besonderer Hoffnungsschimmer ist diese Belehrung, wenn mal alles kopfsteht: Die Frau läuft mit dem Schornsteinfeger davon, das unversicherte Haus brennt ab, die Polizei bringt erneut die Kinder nach Hause – auch diese Umstände sind vergänglich! Nichts ist dauerhaft. Genauso ist es zum Glück auch mit den schwierigen inneren Zuständen: Sie sind ständig in Bewegung und dadurch beeinflussbar. Je weniger Aufmerksamkeit man ihnen schenkt, desto schneller werden sie sich wieder auflösen.

Wer die Flüchtigkeit aller Erscheinungen begreift, wird etwas aus seinem Leben machen. Denn sobald man sich der seltenen und außerordentlich günstigen Lage bewusst ist, die in den heutigen westlichen Gesellschaften in Bezug auf Freiheit und Ausbildung gegeben ist, wird man seine Zeit nicht sinnlos verschwenden, sondern sie hoffentlich für die Entwicklung sinnvoller Eigenschaften nutzen.

Der dritte Grundgedanke beschäftigt sich mit Ursache und Wirkung. Die unterschiedlichen Lebenslagen und Gefühle, die man erlebt, entstehen nicht zufällig, sondern werden durch unsere Einstellung und das eigene Handeln bestimmt. Jeder bringt bereits von dem Augenblick an, in dem sich das eigene Bewusstsein mit der Eizelle und dem Samen verbindet, Eindrücke von früheren Leben zum Ausdruck. Diese bilden die Grundlage für das jetzige Leben: die Freiheiten oder Einengungen seines Kulturkreises; das Verhalten der Eltern und der Körper; Bedingungen, die wiederum Gesundheit, Begabung und Neigungen beeinflussen. Entsprechend kann man die Ausrichtung künftiger Leben heute bereits bewusst steuern und oft auch die augenblicklich heranreifenden Umstände durch geschickte Gedanken, Worte und Taten verändern. Wählt man, freundlich zu sein, wird man immer häufiger in guter Gesellschaft seine Zeit verbringen können, und schenkt man Ängsten keine zusätzliche Kraft, wird der Geist mutig und kann sich entspannen. Hilft man Kranken und Sterbenden, werden sich mit Sicherheit die Freunde auch um einen versammeln, wenn man es braucht.

Die eigene Vergangenheit ist also dafür verantwortlich, wie es einem heute geht. Solange man den Strom der Eindrücke und Handlungen nicht bewusst gestaltet, werden frühere Gedanken, Worte und Taten auch weiterhin bestimmen, wie sich die Lebensbedingungen später ausformen werden. Man wird also weder von einem rachsüchtigen Gott noch von einem sogenannten »Schicksal« verfolgt, sondern kann sein Leben selbst gestalten. Welche Freiheit!

Versteht man, dass auch die überzeugenden Eigenschaften und Fähigkeiten aller erleuchteten Wesen die Ergebnisse ihrer früheren Taten sind, wird das Säen der richtigen Ursachen zum Besten aller sofort als ein geschicktes Mittel für das eigene Leben erkannt. Buddha, der seine Schüler als Erwachsene behandelte, fasste nützliches wie schädliches Verhalten praktischerweise zu je zehn gegensätzlichen Punkten zusammen, die als Ratschläge eines weisen Freundes und nicht als Gebote zu verstehen sind. Sie bilden die Eckpfeiler für eine gute und freie Entwicklung von Körper, Rede und Geist. Hier mit den Worten Gampopas, des Begründers der monastischen Kagyü-Linien im 12. Jahrhundert, eine kurze Auflistung von Verhaltensweisen, die den Wesen zukünftig Glück beziehungsweise Leid bringen werden:

Buddhas Empfehlungen machen es einem leichter, das Richtige zu tun. Gute Ergebnisse sind nicht mehr davon abhängig, dass jemand anderer oder ein höheres Wesen die gute Tat sieht oder belohnt, sondern sie erscheinen selbsttätig. Auch wird es selbstverständlich, den vielen, kleinen stillosen Versuchungen zu widerstehen, die Wahrheit zu seinen Gunsten geradezubiegen oder das Busticket, die Steuern oder einen Vortrag nicht zu bezahlen. Das tägliche Verständnis von Ursache und Wirkung bringt Sicherheit in die Handlungen – jeder Zweifel, ob etwas sinnvoll ist oder Wirkung zeigt, löst sich damit auf.

	SINNVOLLE HANDLUNGEN		SCHÄDLICHE HANDLUNGEN	
KÖRPER	***Leben schützen***	gesundes, langes Leben (gute Lebensbedingungen)	***Töten***	kurzes Leben voller Krankheiten (schwierige Lebensbedingungen)
	Freigebigkeit	Reichtum, das Gefühl, immer genug zu haben	***Stehlen/ betrügen***	Armut; Verlust; Geburt in einem Land mit viel Frost und Hagel
	Glückbringendes sexuelles Verhalten	Harmonie, Freundlichkeit	***Sexuelles Leid bringen***	feindseliger Partner; Geburt in Wüste oder sehr staubigen Gegenden
REDE	***Die Wahrheit sagen***	man hört die Wahrheit, genießt Ansehen	***Lügen/ falsches Vertrauen aufbauen***	üble Nachrede; unangenehmer Mundgeruch
	Eintracht schaffen	man bringt Menschen zusammen und hat viele Freunde	***Menschen trennen/ verleumden***	man wird von Freunden getrennt; Geburt in unebenen, zerklüfteten Gebieten
	Ruhig und vertrauensvoll sprechen	Erfreuliches über sich hören	***Grob reden***	Unerfreuliches über sich hören; Geburt in einem dürren, heißen Land mit Menschen, die viel Schlechtes tun
	Sinnvolle Rede	Sprache bewirkt Veränderung	***Sinnloses Geschwätz***	Nichtbeachtung des Gesagten; Geburt in einer Gegend, in der Jahreszeiten durcheinandergeraten
GEIST	***Genügsam und zufrieden sein***	ausgeglichener, erwartungsfreier Geisteszustand	***Habgier***	Enttäuschung; Unersättlichkeit; Geburt in einem Land mit schlechten Ernten
	Wohlwollend sein	Vertrauen in andere	***Böswilligkeit***	Angst; man ist voller Ablehnung; Geburt in einer rauhen Gegend mit bitteren Früchten schlechter Qualität
	Die richtige Anschauung entwickeln	Scharfsinn, die buddhistische Lehre verstehen	***Falsche Anschauungen***	Dummheit; Geburt in einer Gegend, in der es keine Früchte gibt; entartete Philosophie

Abb. 5 Handlungen und ihre Wirkungen entsprechend den klassischen Belehrungen von Gampopa[12]

Der vierte Grundgedanke betont die Einstellung, sich geistig zum Besten aller zu entwickeln. Die Beobachtung, dass man nur wenig für andere tun kann, solange man selbst verwirrt ist oder leidet, öffnet einen für Buddhas Leben, Lehren und Mittel. Ohne den durch sie gewonnenen Überblick greift man leicht in die Nesseln anstatt in die Blumen, und selbst noch so gut gemeinte Gedanken, Worte und Taten können durch persönliche Verstrickungen und Unklarheit ungewollt zu mehr Leid als Freude führen. In solchen Augenblicken wünscht man sich sehnsüchtig kluge Lösungen. Buddhas Ratschläge sind hier ein reicher Schatz und gepaart mit Meditation letztlich auch der einzige Weg zu einer unerschütterlichen überpersönlichen Erfahrung. Bloß hochgeistig über Sinn und Zweck von Leben und Tod nachzudenken bringt einen nicht weiter. Erleuchtung ist nicht nur zeitlos, sondern auch schöner, wahrer und unzerstörbarer als alles Teilbare oder Bedingte. Es gibt kein größeres Glück als die volle Entwicklung des Geistes!

Dauerhaftes Glück finden

Um das eigene Verhalten nachhaltig ändern zu können, gilt es, die Ursachen der üblichen Handlungen schon im Kommen zu erkennen und bewusst viel Raum zwischen dem Erleber und den Erlebnissen zu lassen. Man versucht bei jedem störenden Einfluss, die Spanne zwischen Reiz und Tat zu verlängern und zu verstehen, dass man gerade jetzt seine Zukunft schafft. So lernt man im täglichen Leben, etwa bei der Begegnung mit schwierigen Mitmenschen, lieber ein Dutzend Kaugummis auf einmal zu kauen, als etwas Verletzendes zu antworten. Oder man setzt sich bewusst auf die eigenen Hände, anstatt zuzuschlagen. Erkennt man, dass unangenehme Menschen immer in ihren Störgefühlen gefangen sind und daher nur wenig Wahlfreiheit haben, fällt es leicht, sie als Patienten zu sehen und Mitgefühl mit ihnen zu entwickeln.

Der Kluge erkennt Ursache und Wirkung sowie die Veränderlichkeit und Unwirklichkeit aller Dinge und versucht deswegen bewusst, jede mögliche gute Tat – auch die kleinste – mit Überblick und Mitgefühl auszuführen und alles Schädliche zu vermeiden. Kleine unmittelbare Ursachen bringen tatsächlich oft sehr große Wirkungen hervor.

Allgemein gesehen ist das Wesen aller buddhistischen Entwicklung nur ein Reinigen von Störgefühlen und Entfernen von steifen Vorstellungen. Die Buddhanatur besitzt man ja bereits! Es ist, als würde man einen Turm hochsteigen: Nützliches Handeln zum Besten aller bringt senkrechten Höhen- und Blickgewinn. Wenn sich langsam die Verstrickungen und unangenehmen Eindrücke auflösen, treten Weite und Klarheit des Geistes Schritt für Schritt hervor. Sinnvolles Denken, Sagen und Tun führen so zu angenehmen und fließenden Rückkopplungserfahrungen mit der Umwelt und dem eigenen Speicherbewusstsein. Und nicht zuletzt: Gute Gewohnheiten fühlen sich einfach angenehm an.

Um den Geist zu überschauen, zu beruhigen und festzuhalten – die Grundlage für genaue und kraftvolle Arbeit mit ihm –, verwenden einige buddhistische Richtungen tiefenwirksame bildhafte Vorstellungen, andere arbeiten lieber formlos. Am bekanntesten ist die Übung, bei der die Atemzüge gezählt und/oder der Luftstrom an der Nasenspitze gespürt wird. Das Ziel ist dabei, den Geist schrittweise auf sich selbst zu richten, aber zugleich nicht unscharf werden zu lassen, sondern seine innewohnende Begabung, buddhistisch »Klarheit« genannt, hervorzubringen. Dies geschieht ähnlich wie bei trübem Wasser, welches nach einiger Zeit der Ruhe seinen Schlamm absetzt und klar wird. Allgemein schafft das mehr Abstand zu den eigenen Gefühlen. Dadurch bekommt man zunehmend die Wahl, in den Lustspielen des Lebens viele Rollen anzunehmen und dessen Trauerspielen fernzubleiben. Der Schutz vor dem Gefangenwerden durch die Ereignisse wird durch erhöhte innere Aufmerksamkeit erreicht, die einem langsam, aber sicher die Freiheit schenkt, weise zum Besten aller zu handeln. Die beiden bereits erwähnten Stufen von Geistesruhe und Einsicht – tibetisch Shine und Lhaktong genannt beziehungsweise Shamata und Vipashyana auf Sanskrit – finden sich in allen buddhistischen Meditationen wieder. Im Diamantweg verwendet man Buddhaformen statt der formlosen Atmung. Man stellt sie sich zunächst im Detail vor (aufbauende Phase, tib.: kyerim), verwendet dann ihre Mantras und verschmilzt am Ende mit ihnen (verschmelzende Phase, tib.: dzogrim). Wie unterschiedlich und vielschichtig die Mittel auch auf den ersten Blick erscheinen mögen, stets stellt man sich auf das erwünschte Ziel, den erwünschten Zustand oder Buddha ein und verwirklicht ihn dann. Ein Beispiel für eine Übung, die ohne Anleitung von allen genutzt werden kann, den Geist beruhigt und Abstand zu Gefühlen schenkt, ist die Atem-Meditation.[13]

Die durch Vertiefung gewonnene Geistesruhe und Kraft helfen nicht nur, unvermeidbare Schwierigkeiten im Leben wie Krankheit, Leid oder Verlust leichter durchzustehen, sie schenken auch den notwendigen Gleichmut und Furchtlosigkeit für die letzten Augenblicke des Lebens. Da die meisten Menschen insbesondere im Sterben kaum Zugang zu ihrer Lage und ihrem Geisteszustand haben, geschweige denn Einflussmöglichkeiten darauf, werden sie leicht von ihren ständig wechselnden Gefühlen verunsichert. Hatte man es sich über Jahre zur Gewohnheit gemacht, in der Vertiefung seinen Geist zu beobachten und diesen immer besser zu beherrschen, ist das auf dem Sterbebett besonders hilfreich. Der stark bedrängte Geist findet durch die vertrauten und geübten Mittel einen Halt und kann sich dadurch leichter fassen.

Wie lässt sich das Vertrauen in den Geist derart entwickeln, dass im Leben wie im Tod jede Erfahrung als bereichernd und sinnvoll erlebt wird?

Man beginnt mit der tiefgehenden Ausrichtung auf drei Werte, denen man wirklich vertrauen kann. Alle Buddhisten öffnen sich dieser sogenannten Zuflucht, um sich auf den Entwicklungsweg zu begeben. Diese sind:

- **Buddha** (tib.: sangye), er verkörpert auf allen Ebenen die vollkommene Verwirklichung des Geistes und zeigt mit seinem Beispiel, dass man sich als Mensch erleuchten und so furchtlose Weisheit, selbstentstandene Freude und tatkräftige Liebe erfahren und ausdrücken kann. Jedem wohnt diese Buddhanatur inne, auch wenn man sich dessen nicht bewusst ist.
- **die Lehre – der Weg zur Erleuchtung** (sanskr.: dharma, tib.: chö), bestehend aus Buddhas 84 000 Belehrungen. Sie ermöglichen es jedem, mit gewünschter Geschwindigkeit zum Ziel zu kommen, und bieten einem in allen Lebenslagen Hilfestellungen aus erleuchteter Sicht an.
- **die Freunde auf dem Weg** (sanskr.: sangha, tib.: gendün), sie sind die berühmten sowie die vielen unbemerkten Bodhisattvas, mit deren Hilfe man sich entwickelt.

Zusammen heißen sie die »Drei Juwelen« oder »Seltenen« und »Kostbaren« (sanskr.: tri ratna, tib.: könchog sum).

Zielt man auf die letztendliche Erfahrung des Geistes, die Erleuchtung, gilt es, alle Ebenen seiner Ganzheit für die Entwicklung nutzbar zu machen. Neben den Drei Juwelen werden dem Diamantweg-Schüler noch dazu die Drei Wurzeln (sanskr.: trimula, tib.: tsa sum) geschenkt. Sie sind Quellen riesigen Wachstums und spannende Werkzeuge, um sich schnell und kraftvoll in den Zustand höchster Freude hineinzuentwickeln. Die erste und wichtigste Wurzel ist **der Lehrer** (sanskr.: guru, tib.: lama), der die Übertragungslinie verkörpert und über die wechselnden Launen und Trips der Schüler hinwegschaut. Dank seiner Ehrlichkeit und Erfahrung wird der Segen der Buddhas rein und klar vermittelt. Durch seinen Kraftkreis und die Übertragung seiner Linie gibt der Lama Segen – ein gutes, warmes Gefühl von Vertrauen, dass das Leben Sinn hat und für viele bedeutend gemacht werden kann.

Zweitens gibt er Zuflucht zu **den Buddhaformen** (sanskr.: deva, tib.: yidam), den anziehenden, athletischen und oft vereinigten Formen aus Licht und Energie, denen der tibetische Buddhismus viel von seiner Bekanntheit weltweit verdankt. Sie verbinden den Geist des Übenden mit seiner Buddhanatur, und die Verschmelzung und Einswerdung mit ihnen schenkt besondere Fähigkeiten.

Die dritte Wurzel sind schließlich die überaus kraftvollen **Schützer** (sanskr.: dharmapala, tib.: chökyong oder gönpo). Aufgrund ihrer kraftvollen, flammenumgebenen und waffentragenden Gestalt werden sie häufig für feindlich gehalten. Sie haben ein Weisheitsauge in der Stirn, schützen sowohl die Lehre als auch die Schüler und erwecken große Tatkraft.[14]

Weil die Buddhaformen allgemeine Bewusstseinszustände auf erleuchteter Ebene ausdrücken, sind sie, ob befriedend, bereichernd, begeisternd oder kraftvoll schützend, eine enorme Hilfe und ein großartiger Spiegel für unseren Geist.

Die Drei Juwelen und die Drei Wurzeln drücken die jedem Wesen innewohnende Erleuchtung aus. Sie zeigen Ziel, Weg und Freunde auf dem Weg und bringen Segen, Begeisterung und Schutz. Sie spiegeln unser zeitloses Wesen – und das vertraute Gefühl, das viele empfinden, wenn sie ihnen begegnen, entsteht, weil diese Eigenschaften schon seit anfangsloser Zeit die unseren sind.

Die Zuflucht ist nicht nur nützlich als Ausrichtung für die tägliche Entwicklung. Bei unerwarteten oder dramatischen Erfahrungen im Leben kann es sehr helfen, sich an den Lama oder Buddha zu erinnern, denn er enthält das gesamte Kraftfeld der Zuflucht. In Augenblicken der Störung an den Lama zu denken schenkt innere Sicherheit, und es verdichtet sich jeder Segen, den das eigene Karma ermöglicht. Vor allem im Tod gibt es keine bessere Zuflucht als einen geistigen Freund oder Lehrer, dem man vertraut.

ZUFLUCHT *Man wendet sich dauerhaften Werten zu. Man nimmt Zuflucht*
• *zum* ***Buddha*** – dem Ziel
• *zum* ***Dharma*** (Buddhas Lehre) – dem Weg
• *zur* ***Sangha*** – zu den Bodhisattvas, den Freunden auf dem Weg
und im Diamantweg zusätzlich: • *zum* ***Lama*** – dem Lama, der heute den 17. Karmapa Thaye Dorje vertritt. Er verkörpert die Drei Juwelen der Erleuchtung – Buddha, seine Lehre und die befreite Sangha – sowie die Drei Wurzeln von Segen, Verwirklichung und Schutz.

Abb. 6 Zuflucht im Diamantweg

Die Wege und Mittel im Diamantweg

Allen buddhistischen Wegen gemein sind die Zuflucht in die Drei Juwelen, das Verständnis von Ursache und Wirkung und die Vier Edlen Wahrheiten. Das Ziel des Grundlagenweges ist die Auflösung der Ich-Anhaftung (Befreiung), wodurch das Ende aller zukünftigen Wiedergeburten mit ihren Leiden durch Geburt, Alter, Krankheit und Tod erreicht wird. Weitreichender ist jedoch die Zuflucht in Verbindung mit dem Bodhisattva-Versprechen, dem allumfassenden Wunsch, sich zum Besten aller Wesen zu entwickeln und sich so lange wiedergebären zu lassen, wie man für andere nützlich sein kann. Die Betonung dieses Großen Weges liegt auf der Ansammlung von Mitgefühl und Weisheit, was über die Sechs Befreienden Taten erreicht wird (vgl. Kapitel »Die Sterbebegleitung«). Das Ziel ist hier: Erleuchtung zum Besten aller Wesen. Kann man seine Werte von bedingt und vergänglich auf letztendlich und zeitlos umstellen, sich für Licht und Energieformen begeistern und die Welt als rein und traumähnlich erleben, sind die Mittel des Diamantweges die richtigen. Je nach persönlichem Zugang kann man Übungen mit und ohne Form auf drei möglichen Wegen nutzen: dem Weg des Vertrauens, dem Weg der Mittel und dem Weg der Einsicht.

<table>
<tr><th colspan="3">DREI WEGE IM DIAMANTWEG</th></tr>
<tr><td colspan="3">Gemeinsames Ziel
Verwirklichung und höchste Sicht des Großen Siegels</td></tr>
<tr><td>Weg der Mittel</td><td>Weg des Vertrauens</td><td>Weg der Einsicht</td></tr>
<tr><td>Arbeit mit den inneren Energien (sechs Lehren Naropas, u. a. Phowa)</td><td rowspan="2">Einswerdung mit dem Lama (tib.: lami naljor, sanskr.: guru yoga)</td><td>Klares Sehen (tib.: lhaktong, sanskr.: vipashyana)</td></tr>
<tr><td>Meditation auf Licht- und Energieform (tib.: yidam)</td><td>Beruhigen des Geistes (tib.: shine, sanskr.: shamata)</td></tr>
<tr><td colspan="3">Die Wege unterstützen und ergänzen sich gegenseitig.</td></tr>
<tr><td colspan="3">Gemeinsamer Anfang
Vier Grundgedanken, Zuflucht, Bodhisattva-Einstellung und die Vier Grundübungen</td></tr>
</table>

Abb. 7 Die drei Wege im Diamantweg

Diese drei Wege verfügen über Mittel, die auch im Sterbeprozess und nach dem Tod angewendet werden können. Sie werden in den folgenden Kapiteln immer wieder beispielhaft erwähnt. Einen Schwerpunkt bildet dabei die Meditation. Sie führt mit der richtigen Einstellung zu gutem Benehmen, man wird gelassener, bekommt Überschuss für sich wie für andere und kann auf Dauer seine Mitmenschen besser verstehen. Das führt zu glückbringenden Eindrücken im Geist. Man wird dadurch offener und fröhlicher, sieht die Gefühle und Wünsche im Geist kommen und gehen und braucht dadurch auf Dauer weniger von außen.

Der Weg der Begeisterung

Der schnellste Zugang zur Erleuchtung ist eine enge Verbindung zum eigenen Lehrer. Hier reifen sehr viele Eigenschaften des Geistes heran, und es entsteht »begeisterte Einfühlung«. Begeisterungsfähigkeit und das tiefe Vertrauen in den Lehrer als Ausdruck der einem innewohnenden Möglichkeiten sind sehr wirksame Mittel zum Auflösen eigener Grenzen und Gewohnheiten. Dieser Weg wird auf Sanskrit Guru-Yoga oder auf Tibetisch Lami Naljor genannt. Er war schon immer die besondere Kraft der Kagyü-Linie und bleibt bis heute der Hauptpfeiler der seit 1971 entstehenden Diamantweg-Zentren im Westen. Die Meditationen auf die Übertragung und den eigenen Lehrer in Form der Karmapas helfen mehr Schülern, sich ihren innewohnenden Möglichkeiten zu öffnen, als irgendeine andere Übung.

Hingabe muss jedoch unbedingt mit menschlicher Reife verbunden sein und der Lama als Spiegel der eigenen Eigenschaften verstanden werden. Vertrauen zum Lehrer darf nicht zu Unselbständigkeit, Humorlosigkeit oder zwanghafter Nachahmung führen. Wie schädlich sich das auswirkt, verdeutlichen Skandale, die mitunter in verschiedenen Klöstern und Sekten auftreten. Stattdessen soll der Lehrer dem Schüler den furchtlosen Raum jenseits von Geburt und Tod auf geschickte Weise erschließen, den er sich selbst erkämpft hat, und ihn dadurch selbständig machen. In der Freiheit dieses Raumes ständig spiegelnder Erfahrungen findet man die vollkommenen Eigenschaften, die dem Geist eines jeden schon immer innewohnen. Viele Yogis, unter ihnen auch der große 16. Karmapa und der bekannte Dilgo Khyentse Rinpoche, loben das Guru-Yoga als einen selbständigen und höchst wirksamen Weg. Wählt man diesen Weg der Einswerdung, verschmilzt man am Ende seines Lebens mit dem bewussten Raum des Lehrers und atmet einfach aus.

Der Weg der Einsicht

Der Weg der Einsicht kam um das Jahr 1050 mit Marpa nach Tibet. Er war ein Geschenk seines zweiten Hauptlehrers, Maitripa, über den bis jetzt wenig bekannt wurde. Dieser Weg verwendet sowohl begriffsmäßige Erklärungen als auch ganzheitliche Mittel wie bewusstes Atmen, um den Geist an einer Stelle zu halten und zu beruhigen – im Falle von Marpas Wurzellama Naropa kraftvolle und jede Vorstellung erschütternde Erfahrungen, bis unmittelbare Einsicht entsteht und die Einheit von Erleber, Erlebtem und Erleben zeitlos wird. Meditationen ohne Hilfsmittel, bei denen man »bloß« auf den Geist schaut, werden von mehreren Lamas vor oder unmittelbar nach der Zuflucht angeboten, was ich für bedenklich halte. Obwohl das Ziel der Meditation sich einfach beschreiben lässt, erfordert vor allem ein formloser Weg umfassende Belehrungen zum Verhalten des Geistes und setzt eine richtige Betreuung durch den Lehrer und die buddhistische Gruppe sowie den gezielten Aufbau guter Eindrücke voraus. Vor allem darf der Geist nur so lange beruhigt bleiben, solange er gleichzeitig völlig bewusst ist. Ansonsten kann sich als geistiges Ergebnis statt der Leuchtkraft eines funkelnden Diamanten leicht ein beurteilendes Gedankenjagen oder eine dumpfe Mattscheibe einstellen. Aus diesem Grund wurden diese Belehrungen in Tibet erst nach einer gründlichen Vorbereitungszeit gegeben. Tatsächlich ist das richtige Beruhigen und Halten des Geistes ohne Hilfsmittel viel schwieriger als das Kennenlernen ellenlanger Mantras und der Merkmale von tausendarmigen Buddhagestalten.

Der besondere Vorteil von Maitripas Weg ist seine breit gefächerte Anwendbarkeit. Mit genügend Betreuung und einem freundlichen Austausch mit der Umwelt lassen sich seine Übungen auch bei mäßiger Hingabe und ohne Zurückziehungen fließend in das tägliche Leben einfügen.

Der Weg der Mittel

Der Weg der Mittel wurde gleichfalls vom Helden Marpa vor 950 Jahren aus Indien über den Himalaja nach Tibet gebracht. Heute kennt mittlerweile die ganze Welt die vielen Buddhaformen, die dabei als Meditationshilfe verwendet werden. So unterschiedlich sie auch erscheinen, zeigen sie einem – nach Erklärung und Übertragung durch einen erfahrenen Lehrer – die zahllosen Fähigkeiten und Eigenschaften des Geistes in seiner reinen Form. Marpa hatte die Belehrungen von seinem Hauptlehrer, dem Verwirklicher Naropa, erhalten, dessen Lebensgeschichte noch heute die Menschen beeindruckt. Dieser Weg, auch »Die Sechs Lehren Naropas« genannt, öffnet durch innere Vorstellungen und bewusstes tiefes Atmen die inneren Energiebahnen und -räder des Körpers.

Solche Mittel können nur nach Beendigung der Grundübungen[15] und jahrelanger Meditationserfahrung auf eine Buddhaform verwendet werden. Einige dieser Sechs Lehren Naropas sind heutzutage für Menschen, die im Leben eingebunden sind, kaum nutzbar, und ihre geheime Übertragung hätte ohne die beherzten Frauen und Männer in den dafür unerlässlichen monate- bis jahrelangen Zurückziehungen, die die tibetische Wirtschaftsform ermöglichte, nicht überlebt.

Grundsätzlich sollte man keine Geheimlehren, auch nicht die anderer Schulen, ohne Erlaubnis, Anleitung und einen geschützten Rahmen üben. Das kann nach erfolglosen Versuchen einen verwundeten Stolz hervorbringen und in zukünftigen Leben den Zugang auch zu allen anderen Übertragungen sehr erschweren.

Das Phowa, die abschließende Übung der Sechs Lehren Naropas, ist für die heutige Welt – einen fähigen Lehrer mit voller Übertragung vorausgesetzt – allerdings eine Ausnahme. Es ist die sinnvollste Weise, sich auf den Augenblick des Todes vorzubereiten, und diese Übung kann in wenigen Tagen ohne jahrelange Vorbereitung erlernt werden.

Auf dem Großen Weg festigt man den Geist durch starke gute Wünsche für alle Wesen oder verweilt in dem Verständnis – und, noch besser, der Erfahrung – der gegenseitigen Bedingtheit aller Erscheinungen und ihrer Leerheit von Eigennatur. Durch die aufbauende Phase der Meditationen im Diamantweg entsteht mit Hilfe von Einweihung oder geleiteter Meditation durch Offenheit und Vertrauen ein entspannter, aber zugleich wacher und klarer Zustand. Hier erfährt der Geist in der Vergegenwärtigung der Buddhaformen aus Licht und Energie, die seine innewohnenden Fähigkeiten widerspiegeln, seine Eigenschaften auf erleuchteter Ebene. Er erlebt sie als wirklich und oft als umwerfend, weil die Erfahrung vom Geist selbst all das überstrahlt, was an Eindrücken in ihm kommt und geht.

Meditation während des Sterbens angewendet bedeutet, von seinem aufgewühlten Geist nicht mitgerissen zu werden. So findet man selbst in dieser wahrscheinlich erlebnisreichsten Zeit seines Lebens immer wieder den Überblick und kann auf dieser Grundlage gute Einflüsse empfangen und alle Mittel nutzen, um so bestmöglich durch den Tod zu kommen. Deshalb ist es sehr lohnend, Geistesübungen frühzeitig zur Gewohnheit werden zu lassen, aber eben geübt und gekonnt.

Das gibt dem Sterbenden im gesamten Sterbeprozess den nötigen Halt, lässt Schmerzen besser ertragen und Ängste und Anhaftungen auflösen.

Die zunehmende Erfahrung des Erlebers von seiner Einsicht, von Mitgefühl und Weisheit – und im Guru-Yoga zudem von der Wonne und Dankbarkeit beim Verschmelzen mit dem erleuchteten Gegenüber – lässt beim Auflösen aller Formen in den zeitlosen, uferlosen, aber alles wahrnehmenden Raum ein tiefes Gewahrsein entstehen. Diese unmittelbare und letztendlich uferlose Einsicht wird als Vipashyana (sanskr.) oder Lhaktong (tib.) bezeichnet. Hat man diese fortgeschrittene Übung verwirklicht, schaut man im Tod in das Klare Licht und fühlt sich zu Hause (vgl. Kapitel »Der entscheidende Augenblick«).

Die Vorbereitung auf den Tod

Man erlebt tagtäglich und überall, dass alles Zusammengesetzte vergänglich ist. Was eben noch lebte, ist vielleicht jetzt schon tot, und was heute erscheint, kann morgen schon verschwunden sein. Auch wenn sich verbrauchte Zellen hoffentlich noch lange erneuern, stirbt jeder rund um die Uhr ein bisschen. Der Verlust von Geliebten, Eltern, Geschwistern, guten Freunden oder der eigenen Gesundheit sowie große äußere Veränderungen bei Naturkatastrophen oder im Wirtschaftsleben zeigen ständig auf diese Vergänglichkeit. Das Leben hat mit Sicherheit ein Ende, doch der Verstand will davon nichts wissen und hofft weiter auf Fortbestand, auf Unsterblichkeit. Obwohl offensichtlich jedes Wesen eines Tages sterben wird und man ansonsten fast alles verstehen kann, weigern sich viele gekonnt und oft bis zum Lebensende, diese Tatsache anzunehmen. Die Sehnsucht nach Sicherheit und Unsterblichkeit ist eine sehr starke Neigung des Menschen, und vor allem in Kulturen, die den Tod ausblenden, erhöht sich der Druck, sich ans Leben zu klammern. Versteht man jedoch, dass das Einzige, das zeitlos bleibt, der Reichtum der eigenen Buddhanatur ist, kann man sich auch im Hinblick auf den Tod entspannen.

Was der Sterbende zu bedenken hat, besang Milarepa, der große Verwirklicher Tibets, vor 900 Jahren immer wieder. Mit lebensnahen Beispielen, meistens aus der Natur in seiner unmittelbaren Umgebung im Himalaja, brachte er seinen Schülern die Vergänglichkeit aller Erscheinungen nahe. Er zeigte das Veränderliche der äußeren Welt sowie das Unzuverlässige und Unzufriedenstellende an allen bedingten Geisteszuständen. Immer wieder verwies er seine Schüler auf das einzig wirklich Beständige – den voll entfalteten Geist.

Die große Verwirklicherin Manibhadra[16] erkannte dies, als sie mit einem Tongefäß zum Wasserholen an einen Bach ging. Eine Wurzel brachte sie zum Stolpern, der Tonkrug entglitt ihren Händen und zersprang. Im selben Augenblick erfuhr sie unmittelbar die Einheit von Form und Raum, Innen und Außen als untrennbar. Das war natürlich nur möglich, weil ihr Geist durch Segen, Belehrung und Vertiefung jahrelang geschult war. Gelingt dies auf dem Weg zur Erleuchtung, ist die Loslösung von einem »Ich« oder »Selbst« die erste Stufe. Mit dieser Einsicht fallen alle Störgefühle weg, und man ist befreit. Kann man dann noch dazu das Beharren auf steifen Vorstellungen auflösen, zeigt sich Erleuchtung als selbstentstandene und mühelose Entfaltung von Körper, Rede und Geist. So, wie das Innere eines Kruges beim Zerschlagen eins mit der Umgebung wird, bietet der Tod die Gelegenheit, durch nicht unterscheidende Einsgerichtetheit die grundlegende Wahrheit allen Lebens zu erkennen: Wie der Raum bleibt das Wesen des Geistes von Wandel und Tod unberührt.

Im Hier und Jetzt das Ende im Sinn

Da jeder Augenblick der letzte sein kann, sollte man seine Zeit auf jeden Fall sinnvoll nutzen. Weder ein entspanntes, nettes Leben mit einer 35-Stunden-Woche noch die Jagd nach Geld, ein Lottogewinn, ein erfüllender Geliebter oder ein Haus sind dauerhaft befriedigend. Hinter allen Erlebnissen, und seien sie noch so einzigartig, verbirgt sich immer der Schmerz, dass letztendlich nichts von Dauer ist. Doch wie kann man sein Bestes im Leben geben und sich gleichzeitig auf das Sterben vorbereiten? Wie schafft man es, frei von Angst oder anderen einengenden Gefühlen dem Tod ins Auge zu schauen?

Menschen können aus fast jeder Lebenslage lernen. Ein steter Leitfaden sollte dabei das Gesetz von Ursache und

Wirkung sein: Taten, Worte und Gedanken gestalten die Zukunft. Alle in die Welt und das eigene Speicherbewusstsein gesetzten Eindrücke reifen früher oder später heran und führen zu Erfahrungen vom selben Gefühlsgehalt. Der Kluge entledigt sich also seiner Altlasten, wenn sie auftauchen, und speichert glückbringende Eindrücke. Es gibt ständig Gelegenheiten, anderen mit Körper, Rede und Geist zur Seite zu stehen und das Schwelende und Schwierige in einem aus der Welt zu schaffen. Hilft man ihnen dabei, zeitlose Werte zu finden, schafft das gute Verbindungen für dieses und alle zukünftigen Leben.

Anderen Glück zu bringen ist wichtiger, als viele denken. Wer angesichts des heutzutage üblichen Wettbewerbs glaubt, »um jeden Preis gewinnen zu müssen« führe zu dauerhaftem Erfolg, sollte wissen, dass man sich weder zum ersten noch zum letzten Mal sieht. Ein ehrlicher und aufrechter Austausch mit anderen, bei dem möglichst jeder Vorteile erfährt, ist daher der beste Weg zum langfristigen Erfolg aller Beteiligten. Ein in einem früheren Leben als makellos verkauftes blindes oder zahnloses Pferd führt dagegen später – wenn nicht durch einen guten Lebensstil gereinigt – zu einer schlechten Begegnung in diesem Leben.

Menschen begegnen sich wieder, wenn in früheren Leben bereits eine Beziehung bestand, und wie man jeden Tag aus der Presse mitbekommt, können Verbindungen höchst vielfältig sein. Damit jetzige Störenfriede in künftigen Leben nicht wieder auftauchen, kann man ihnen deswegen schon heute gewohnheitsmäßig etwas Gutes tun, mit dem Wunsch, dass sie möglichst weit von einem entfernt sehr glücklich werden mögen.

Eine weitere nützliche Haltung ist, laufend allen unangenehmen Menschen zu vergeben. Man muss sie dann nicht als Übergewicht durch ein sonst hoffentlich spannendes Leben mitschleppen. Die kostbare Freiheit des Vergebenkönnens löst das gemeinsame schlechte Karma auf, und schwierige

Wesen werden als Freunde wiederkommen oder in künftigen Leben nicht wieder erscheinen. Behält man hingegen den Groll, wird man sie nicht los, und die nervenden Sandkastenspiele reißen nicht ab. Selbst auf dem Totenbett kann man sich noch für eigenes dummes Verhalten entschuldigen und seine Dankbarkeit anderen gegenüber ausdrücken. Das erlöst nicht nur einen selbst, sondern auch die beteiligten Freunde.

Ich wurde Mitte der 80er Jahre in ein schönes Heim nahe Los Angeles eingeladen, in dem eine ältere, zutiefst verbitterte Frau lebte. Trotz aller Anzeichen von Schwäche konnte sie nicht sterben. Ihr Mann hatte ihr Aids übertragen. Es war die Zeit vor den lebensverlängernden neuen Arzneien; sie saß schon im Rollstuhl, und der Mann – noch gesund – schlich herum wie ein Schatten. Nachdem ich mit ihr geredet und sie gesegnet hatte, verstand sie, dass er ebenso unglücklich war wie sie, und konnte ihm tief erleichtert vergeben.

Bis vor kurzem war das eher buddhistische als psychologische Weisheit, doch neueste Forschungen der »Positiven Psychologie« bestätigen, dass es Menschen, die anderen trotz zugefügten Leids großzügig vergeben und ihnen Gutes wünschen, bessergeht.[17] Vergebung ist einfach weniger stachelig als Rache und Zorn.

Zur Zeit des Sterbens verdichten sich alle gesammelten Eindrücke des bisherigen Lebens und bestimmen so die inneren Erfahrungen. Man entscheidet also zu Lebzeiten, ob man entspannt und furchtlos stirbt.

Die im Leben gewonnene Beherrschung des Geistes und das Verständnis der letztendlichen Wirklichkeit entscheiden darüber hinaus, ob man in der Lage sein wird, beim Sterben mit ihm zu arbeiten und die Erfahrung des Todes zu begreifen. Geistige Reife erkennt man dabei nicht an der Art der Gefühle, die man in diesem Augenblick hat, sondern am Abstand zu ihnen. Mitten im Sterbeverlauf schwankt der ungeübte Geist meist unkontrollierbar hin und her, erlebt Klarheit und Verwirrung im Wechsel und kann sich nur noch lückenhaft an Verstandenes erinnern. Wenn die Sinneseindrücke ihm keinen Halt mehr geben können, sind die eigenen guten Taten oder diejenigen, die in seinem Namen getan werden, sowie die guten Wünsche der Hinterbliebenen der einzige Schutz.

Gibt man bereits im Leben sein Bestes und versucht, so gut es geht, bewusst zu sein, haben Hoffnung und Furcht im Moment des Todes nur wenig Spielraum, und man wird kaum Reue verspüren. Stattdessen kann man sich ganz auf das Geschehen einlassen, denn nichts anderes zählt.

Um furchtlos zu sterben und den Tod als Sprungbrett in den alles befreienden Raum verwenden zu können, muss man allerdings früh – also jetzt – den Anfang machen. Es gilt, den Geist zu beobachten, ihn kennenzulernen, Vertrauen in ihn zu entwickeln und sinnvolle Gewohnheiten möglichst bald aufzubauen. In diesem Zusammenhang ist buddhistisches Wissen zwar eine große Hilfe und gibt einen weiten Überblick, aber erst regelmäßige Meditation und das Halten der Sichtweise im Alltag lösen unerwünschte Gewohnheiten auf und verringern den Einfluss von Störgefühlen wie Dummheit, Zorn, Eifersucht, Anhaftung, Geiz und Stolz.

Ganz gleich, in welcher Form man sich die Weisheit aneignet – sei es durch das Beispiel des Lehrers, durch Bücher oder Vorträge –, ohne regelmäßige Anwendung der Belehrungen und Meditation und somit ohne Erfahrung verändert sich wenig. Ungenutztes Wissen ist wie eine Landkarte. Sie kann auf den Weg verweisen und Überblick gewähren, das Gehen übernimmt sie nicht. Das Verstehen des Weges ist also nur der erste Schritt.

Inmitten der Vergnügungen und Zerstreuungen des heutigen Lebens braucht man Übung und Ehrlichkeit sich selbst gegenüber, um äußere wie innere Neigungen, die Schaden bringen werden, zu erkennen und aufzugeben und stattdessen nützliche einzuarbeiten. Da über lange Zeit verinnerlichte Sichtweisen und Einstellungen im Tod besonders kraftvoll in Erscheinung treten, sollte die tägliche Übung Körper, Rede und Geist umfassen, so dass die Belehrungen schnellstmöglich vom Kopf ins Herz rutschen. Dass die buddhistischen Mittel einem sowohl in diesem Leben als auch danach beistehen werden, ist sicher und ein wirkliches Geschenk.

Annehmen und Loslassen

Der Tod hat zahllose Ursachen. Entweder ist die Lebensspanne einfach abgelaufen, oder plötzliche Umstände führen ihn herbei. Bei Ersterem kann man nur die Erfahrungen abmildern, denn der Tod selbst ist unvermeidlich. Wird das Leben aber unerwartet scheinbar aus dem Nichts bedroht, helfen manchmal noch Medizin, Meditation und Langlebenseinweihungen bzw. Wünsche, die Lebenszeit zu verlängern.

Im Allgemeinen entstehen Krankheiten aufgrund eines Ungleichgewichts der Energien im Körper oder des Überhandnehmens der Störgefühle Anhaftung, Zorn und Verwirrung. Solche schädlichen Eindrücke können zu Angst, Unbehagen oder sogar zum Ableben führen. Ganz gleich, ob Krankheit und schließlich der Tod nun durch ein Ungleichgewicht im Körper oder durch geistige Zustände ausgelöst werden: Die Ursache zu jedem Leid ist – buddhistisch gesehen – immer das Festhalten an der Fehlvorstellung eines beständigen Ichs.

Woher weiß man, dass man sterben wird, und was wird man dabei erfahren?

Wenn Verwandte, die man lange nicht sah, zu Besuch kommen, sich besonders um einen bemühen und wollen, dass man Papiere unterschreibt … oder die Freunde unfroh und die Feinde fröhlich aussehen bzw. der Arzt sofort seine Bezahlung wünscht, wissen die anderen vielleicht mehr vom eigenen Gesundheitszustand als man selbst. Es wäre dann klug, sich auf den möglichen Tod einzustellen.

Ein Zeichen für den nahenden Tod sind starke Charakterveränderungen, auch oft bei Tieren zu beobachten, weil die gewohnten Energieströme sich im Körper verändern. Jemand, der zuvor für seine Freundlichkeit und Großzügigkeit bekannt war, ist plötzlich leicht aus der Ruhe zu bringen, wird zornig und klammert sich an allem fest, während schwierige Menschen auffällig nett werden können.

Die Nachricht vom bevorstehenden Tod lässt selten jemanden unberührt. Meist löst sie zuerst einmal eine ganze Flut von Gefühlen und widerstreitenden Gedanken aus: angefangen vom Nicht-wahrhaben-Wollen, Enttäuschung, Zorn und Neid auf alle, die nicht leiden müssen oder weiterleben können, bis hin zu Einsamkeit, Teilnahmslosigkeit oder dem tiefen Wunsch, noch länger leben zu wollen, da so viel unerledigt scheint.

Insbesondere wenn der Tod mit körperlichem Verfall einhergeht, kann man unterschiedliche Typen von Menschen feststellen. So gibt es welche, die hartnäckig bis zum letzten Atemzug verdrängen, wie es um sie steht. Sie weigern sich einfach, den Tatsachen ins Auge zu sehen. Andere wiederum sind verstört, ängstlich und völlig verwirrt, weil sie erkennen, dass das Leben zu Ende geht. Eine dritte Gruppe sieht dem Tod gelassen entgegen. Die Gründe sind allerdings sehr unterschiedlich: Manche sind froh darüber, bald von ihrem körperlichen Leid erlöst zu sein, andere haben einfach tiefes Vertrauen, dass alles auch so in Ordnung ist. Diese letzte Einstellung ist die eigentlich sinnvolle, weil sie sowohl einem selbst als auch Verwandten und Freunden den Abschied erleichtert.

Wenn sicher ist, dass keine Maßnahmen das Leben weiter erhalten können, gilt es, den Spieß umzudrehen und aus dem Geschehen bewusst Nutzen zu ziehen.

Am besten gelingt das, indem man Vergänglichkeit nicht mit Verlust und Leid, sondern mit Möglichkeiten und Freiheit verbindet. Statt dem Bedürfnis nach Sicherheit und Beständigkeit nachzugeben, sollte man den Tod als Übergang verstehen und sich stets bewusst sein, wie wichtig dabei der Geisteszustand ist. Nimmt man die Tatsache des Todes bereits zu Lebzeiten an und verdrängt sie nicht, lebt man bewusster im Hier und Jetzt.

Man stirbt am leichtesten, wenn man die Anhaftung an den eigenen Körper, Nahestehende und Besitztümer lösen kann. Dies zu berücksichtigen ist auch für Freunde und Familie hilfreich, denn klammert ein naher Mensch zu sehr, ist das für alle unangenehm. Die Dinge selbst erfahren kein Glück, und die durch sie hervorgebrachten Freuden sind sehr unstet und im Grabe nutzlos. Versteht man das, wird man sie bald als Werkzeuge erfahren, aber nicht an ihnen hängen.

Ein Testament, das während einer klaren, überpersönlichen Stunde zum Dauernutzen aller abgefasst wurde, ist schon zu Lebzeiten eine Erleichterung. Schließlich weiß man nicht, ob der Tod unangekündigt kommt oder einem ausreichend Zeit für Vorbereitungen lässt. Stirbt man plötzlich, ist etwas Schriftliches vorhanden, woran sich die Nachkommen halten können. Je klarer alles geregelt und sofern der Besitz gut verteilt ist, umso weniger streiten sich die Erben. Besser ist natürlich, wenn man noch selbst sein Eigentum mit guten Wünschen weitergeben kann. Den Freunden und Verwandten in dieser Weise zu danken ist bedeutend für sie und eine gute Grundlage für offene Gespräche und einen runden Abschied.

Beim Sterben ist Großzügigkeit eine Befreiung, denn man lässt damit Berge von Gepäck hinter sich. Hat man die Nachwelt bedacht und für seine Nächsten oder die Fortführung seiner Arbeit vorgesorgt, fällt es einem viel leichter, sich von diesem Leben zu trennen. Wünscht man zusätzlich allen so viel Gutes wie möglich, erlebt man mit Erleichterung, dass sie einen nun nicht mehr brauchen werden, und man kann sich auf das Eigentliche – den eigenen Tod – einstellen. Buddhisten können darüber hinaus denken, dass sie den Hinterbliebenen aus den reinen Kraftfeldern der Buddhas nach Fähigkeit helfen werden oder sich wiedergebären lassen, um die bestehenden guten Bande weiter zu genießen.

Bindungen zur Familie und zu den Freunden, zu Landschaften, Weltanschauungen und Erlebnissen sind häufig stärker als die Anhaftung an Besitztümer. Aber auch hier soll man wissen, dass sie nur einige Möglichkeiten des eigenen Geistes widerspiegeln, welcher ohne Körper noch viel mehr erfahren kann. Dass unendlich viel Schöneres erlebt wird, wenn man loslässt und mit freiem Geist stirbt, sollte schon im Leben verinnerlicht werden.

Will man etwas gegen Verlustangst, Abschiedsschmerz und tierischen Ernst finden, braucht man eigentlich nicht weit zu suchen. Jeder genießt im Leben unerwartet große Augenblicke voll von Mut, Freude, Liebe, Überschuss, Weitsicht usw. Wie wäre es, wenn sie unser wirklicher Zustand wären? Wäre es vorstellbar, dass die Sonne immer scheint, man sie nur nicht bemerkt? Dass gewöhnliche, mittelprächtige oder schlechte Erfahrungen vergänglichen Wolken ähneln, die ohne wirkliches Wesen oder Dauerkraft an der inneren Einsicht vorbeiziehen? Mit einer solchen Einstellung zum zeitlosen innewohnenden Reichtum des Geistes auf Entdeckungsreise durch den sowieso unvermeidlichen Tod zu gehen, würde sich bestimmt lohnen. Wer wie Goethe als Letztes »Mehr Licht!« sagt, weiß, wonach zu suchen ist.

Beispielhaft wirkt es auf das Umfeld, wenn Sterbende, die bewusst Buddhas Ratschläge nutzen und seine Meditationen befolgen, sichtlich gelassen und eher mit Neugier oder »Reisefieber« als mit Angst von hier gehen können. Ihr Vertrauen ist durch ihre Meditation und den Wunsch, sich zum Besten aller Wesen zu entwickeln, über die Jahre gefestigt worden und bezeugt ein sinnvoll geführtes Leben. So ist man auch in den letzten Minuten dieses Lebens noch ein gutes Beispiel für andere.

Sich zum Besten aller entwickeln

Die häufig fehlende menschliche Reife trotz der guten Ausbildungen heutzutage rührt von der Kultur der Zerstreuung her. Ständig ist man durch Begierden und Sinneseindrücke gefangen und macht tausend unwichtige Dinge. Das führt zu einem abgelenkten Geist, der selten »Qualitätszeiten« erlebt. Jeder genießt unabgelenkte, selbstbestimmte Zeiträume, weswegen es Freizeit und Urlaub gibt, doch der Kobold reist oft mit, und so geht die Suche nach dem Glück in der äußeren Welt weiter, und die wirklich glückbringende innere Ruhe bleibt aus. Selbst auf dem Sterbebett schafft eine Mehrzahl der Menschen es nicht, sich das Wesentliche vor Augen zu halten. Geübte Entschlossenheit und Kraft, erworben über Meditation, sind hier der Schlüssel. Allein die Überwindung der eigenen Schleier von Dummheit, Verwirrung, Anhaftung, Stolz oder Gier und der daraus entstehenden Muster wie Trägheit und Selbstmitleid bringt Entwicklung.

Ein großer, aber gewohnter Feind ist dabei restlos zu besiegen: die Vorstellung, dass es eine mittlere Ebene der Normalität zwischen rosigen Träumen oben und schwarz-grauen Depressionen unten gäbe, auf die Verlass sein könne. Dieser Denkfehler war in sozialistischen Ländern verständlich, in denen vieles für alle auf ein dünnes Maß zugeschnitten wurde und man den Massen wenig Unbeherrschbares und Überschwängliches wünschte. Für ein echtes Verständnis des Lebens und vom Wesen des Geistes ist diese Sichtweise aber ein selbstgebautes Gefängnis. Es gibt diese »mittlere« Ebene nur bedingt, und wer etwas Wirkliches und Dauerhaftes sucht, soll stattdessen früh nach dem Erleber der Dinge schauen und sich für seine Furchtlosigkeit, Wonne und Liebe öffnen. Wer auf dieser Grundlage beständig zum Besten aller arbeitet und dabei alles Gute, was ihm geschieht, mit anderen teilt, wird allmählich feststellen, dass schlechte Tage selten werden. Dass sich viele Täler der »unschönen Geisteszustände« durch Buddhas Übungen schon aufgefüllt haben und ein froher, ungestörter Geisteszustand stets an Gebiet gewinnt, zeigt sich dem Sterbenden dann unmittelbar als zeitlose Weisheit.

Wer in seinem Leben ehrlich, reif und mitfühlend war, politische Korrektheit stilvoll vermied und beständig den Erleber hinter den Erlebnissen suchte, hat beim Sterben die Möglichkeit, mit dem dabei erscheinenden Klaren Licht eins zu werden. Dieser Zustand voller Verwirklichung heißt Erleuchtung.

Je größer das Vertrauen zum Lehrer, in die eigenen Fähigkeiten, mit dem Geist zu arbeiten, und zum Wesen der Dinge ist, desto leichter fällt es, sich auf den Verlauf des Sterbens einzulassen. Die durch langjährige Meditationspraxis aufgebaute Gewohnheit, bewusst im unzerstörbaren Raum zu verweilen, ist dabei die Grundlage. Es ist tatsächlich wunderbar, wenn Segen, Vertrauen und Übung zu unerschütterlicher Gewissheit wurden und man den Lehrer oder einen Buddha während der Auflösung des Körpers klar im Geist halten kann. Doch auch andere edle überpersönliche Eigenschaften bereiten dem Sterbenden den Weg zu dieser Erfahrung. Mut ist hier als Erstes zu nennen, denn man greift damit auf festgespeicherte gute Eindrücke zurück. So kann man sich frei auf den Tod einlassen, anstatt am Ende krampfhaft gegen ihn zu verlieren. Versteht man, dass sowieso jeder stirbt, und hält man das Gefühl der eigenen Wichtigkeit klein, entspannt sich der Geist, und es entstehen wachsende Freude und Gelassenheit.

Das Vertrauen, dass der Geist letztendlich unzerstörbarer Raum ist und ihm zugleich alle Vollkommenheit innewohnt, hilft sogar, Schmerzen »nebenherlaufen« zu lassen und sie als weniger wirklich wahrzunehmen. Wer in der Vertiefung das freudvolle Gewahrsein erlebte, das hinter und zwischen den Erscheinungen liegt, stirbt erfüllt und wird künftig zum Besten der Wesen Daseinsbereiche wählen, in denen er mit Freunden aus früheren Leben am wirksamsten Sinnvolles tun und noch vorhandene Geistesschleier entfernen kann.

DIE INNERE VORBEREITUNG AUF DEN TOD

Für alle:

- Vergänglichkeit in Alltagssituationen erkennen – *z. B. beim Essen, bei jedem Abschied*
- Ansammeln von guten Eindrücken im Geist – *z. B. durch sinnvolle Handlungen*
- Schwierigkeiten klären und auflösen – *vergeben und gute Wünsche hegen*
- Loslassen üben – *Dinge verschenken, Testament schreiben, bewusstes Verabschieden von Menschen, Dingen und Situationen*
- Ausrichten auf das Wohl anderer – *sich selbst immer weniger wichtig nehmen*

Für Buddhisten:

- Zuflucht – *die Ausrichtung auf die Zuflucht gibt Sicherheit und Schutz*
- Buddhas Belehrungen hören und verstehen – *die Leerheit aller Dinge erkennen und sich mit Vergänglichkeit und Tod auseinandersetzen*
- Bodhisattva-Versprechen – *die Einstellung, zum Besten aller zu handeln, absichern*
- Hingabe zum Lehrer entwickeln – *man erkennt durch den Lehrer seine eigene Buddhanatur*
- Meditation – *beruhigt den Geist, vertieft die Einsicht, wie die Dinge sind*
- Phowa üben – *um den Tod als Sprungbrett zur Befreiung nutzen zu können*

Abb. 8 Die innere Vorbereitung auf den Tod

Die eigentliche Kunst des Sterbens besteht darin, gelöst und entspannt und zugleich geistig unzerstreut und einsgerichtet zu bleiben. Deshalb sollte der Sterbende sich so oft wie möglich das Schönstmögliche oberhalb seines Kopfes vorstellen und sich wünschen, dorthin zu gehen (siehe Kapitel »Die Sterbebegleitung«).

Familie, Freunde und Bekannte sitzen am besten in der Nähe des Kopfendes, man soll nicht am Fußende stehen und keine Fußmassagen geben. Hat der Todkranke Schmerzen im Unterkörper, was seine Energie nach unten ziehen könnte, sollte er ausreichend Schmerzmittel bekommen, so dass das Bewusstsein sich nicht in diesem Bereich aufhält, sondern sich auf die Schädelspitze einstellen kann. Auch sonst sollte der Körper so wenig Ablenkung wie möglich erfahren.

Die Freunde sollten nicht irgendwann einfach so vorbeikommen können, sondern zu Beginn des Sterbevorgangs und nur mit guter Laune. Statt eines beständigen Kommens und Gehens aller möglichen geliebten und weniger geliebten Menschen ist es sinnvoll, die Besuche auf die wesentlichen Personen zu beschränken. Am besten regelt das ein naher Freund oder Angehöriger nach Absprache. Für ihn ist es leichter, nein zu sagen.

Ähnlich wie beim Meditieren sollte man die äußeren Umstände so gestalten, dass man durch möglichst wenig Störquellen abgelenkt wird. Ein klarer, heller Raum ohne Fernseher, Internet oder andere unnötige Einflüsse, aber mit einer angenehmen Stimmung ist für die letzte Zeit am besten. Es sollte genügend Platz vor dem Sterbenden im Raum sein, so dass er gerne tief einatmet und ein unbeschwertes Gefühl hat.

Ist der Sterbende Buddhist, werden Bilder vom Lehrer, dem Roten Buddha des Grenzenlosen Lichtes oder andere Quellen der Zuflucht in seinem Sichtfeld ihn ständig an das Wesentliche erinnern und ihm helfen.

Ein angenehmes – aber nicht aufregendes – Umfeld ist immer von Vorteil, und Meditationen sollten in den Tagesablauf mit eingebunden sein. Man kann auch aufgenommene Belehrungen hören. Auf diese Weise wird man an den Lehrer und die auf den zeitlosen Geist zeigenden Mittel erinnert. Sind buddhistische Freunde zugegen, können sie während des Sterbeverlaufs auch auf die kommenden Stufen aufmerksam machen und so den Vorgang begleiten.

Selbstverständlich ist es am besten, wenn der eigene Lehrer

DIE ÄUSSERE VORBEREITUNG AUF DEN TOD
Für alle: **Die eigentliche Kunst des Sterbens besteht darin, gelöst und entspannt und zugleich geistig unzerstreut und einsgerichtet zu bleiben.** • Der Sterbende soll sich so oft wie möglich das Schönstmögliche oberhalb seines Kopfes vorstellen und sich wünschen, dorthin zu gehen. • Die Freunde sitzen am besten in der Nähe des Kopfendes. • Alles, was die Energien des Sterbenden nach unten zieht, sollte vermieden werden (am Fußende stehen, Fußmassagen, Schmerzen im Unterleib ...). • sich auf Gutes über der Schädelspitze einstellen • so wenig Ablenkung wie möglich • statt eines beständigen Kommens und Gehens aller möglichen Menschen die Besuche auf die wesentlichen Personen beschränken, am besten zu Beginn des Sterbevorgangs und nur mit guter Laune
Für Buddhisten: **Ähnlich wie beim Meditieren sollte man die äußeren Umstände so gestalten, dass man durch möglichst wenig Störquellen abgelenkt wird.** • ein klarer, heller Raum ohne Fernseher, Internet oder andere unnötige Einflüsse, aber mit einer angenehmen Stimmung • ein angenehmes, aber nicht aufregendes Umfeld • Bilder vom Lehrer, Buddhaformen oder andere Quellen der Zuflucht im Sichtfeld, um sich an das Wesentliche zu erinnern • Meditationen in den Tagesablauf fest einbinden • Belehrungen anhören oder ansehen, um sich an den Lehrer und die Mittel zu erinnern

Abb. 9 Die äußere Vorbereitung auf den Tod

in den letzten Augenblicken anwesend ist oder kurz davor den Sterbenden auf den Weg vorbereiten kann. Ist dies nicht möglich, wird er dreifach durch seinen Kraftkreis vertreten: durch das Segensfeld seiner Linie, die sich verdichtet, sobald man an ihn denkt oder auch nur ein Bild aufstellt, durch die Verbindung, die er zum Sterbenden hat, und durch die betreuenden buddhistischen Freunde und Zentren.

Die Körperhaltung beim Sterben

Das Bewusstsein verlässt den Körper normalerweise durch eine der sieben Öffnungen im Kopf oder durch die weniger günstigen zwei bzw. bei Frauen drei im Unterkörper, was aber nicht durch die Darm- und Blasenentleerung beim Sterben bewiesen wird. Dies geschieht aufgrund der Muskelentspannung. Durch diese »karmischen« Körperöffnungen werden die Energie und die Wahrnehmung des Geistes wieder in eine neue Geburt innerhalb der bedingten Welt geführt, während der Austritt durch die Schädeldecke wie beim Phowa und mitunter auch durch das linke Nasenloch in ein Reines Land führen kann. Beherrscht man befreiende Übungen wie das Bewusste Sterben nicht, gibt es aber auch andere Mittel, die das Weitergehen des Geistes über den Körper günstig beeinflussen können.

Zielt man auf das linke Nasenloch, sollte man zum Zeitpunkt des Todes die Körperhaltung einnehmen, die Buddha vor 2400 Jahren zu diesem Zweck nahe der »Glücksstadt« Kushinagar in Nordostindien wählte. Diese als »Löwenhaltung« bekannte Körperstellung ist die letzte der Zwölf Taten, die Buddha zum Besten aller in seinem Leben zeigte. Sie schenkt dem Sterbenden auch ohne Meditation und Einweihung eine erhöhte Geistesklarheit.

Dabei dreht man sich auf die rechte Seite. Die Beine sind seitlich aufeinandergelegt, die linke Hand liegt auf dem

Oberschenkel, und die Finger der rechten Hand drücken nach Möglichkeit auf die Öffnungen der Sinnesorgane im Kopf. Hier drückt der kleine Finger auf den Mund, der Ringfinger auf das Nasenloch, der Mittelfinger auf das Auge, der Zeigefinger auf das Ohr und der Daumen auf die rechte Hauptschlagader. Dadurch wird die Bewusstheitsenergie nicht durch die rechte Bahn der Kraft ausweichen, sondern kann in die linke Weisheitsbahn gehen. Somit erfährt man seine innewohnende Weisheit und verlässt den Körper durch das linke Nasenloch. Auf diese Weise kann man mit entsprechender Einstellung einen höheren Bewusstseinsstand erreichen.

Einfacher und etwas weniger umständlich ist das möglichst aufrechte Sitzen beim Sterben. Man sitzt dabei gegen Kissen gelehnt und stellt sich das schönste Erlebbare oberhalb seines Kopfes vor mit dem Wunsch, dorthin zu gehen. Ist das ein Zustand des Glücks jenseits aller Ich-Vorstellung, begeht man auf diese einfache Weise den Weg zum Dauerglück.

In der Verbotenen Stadt Beijings sah ich 1986 in einer Ecke eine Vorrichtung stehen, mit der die Chinesen offensichtlich nichts anfangen konnten. Sie sah einem hölzernen Zahnarztstuhl für sehr unruhige Kunden ähnlich und machte es technisch möglich, auf alle oberen wie unteren Körperstellen im Augenblick des Todes Druck auszuüben, und ließ

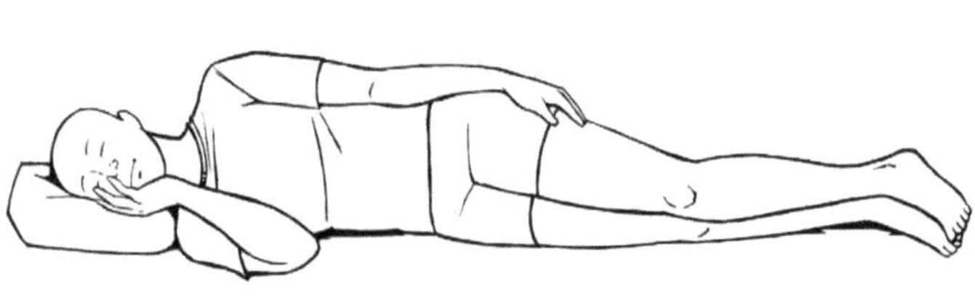

Abb. 10 a Die Löwenhaltung[18]

nur die Schädeldecke frei, was auf ein Wissen von Phowa hindeutete.

In einigen nepalesischen Stämmen gehört es zu den Aufgaben des ältesten Sohnes, nach dem Tod des Vaters dessen Schädeldecke einzuschlagen, und auch in Skandinavien findet man aus der Stein- und Bronzezeit Schädel, deren Löcher nach Meinungen der Forscher nicht mit dem Entfernen von Geschwülsten zu erklären sind. Ganz gleich, wie gut die handwerklichen Fähigkeiten der Menschen aber waren, sie hatten nur unterstützende Wirkung: Hatte der Kaiser viel Schlechtes getan, würde der Geist trotz aller Technik seinen Weg nur in den Bereich finden, der seinen Taten entsprach.

Immer wieder wird gefragt, ob man im Liegen meditieren kann. Im Allgemeinen kann man den Geist auch in dieser Lage auf einen Punkt ausrichten. Ohne Zweifel ist es im Sitzen aber viel wirksamer, da das innere magnetische Feld auf die Erdachse zielt und man dadurch unter anderem nicht so schnell einschläft. Kann man wegen mangelnder Kraft nicht mehr sitzen, ist es am besten, sich selbst aufrecht sitzend vorzustellen und die vertraute Buddhaform oder den Lama im Herzen zu halten.

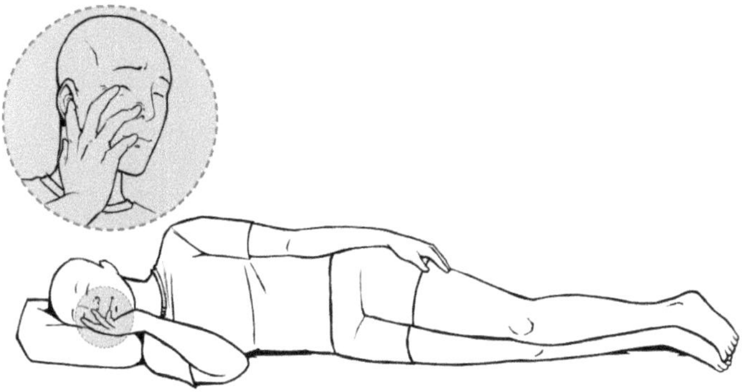

Abb. 10 b Die Löwenhaltung mit Gesichtsdetail

Das innere Erleben des Sterbenden

Wie Körper vergehen, ist jedem bekannt. Es gibt den plötzlichen Tod, etwa bei einem Herzschlag oder wenn man auf zwei Rädern und mit viel PS in der Kurve auf Glatteis, Rollsplitt oder Bitumen gerät. Ein mittelschnelles Dahinscheiden wird erlebt, wenn zunächst ein Organ nachlässt und sich weitere anschließen. Die oft sehr langwierigen und unangenehmen Sterbevorgänge werden weltweit meist durch Hunger, Alter, Aids und Krebs ausgelöst.

Wie unterschiedlich diese Trennungen von Körper und Geist auch aussehen: In allen Fällen geschieht genau dasselbe. Die Bewusstheitsströme, die im lebenden Körper durchgehend über Räder und Bahnen verteilt laufen, ziehen sich in die mittlere Energieachse zurück. Beim »mittelschnellen« Sterben, bei dem man innerhalb einer überschaubaren Zeitspanne den Bezug zum Leben verliert, erkennt das Umfeld diesen Verlauf am deutlichsten. Aber selbst bei völliger Zerstörung eines Körpers bleibt das Gewahrsein eine Zeitlang um etwas herum, was als »Herz« oder »eigene Mitte« erfahren wird. Ich werde im Folgenden die auf vielen Erfahrungen alter Meditationsmeister fußende tibetische Erklärung zum Sterbeverlauf geben. Man kann diese Verläufe gut nachvollziehen, und ihre reiche Erfahrung wird immer genauer durch das zunehmende Wissen der westlichen Schulmedizin ergänzt.

Das Entstehen der Elemente

Als unser Körper entstand, kamen drei Bedingungen zusammen: das Ei unserer Mutter, das als rot erlebt wird, der Samen vom Vater, der weiß erscheint, und unser Bewusstsein, das seit anfangsloser Zeit die Bedingungen aufgebaut hatte, mit einem bestimmten Erbgut, in einer bestimmten Kultur und bei bestimmten Eltern geboren zu werden. Als diese beiden Zellen zu einem Körper wurden, bewegte sich aus dem Herzzentrum das weiße Licht des Vaters nach oben und befindet sich seitdem auf der Schädelspitze des Kindes, während das rote Licht von der Mutter bei einer Tochter am »G-Punkt«, eine Handbreit unterhalb des Nabels, verweilt. Beim Sohn ruht es an der Vorsteherdrüse und, wenn erregt, an der Spitze seines edlen Werkzeugs. Die beiden Lichter bilden die Endpunkte der mittleren magnetischen Energiebahn, die wiederum an fünf Stellen Räder ausbildet, die aus weiteren Bahnen und Rädern bestehen und den Körper mit erleuchteter Ener-

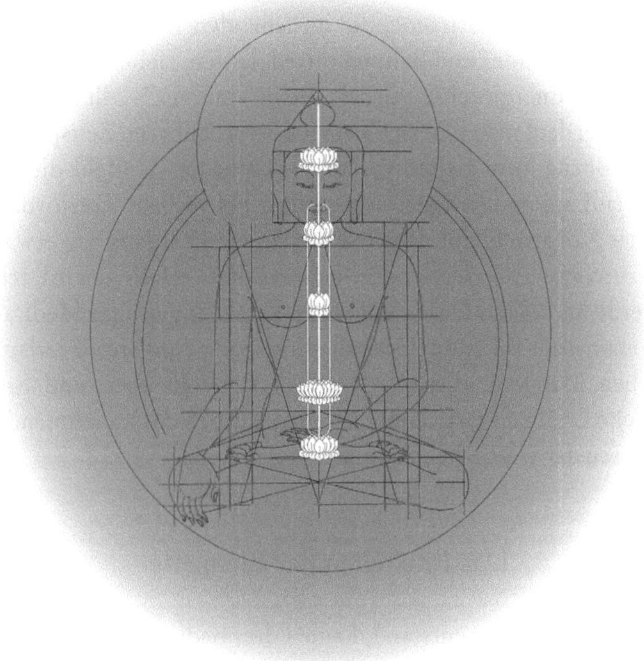

Abb. 11 Körper und Energiesystem

gie ausfüllen. Sie befinden sich im Kopf und steuern den Körper, in der Kehle segnen sie die Rede. Auf Herzensebene mitten im Körper erwecken sie den Geist, im Nabel die künstlerischen Eigenschaften, und am untersten Punkt regen sie die Tatkraft an.

Der menschliche Körper: Kanäle, Winde und Elemente

Obwohl letztendlich alles Geist ist, ist es spannend, wie er sich ausdrückt und auch erkennt. Ähnlich wie die Anatomie und die Physiologie das westliche Körperverständnis bestimmen, prägt die Vorstellung von zahlreichen Energiekanälen (72 000) und -rädern (tib.: tsa), Grundkräften (tib.: lung) und Essenzen (tib.: thigle) die buddhistische Sichtweise auf den Körper:

Aus den fünf Elementen Erde, Wasser, Feuer, Wind und Raum entstehen alle Welten und alle Körper der Wesen. Das Feste gibt Masse, das Fließende hält alles zusammen, die Wärme bringt Reifung, der Wind begünstigt Wachstum und Beweglichkeit, und der Raum bildet das notwendige Feld für Entwicklung. Den buddhistischen Belehrungen entsprechend entsteht ein Fötus aus dem Samen des Vaters, einer Eizelle der Mutter und einem Bewusstsein, das durch die karmische Verbindung zu den Eltern und ihrer Umgebung herangezogen wird. Die fünf Elemente geben dem menschlichen Körper mit der Empfängnis ihre Eigenschaften und Möglichkeiten und sind unmittelbar mit seiner Fähigkeit verbunden, die innere Erfahrungswelt und die äußere Umgebung wahrzunehmen.

Der Buddhist, der seinen Geist als Raum-Freude und Klares Licht erfahren möchte, kann dabei die Energie-

kanäle, die sich in fünf Krafträdern verdichten, verwenden. Dabei spielen die drei Hauptkanäle eine überragende Rolle: der Zentralkanal (tib.: uma), der rechte (tib.: roma) und der linke Seitenkanal (tib.: kyangma).
Der Zentralkanal läuft vom höchsten Punkt des Schädels durch die Körpermitte zu einer Stelle vier Finger breit unter dem Nabel im Bauchraum. Er steht in Verbindung mit der ungetrennten Weisheit. Er ist »dünn wie ein Pfeilschaft«, gerade, hohl, leuchtend und kann je nach Ziel der Übung von unterschiedlicher Färbung sein. Die Seitenkanäle sind dünner als der Zentralkanal, beginnen an den Nasenlöchern und ziehen aus vier Handbreit davor die Energie des Raumes, aus drei die der Luft, aus zwei die der Wärme und aus einer die des Flüssigen; an den Nasenlöchern selbst begegnen diese vier Energien dem Festen.
Sie laufen senkrecht rechts und links neben dem Zentralkanal nach unten und treten vier Finger breit unterhalb des Nabels wieder in ihn hinein. Die rechte Bahn ist rot, steht für Mittel oder Mitgefühl, während die weiße, weisheitstragende linke Bahn Eingebung und Weisheit ausdrückt.
Die Energien an der Nasenspitze werden als Rohstoff für Verwirklichung genutzt. Sie enthalten die Lebenskraft und stehen in enger Verbindung mit dem Geist, der darauf »reitet«, wie die Texte sagen. Deswegen führt eine Beruhigung der Energiebewegung zu einer Festigung des Geistes, und man kann durch die Lenkung der Atmung die Stärke seiner Gefühle beeinflussen. Ein Verwirklicher beherrscht die Energien und Winde, wandelt laufend Störungen in Weisheiten um und hält die Energien im Zentralkanal.
Die Essenz verteilt sich über die Energiekanäle im gan-

zen Körper und ist die Grundlage des Lebens und der Bewusstheit. Sie entspringt bei der Empfängnis dem Zentralkanal auf der Höhe des Herzens, umfasst alle fünf Elemente und enthält zudem die Lebenskraft. Sie folgt nach der Befruchtung sowohl der im Zentralkanal abwärtswandernden roten Mutter-Essenz als auch der aufsteigenden weißen Vater-Essenz.

Störgefühle verdichten sich in den Kanälen als Hindernisse im Fluss von Energie und Wind, und infolgedessen wird der Körper oder die Außenwelt als unangenehm erlebt. Da aber alle Störungen in der Unkenntnis der Natur des Geistes ihren Ursprung haben, liegt hier auch der Ansatzpunkt zur Befreiung. Die Energien, Winde und Elemente können durch die zahlreichen Meditationsübungen (bewusste Atmung, Vergegenwärtigungen von überpersönlichen Licht-Energieformen, das Sprechen von Mantras und andere Übungen, wie zum Beispiel Verbeugungen oder das Phowa) beeinflusst werden und bilden somit die Grundlage für einen unmittelbaren Weg zur Erleuchtung.

Das Auflösen der Elemente

Beim Sterben kehrt sich der Vorgang wie bei der Entstehung des Körpers und der Entfaltung seiner Energiebahnen um. Ohne die großartige Hilfe der heutigen Medizin ist das Sterben meist von schweren Leiden begleitet, insbesondere wenn der Fluss der Lebensenergien zur Ruhe kommt und die Energiebahnen sich auflösen. Daher ist auf einen bewussten und sinnvollen Einsatz von Schmerzmitteln zu achten: Einerseits sollte man so wenig Schmerzen wie möglich haben, andererseits jedoch bei möglichst klarem Bewusstsein bleiben.

Dem Buddhismus zufolge besteht der Körper aus den fünf Elementen; der fortschreitende Verlust ihrer Beherrschung wird als ihre »Auflösung ineinander« oder »in ihre Essenz« beschrieben. Dabei macht der Sterbende unterschiedliche Erfahrungen, die je nach Geistesinhalt als sehr überwältigend oder befreiend erlebt werden.

Über den gesamten Sterbeverlauf lösen sich fließend die Erfahrungen der vier Elemente Erde, Wasser, Feuer und Luft ihrem Wesen nach ineinander wieder auf. Haut, Knochen, Muskeln, Sehnen und alles Feste bilden dabei die Erde; die verschiedenen Flüssigkeiten wie Blut, Lymphe, Samen gehören zum Wasser, die Körperwärme bildet das Feuer, und die Atmung entspricht dem Element Luft. Das Bewusstsein, das fünfte Element, welches sich im Tod vom Körper löst, gehört dem Raum an. Die Reihenfolge und vor allem die Dauer können dabei je nach Karma sehr unterschiedlich ausfallen. Es können Tage, Wochen oder in seltenen Fällen auch Jahre sein. Weil die Sinne während dieser Vorgänge ihre Fähigkeiten verlieren, werden sie mehr oder weniger klar erlebt.

Auflösen des Erd-Elements

Wenn sich das Bewusstsein des Sterbenden vom Festen zum Fließenden zurückzieht, verliert man die Beherrschung über die festen Teile des Körpers. Die Muskelkraft lässt stark nach, die Bewegungen werden ziellos, und man fühlt sich schwer. Man kann sich nicht mehr aufrecht halten, und der Griff wird schwach. Man hat ständig das Gefühl zu fallen, und obwohl man bereits liegt, versucht man, sich an Dingen und Menschen festzuhalten. Die körperliche Beweglichkeit und das klare Denken gehen verloren. Man kann den Geist nicht mehr einsgerichtet halten, wird verwirrt und gerät leicht in Panik. Schließlich weiß man nicht mehr, ob der Verstand noch zuverlässig arbeitet, und beginnt auf der inneren

Ebene, Trugbilder wahrzunehmen. Je nach Art der gespeicherten Eindrücke treten unerträglich laute Geräusche auf, und manche haben das Gefühl, von riesigen Bergen erdrückt zu werden. Erlebt man dabei eine Art von Flimmern wie heiße Luft, zeigt das unmissverständlich, dass das Sterben begonnen hat.

Auflösen des Wasser-Elements

Anschließend verliert man die Beherrschung des Fließenden im Körper, das heißt, das Wasser-Element geht in das Feuer-Element über. Der Kreislauf wird dabei zunehmend schwächer, und auch die unwillkürliche Muskelkraft lässt nach, so dass man die Beherrschung der Zunge, einige auch des Darms und der Blase, verliert. Die Nase läuft, Lippen, Mund und Zunge sind trocken, und man hat ein starkes Durstgefühl. Auch hier hängt die Güte der Erfahrung von den gespeicherten Eindrücken ab. Da der Verstand nun nicht mehr logisch arbeitet, versucht man, mit Hilfe der Gefühle klarzukommen. Man richtet sich auf etwas aus, das man liebt oder tiefe Gefühle in einem weckt. Einige fühlen sich dabei unwohl, werden schnell gereizt und leicht zornig. Man hat den Eindruck, das Geräusch von tosendem Wasser zu hören, als ob ein Meer auf einen zukommt. Gleichzeitig meint man zu schweben oder von Wellen davongerissen zu werden. Als eindeutiges Zeichen für diese Phase erlebt man rauchartige Erscheinungen, die vorbeiziehen und aufsteigen.

Auflösen des Feuer-Elements

Als Drittes zieht sich die Körperhitze von den äußeren Körperteilen immer mehr in die Mitte zurück, das heißt, das Feuer-Element löst sich in das Wind-Element auf. Man verliert die Kontrolle über den Wärmehaushalt und somit jegliches Gefühl von Wärme. Das Herz schafft es nicht mehr, das vorhandene Blut in die weit entfernten Bereiche zu pumpen, es kommt medizinisch zur sogenannten Zentralisation des Kreislaufes. Die körperfernen Teile (Zehen, Finger, Beine, Arme) werden blutarm, blass und kalt. Der Körper kühlt von unten nach oben immer mehr aus, und der Atem wird kürzer. Man hat ein unbestimmtes Gefühl von Offenheit, und obwohl man versucht, sich auf das Gefühl der Liebe oder eine schöne Erinnerung auszurichten, entgleitet einem alles immer wieder. Alles kommt einem merkwürdig hohl und sinnlos vor, und die Verwirrung nimmt deutlich zu. Die Umwelt wird unklar, und das Bewusstsein schwankt stark. Mal ist man klar und anwesend, mal verwirrt oder unbewusst. Es können flimmernde rote Lichter – ähnlich wie Funken oder Glühwürmchen – erscheinen.

Auflösen des Wind-Elements

Schließlich löst sich das Wind-Element in Bewusstsein auf, und man verliert das letzte Gefühl für die Umwelt. Man hat immer größere Schwierigkeiten beim Atmen, und das Gefühl der Atemnot lässt sich weder durch schnelles Atmen noch durch angestrengte Mitarbeit der Atemhilfsmuskulatur lindern. Mit zunehmender Erschöpfung nimmt die Fähigkeit zur willkürlichen Mitarbeit beim Atmen ab, und man hat das Gefühl, von einer riesigen Last erdrückt zu werden.

Tief entwurzelt und nicht mehr fähig zu kämpfen, ist man bereit, alle Vorstellungen von sich und der Welt aufzugeben. Da die Beherrschung des Bewusstseins nachlässt, löst sich nun auch die Kontrolle über die Körperfunktionen völlig auf. Es kommt zu Krämpfen, in der Folge häufig auch zu Harn- und Stuhlabgang, was aber nicht bedeutet, dass das Bewusstsein hier den Körper verlässt. Die Atmungs- und

Kreislaufzentren im Hirnstamm sind durch den Sauerstoffmangel völlig geschädigt. Man atmet schließlich noch zweimal tief ein und ein letztes Mal sehr lange aus. Nun treten der Atem- und auch Herzstillstand ein.

Auf der inneren Ebene sieht man flackernde Lichter, ähnlich wie Kerzen im Wind. Mit dem letzten Atemzug löst sich das Wind-Element in den Raum auf. Damit enden auch alle Sinneswahrnehmungen. Das heißt, man sieht, hört, schmeckt, riecht und fühlt nichts mehr. Zu diesem Zeitpunkt wird medizinisch der Tod festgestellt.

Energien im Tod

Die obenerwähnten Erfahrungen entstehen vor allem durch die Energien, die über die 72 000 Bahnen im Körper verteilt waren. Und zur Beruhigung: Sie werden bei Menschen mit guten gespeicherten Eindrücken selten so vollständig oder stark erlebt wie hier beschrieben, vor allem nicht beim schnellen Tod, im Schlaf oder unter Schmerzmitteln.

Im Sterben ziehen sich die Energien immer mehr in die mittlere magnetische Achse des Körpers zurück. Zuerst fließen sie in die fünf Krafträder von Kopf, Hals, Körpermitte auf Herzensebene, Nabelzentrum und in die untere Kraftstelle des Körpers hinein. Anschließend, wenn sich die Krafträder auflösen, verschmelzen ihre Energiefelder in den Zentralkanal selbst. Dabei erlebt der Nichtmeditierende eine Schwächung der Sinneseindrücke. Es entsteht ein Gefühl, dass etwas da ist, man weiß aber nicht genau, was. Man sieht etwas, kann aber nicht erkennen, was es ist. Es klingt alles wie ein Murmeln, man versteht die Worte nicht mehr. Die Unklarheit dieser Wahrnehmungen zeigt, dass das Bewusstsein, das im wachen Zustand durch alle Sinne arbeitet, sich immer mehr in den Zentralkanal zurückzieht. Geschieht dies, erschrecken viele tief, so als würde man tausend Donnerschläge zugleich hören.

AUFLÖSUNG DER ELEMENTE / DES KÖRPERS		
Element	***Festigkeit***	***Flüssigkeit***
Auflösung	Auflösen des Erd-Elements in das Wasser-Element *Nabelzentrum löst sich auf* *Sehbewusstsein schwindet*	Auflösen des Wasser-Elements in das Feuer-Element *Herzzentrum löst sich auf* *Hörbewusstsein schwindet*
Erleben	• wachsendes Schweregefühl • unklare Wahrnehmung • man hat das Gefühl zu fallen • unklar, verwirrt, dumpf • man gerät leicht in Panik • ggf. hört man unerträglich laute Geräusche und fühlt sich erdrückt *Feuerbegleitender Wind*	• Trockenheit • unstillbarer Durst • man hört nur noch schwach und unklar • man sieht alles wie aus der Ferne • man hört das Geräusch von tosendem Wasser und glaubt zu schweben • Unwohlsein, Ruhelosigkeit, Aufgewühltheit • Neigung zu Zorn *Lebenstragender Wind*
Innere Erfahrung	• das Gefühl, »zu sein«, vergeht • logisches Denken lässt nach • Teilnahmslosigkeit • kurze traumartige Wahrnehmung • leichtes Flimmern (wie bei einer Luftspiegelung) *Ausgleichende Weisheit*	• Verstand wird immer schwächer • Verlust geistiger Klarheit • Erinnerungen schwinden • Geist kann aufgeregt und verwirrt werden • starke Gewohnheiten und Eindrücke gewinnen an Einfluss • man versucht, sich mit Hilfe von Gefühlen zu orientieren • Dinge scheinen unwirklich • rauchartige Erscheinungen *Spiegelgleiche Weisheit*
Äußere Zeichen	*Beherrschung des Festen schwindet:* • oft deutliche Unruhe • Gesichtsfarbe verblasst • Augen liegen deutlich tiefer • Verlust von körperlicher Kraft • Bewegungen werden unklar • Verdauungstätigkeit hört auf • Extremitäten werden kühler und unempfindlicher	*Beherrschung des Flüssigen schwindet:* • keine eigenständigen Bewegungen • Kreislauf wird schwächer • Körper verliert Flüssigkeit, trocknet aus • Augen, Lippen, Mund und Zunge sind trocken • Sprache verwäscht und hört schließlich auf • verminderte Augenbewegungen bzw. Augen meist geschlossen • zunehmende Schläfrigkeit • Auslaufen von Flüssigkeiten
Hilfe für sich	• aufrecht sitzend oder Löwenhaltung • alles Bisherige loslassen • mutig dem Tod begegnen • Vorsatz, Buddhismus erneut zu begegnen, Erleuchtung zu verwirklichen • den Geist festhalten und beruhigen • gute Gedanken • Vorbereitung auf Phowa	• klar und heilsam denken • Ausrichtung auf Liebe oder geliebte Menschen • sich an gute Verbindungen erinnern • von sich das Schönste vorstellen und den tiefen Wunsch entwickeln, dorthin zu gehen • sich auf den Lama über sich ausrichten • mit Phowa für sich selbst anfangen
Hilfe für andere	• beruhigen und Orientierung geben	• Flüssigkeit geben

Wärme	*Luft/Wind*
Auflösen des Feuer-Elements in das Wind-Element *Redezentrum löst sich auf* *Riechbewusstsein schwindet*	Wind-Element löst sich in den Raum auf *Kraftzentrum löst sich auf* *Geschmacks- und Tastbewusstsein schwindet*
• Gefühl der Luftnot • zunehmendes Kältegefühl • Umwelt verblasst • Bewusstsein schwankt stark (klar/unklar) • eindeutige Körperempfindung löst sich auf: Leichtigkeit, Schmerz, Wohlsein, Wärme, Kälte treten gleichzeitig auf • unbestimmtes Gefühl von Offenheit und Auflösung *Abwärts klärender Wind*	• Ende aller Sinneswahrnehmungen und Verbindung zur Umwelt • man verliert den letzten Kontakt zur physischen Welt • ggf. ist man tief erschrocken • man kämpft nicht mehr und gibt auf, »jemand« zu sein • Entspannung *Durchdringender Wind*
• Erlöschen der Erinnerungsfähigkeit, d. h., obwohl man versucht, sich auf das Gefühl der Liebe oder eine Erinnerung auszurichten, entgleitet alles immer wieder • starke Verwirrung • alles kommt einem hohl und sinnlos vor • flimmernde rote Lichter, ähnlich wie Feuerfunken im Wind oder Glühwürmchen *Unterscheidende Weisheit*	• der Geist kann in tiefe Verwirrung geraten, inklusive Halluzinationen, je nach bisherigen Erfahrungen friedvoll oder bedrohlich • alle Energie zieht sich aus den 72 000 Kanälen in den Zentralkanal zurück • Thigle löst sich aus dem Herzen • Bewusstsein löst sich vom Körper • flackernde Lichter, ähnlich einer Fackel, bzw. strahlendes Leuchten *Alles vollendende Weisheit*
Beherrschung der Wärme schwindet: • weitere Zentralisation des Kreislaufes, beginnendes Herz-Kreislauf-Versagen • die Körperhitze zieht sich von den äußeren Körperteilen in die Mitte zurück, d. h., die Körperperipherie (Zehen, Finger, Beine, Arme) wird blutarm, blass und kalt • Atmung wird flach, unregelmäßig • unklares, lückenhaftes Bewusstsein, d. h. einmal klar und präsent, dann wieder verwirrt und unbewusst • Reaktionen sind vermindert	*Beherrschung des Windes schwindet:* • rasselnder Atem • Ausatmen wird länger als Einatmen • Versiegen der Atemtätigkeit (Atemstillstand), d. h. letztes Ausatmen ohne erneutes Einatmen • Herz-Kreislauf-Versagen • schließlich klinischer Tod
• seinen Geist ruhig halten • sich auf den Lama über sich ausrichten • Phowa machen	• wer viel meditiert hat, kann seinen Geist ruhig halten und hat enorme Entwicklungsmöglichkeiten • alle drei Möglichkeiten des Phowas sind jetzt möglich vgl. Kapitel *Der entscheidende Augenblick*
• leicht zudecken • den Sterbenden stets daran erinnern, sich auf das Schöne über dem Kopf auszurichten und den Wunsch zu stärken, dorthin zu gehen	• für gute letzte Eindrücke sorgen • wenn der klinische Tod eingetreten ist, beginne mit dem *Phowa für andere* • dafür sorgen, dass der Tote 30 bis 45 Minuten ungestört bleibt

Die Tibeter sagen, dass in diesem Augenblick im Herzen des Sterbenden etwas bricht und drei kleine Tropfen Flüssigkeit herausspritzen. Die Loslösung des Bewusstseins vom Körper ist nur für Ungeübte furchtbar, weil unbekannt. Ist man auf die Geschehnisse nicht vorbereitet, kann starke Angst entstehen. Wer im Leben an andere gedacht und deswegen grundlegend etwas Gutes erwartet oder diese Belehrungen gehört und viel meditiert hat, kann dabei – alles wiedererkennend – den Geist ruhig halten oder sogar seinem Lehrer oder einem vertrauten Buddha begegnen.

Der Zeitpunkt, zu dem der Atem- und Kreislaufstillstand eintritt, wird medizinisch als Eintritt des Todes gesehen. Dies stimmt jedoch nur bei oberflächlicher Betrachtung. Zwar ist der Austausch mit der Außenwelt beendet, das Herz schlägt nicht mehr, und der aktive Stoffwechsel – das Abgeben von Kohlenstoff und die Aufnahme von Sauerstoff – versiegt. Auch im Stammhirn ist keine weitere Aktivität feststellbar, doch das Bewusstsein des Sterbenden arbeitet noch weiter, und seine Verbindung zum Körper ist noch nicht vollständig getrennt.

Das Sterben geht weiter

Selbst wenn der Sterbeprozess von außen gesehen abgeschlossen scheint, finden im Inneren des Körpers noch 20 bis 30 Minuten lang Stoffwechselvorgänge und Gehirnströme[19] statt, weshalb es auch erst nach dieser Zeit zum Auftreten der äußeren Todeszeichen wie Leichenstarre und Totenflecken kommt. Aus buddhistischer Sicht ist daher bei allen der Tod erst eingetreten, wenn das Herzzentrum kalt wird.

Diese feine Auflösung der Energien nach Todeseintritt wird als innere Atmung bezeichnet. Sie vollzieht sich dabei in drei Phasen: Erscheinen, Zunehmen und Erlangen.

Bei Menschen ohne Meditationserfahrung, aber mit wenig Anhaftung, zeigt sich über eine halbe Stunde nach dem Tod etwas Blut oder Schleim an einer der neun vorhandenen Körperöffnungen, oder der Mund öffnet sich. Leeren sich Darm und Blase während des Sterbevorgangs, steht dies nicht in Verbindung damit, dass der Geist hier den Körper verlässt. Die Ursache ist in diesem Fall der Verlust der Körperbeherrschung. Hingegen können ähnliche Zeichen bis zu vier Tage später auftreten, diesmal als Folge einer starken Anhaftung an das Leben, die den Geist so lange im Körper festhält. Zu dieser Zeit verlässt jedoch endgültig jedes Bewusstsein den Körper. Ausnahmen sind die tief beeindruckenden Fähigkeiten von Meditationsmeistern, die ihre Energien über den Tod hinaus bewusst halten und lenken können (siehe Kapitel »Die Kunst des Sterbens«).

Erscheinen: Befreiung von Zorn

Sobald sich die Energien in die mittlere Bahn des Körpers zurückgezogen haben und Kreislauf und Atem mit dem klinischen Tod aufhören, beginnen die Bewegungen des Bewusstseins im Zentralkanal. Die zu Lebzeiten am Scheitel ruhende weiße männliche Energie vom Samen des Vaters sinkt von der Stelle ungefähr acht Finger breit hinter dem ursprünglichen Haaransatz auf Herzensebene mitten im Körper hinab. Dies dauert zwischen 10 und 15 Minuten. Die Stoffwechselvorgänge des Gehirns kommen zum Erliegen und führen außer bei extremer Kälte zu dessen Absterben.

Hierbei lösen sich allmählich 33 Gefühle, Erinnerungen und Vorstellungen, die ihre Ursache in Hass und Zorn haben, in Gewahrsein auf, da Störgefühle letztlich nichts anderes sind als mit Energie aufgeladene Gedanken. Umgeben von einem milden, mondscheingleichen Licht, bewegt sich der Erleber bei einigen durch einen Tunnel auf etwas unendlich Schönes und Sinnvolles zu, während andere eher einen weißen Schimmer wahrnehmen. Dabei hören viele ein langgezogenes Geräusch, das wie »Haaaang« klingt. Das Bewusstsein des Sterbenden ist jetzt völlig wach und wird auf dem Weg zum Herzen wichtige Erfahrungen durchleben und Eindrücke von Menschen, die ihm nahestanden, verarbeiten. Dass man sie so wiedererlebt, wie man sie kannte, zeigt die Kraft unserer Erinnerung. Es bedeutet aber keineswegs, dass sie in einem zeitlosen Raum stehengeblieben sind und sich nicht weiterentwickelt haben, so wie alle anderen. Aufgrund der starken geteilten Erfahrungen wird man sich früher oder später wiederbegegnen, in dem gewohnten Gefühlsbereich, aber in neuen Körpern und unter neuen Umständen. Da sich in diesem Verlauf auch die Vorstellung von Zeit auflöst, kann das ganze vergangene Leben während der fünf Minuten, in denen das Gehirn bei normaler Temperatur noch unbeschädigt bleibt, im Zeitraffer an einem vorbeiziehen.

Die bisherigen Eindrücke werden häufig bei Nahtoderlebnissen geschildert, und es gibt eine Reihe von Büchern dazu, die im Anhang erwähnt werden. Die im Folgenden beschriebenen Eindrücke werden jedoch nicht mehr durch das schon zerstörte Gehirn des Verstorbenen, sondern vielmehr begriffslos und unmittelbar vom Geist erfahren. Daher tauchen diese Erlebnisse nicht in den Beschreibungen der Nahtoderlebnisse auf, sondern werden nur von hohen Lamas erinnert, nachempfunden und erklärt. Einige Meditierende erinnern sich im nächsten Leben an ihre uferlose Freude, und hochverwirklichte Yogis kennen den Zustand aus der Vertiefung oder aus den Erfahrungen, die sie machen, wenn sie Verstorbene durch diese Abläufe hindurch begleiten.

Meine Frau Hannah und ich erhielten diese Belehrungen von unseren Lehrern: dem alles überragenden 16. Gyalwa Karmapa, Shamar Rinpoche, Situ Rinpoche, Jamgön Kongtrul Rinpoche, Gyaltsab Rinpoche, Ayang Tulku, Lopön Tsechu Rinpoche, Urgyen Tulku, Kalu Rinpoche, Tenga Rinpoche, Dilgo Khyentse Rinpoche, Kanjur Rinpoche, Dudjon Rinpoche, Drigung Khandro, Dalai Lama und anderen hohen Lamas und Meditationsmeistern.

Zunehmen: Befreiung von Anhaftung

Nachdem das weiße Licht auf Herzebene mitten im Körper angekommen ist, bewegt sich das rote Licht der Mutter, das vom Ei bei der Befruchtung stammt, nach oben. Es löst sich aus der Körpermitte eine Handbreit unterhalb des Nabels und erreicht ebenfalls in einem Zeitraum von 10 und 15 Minuten das Herzzentrum.

Während dieses Zunehmens hört das Bewusstseinszentrum im Bauch auf zu arbeiten. Die Bedeutung dieses Nervenzentrums im Bauchraum, auch Sonnengeflecht oder Solarplexus, darf nicht unterschätzt werden: Es gehen zehnmal mehr Befehle und Botschaften vom Bauch zum Kopf als umgekehrt, und sein Zustand bestimmt in hohem Maße die Launen seiner Besitzer. Währenddessen wird riesige Wonne erfahren, jenseits von allem, was zu Lebzeiten möglich war. Ein überwältigend schönes, warmes rotes Licht, ähnlich einem traumhaften Sonnenuntergang, erscheint und bewegt sich nach oben, und viele hören einen Ton, als würde jemand mit tiefer Stimme die Silbe »AH« sprechen.

Der Geist löst sich hier von seiner stärksten Anhaftung: der des eigenen Körpers. Damit verschwinden 40 Arten des Festhaltens und der Begierde von selbst. Alle Anhaftung an das frühere Leben vergeht, Wünsche nach weltlichem Glück werden ziellos, und aufgebaute Verbindungen zu Menschen, Orten sowie Erlebnissen verschwinden. Es ist das Ende von Erwartungen und Zwängen.

Erlangen: Befreiung von Dumpfheit

Etwa 20 bis 30 Minuten nach dem Herzstillstand, wenn die Energien von Vater und Mutter auf Herzenshöhe verschmelzen, hört jede Erfahrung auf, und es gibt nur noch Bewusstheit. Sieben aus Unwissenheit entstandene Schleier verschwinden, und alles wird schwarz und still. Diese Dunkelheit ist die eigentliche Ablösung des Bewusstseins von diesem Leben. Die Begegnung mit dieser Energie beendet alle Vorstellungen und Störgefühle. Dieser Nullzustand ist viel kürzer als die vorhergehenden Bewegungen und endet in dem Augenblick, in dem sich der Geist in seiner ganzen Strahlkraft zeigt.

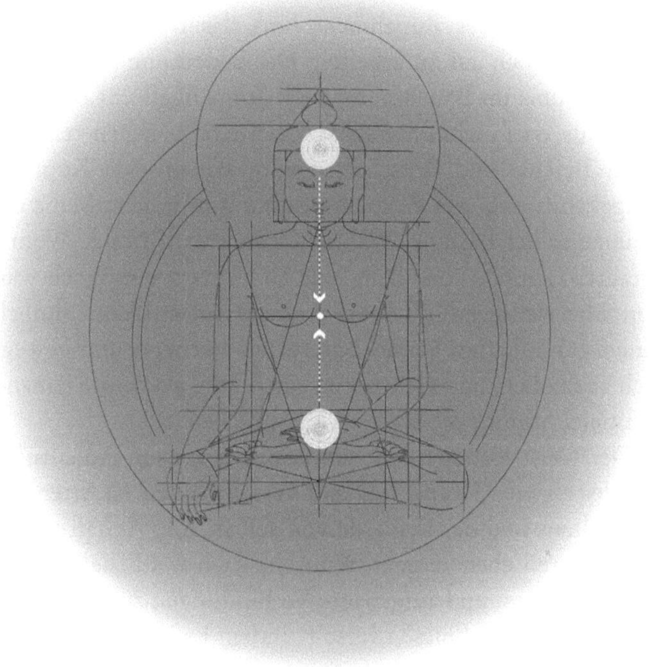

Abb. 13 Erscheinen – Zunehmen – Erlangen

Wie kann man dieses Wissen um die inneren Sterbevorgänge nutzen?

Im günstigsten Fall lernt man den Tod zuerst durch den Beistand eines Nahestehenden kennen, bevor man sich selbst dieser Herausforderung stellen muss. Die klare Vorstellung der Vorgänge bringt Sicherheit und Vertrauen bei der Begleitung und später auch beim eigenen Sterben. Daher wird im nächsten Kapitel der Sterbevorgang aus der Sicht der Familie und Betreuer beschrieben. Die buddhistischen Sichtweisen und Mittel ermöglichen es allen Beteiligten, das Beste aus dieser Lage zu machen.

Wie der Zwischenzustand aussieht, sobald der Geist den Körper verlassen hat, und wie man auch diese Zeit bewusst nutzen kann, wird im darauffolgenden Kapitel weiter beschrieben.

AUFLÖSUNG DER ENERGIEN / DES BEWUSSTSEINS		
Energie	***Männliche Energie***	***Weibliche Energie***
Auflösung	Essenz des Vaters löst sich im Scheitel am oberen Ende des Zentralkanals und fließt ins Herzzentrum *Erscheinen löst sich in Zunehmen auf*	Essenz der Mutter löst sich vier Finger breit unter dem Nabel am unteren Ende des Zentralkanals auf und steigt ins Herzzentrum *Zunehmen löst sich in Erlangen auf*
Erleben	• Geist wird subtiler und feiner • man hat den Eindruck, sich durch einen Tunnel zu bewegen, und erlebt ein sehr klares weißes Licht • man hört ein Geräusch: »Hang« • 33 Geisteszustände *(Hass/Wut/Zorn/Abneigung/Befürchtungen…)* lösen sich auf, und man erfährt große Klarheit • Stark übereinstimmend mit Nahtoderlebnissen	• Aufsteigen der weiblichen Energie löst warme rötliche Lichterfahrung aus • man hört ein Geräusch: »AH« • 40 Geisteszustände *(Anhaftung/Begierde, Erwartungen…)* lösen sich auf, und man erfährt riesige Freude
Innere Erfahrung	**Erscheinen** (tib.: nang) • Erscheinen eines weißen Lichtes (schönes, klares, mildes Mondlicht) • die dem Geist innewohnende Begabung zeigt sich u. a. in der umfassenden Erinnerung an vergangene Leben	**Zunehmen** (tib.: ched) • Schein eines leicht rötlichen Lichtes (Sonnenlicht am wolkenlosen Morgenhimmel) • Erfahrung von nicht bedingter Freude
Äußere Zeichen/ medizinische Erklärungen	ca. 5 bis 10 Min. nach dem klinischen Tod • irreversibler Funktionsverlust der kranialen Hirnzentren (Zellverband des zentralen Nervensystems und der Nervenzellen selbst)	ca. 10 bis 15 Min. nach dem klinischen Tod • irreversibler Funktionsverlust des »Bauchhirns«, d. h. der peripheren Nervenzellansammlungen (Ganglien) im Bauchraum
Vorbereitung und Verhaltensempfehlungen	• klarer Vorsatz und Wunsch, das Sterben zum Wohle aller Wesen zu nutzen und Befreiung oder Erleuchtung zu erlangen: u. a. geübt in der Zuflucht-Meditation und Geben-und-Nehmen-Meditation • Befreiung von aller Ablehnung: u. a. geübt in »Liebevolle Augen«-Meditation • Vergangenes loslassen und sich dem Raum öffnen: u. a. geübt in Diamantgeist-Meditation *Ausstrahlungszustand des Buddhas (Nirmanakaya) kann erlebt werden*	• Auflösen aller Anhaftung: Einsicht in die Zusammengesetztheit aller Erscheinungen und Entspannen: u. a. geübt in der Grundübung der Mandala-Gaben *Freudenzustand des Buddhas (Sambhogakaya) kann erlebt werden*

Männliche und weibliche Energien	*KLARES LICHT*
männliche und weibliche Energien verschmelzen im Herzen tatsächlicher Tod *Erlangen löst sich in Raum auf*	Auflösung aller Energien *Raum löst sich in Klares Licht auf*
• Verschmelzen der beiden Energien mit dem inneren Gewahrsein löst das Erleben absoluter Dunkelheit und »Stille« (keinerlei Sinneseindrücke) aus • 7 Geisteszustände *(Unwissenheit/ Dumpfheit …)* lösen sich auf	äußerst klares, strahlendes Licht
Erlangen (tib.: thob) • leuchtende dunkle Erscheinung (wolkenloser Himmel ohne Sonne, Mond und Sterne) • steife Vorstellungen und geistige Einschränkungen lösen sich auf • Trennung von Subjekt und Objekt löst sich auf	wahre Natur des Geistes wird erlebt, oder man verfällt in eine tiefe Ohnmacht, an deren Anschluss das Bardo der Soheit folgt
ca. 20 bis 30 Min. nach dem klinischen Tod • irreversibler Funktionsverlust der Herzmuskelzellen im Verband • Auftreten der äußeren Todeszeichen: Leichenstarre, Todesflecken, weiße und rote Flüssigkeit treten aus Körperöffnungen (Mund, Nase, Ohren) aus	Gesichtszüge entspannen sich
• Verschmelzungsphasen in den Meditationen • Mahamudra-Vertiefung *Wahrheitszustand des Buddhas (Dharmakaya) kann erlebt werden*	• Loslassen aller bisherigen Erfahrungen • Klares Licht als Ausdruck des Geistes erkennen • der Tendenz des Ergreifens nicht nachgeben, entspannt in dem verweilen, was ist • Phowa in den Wahrheitszustand *bewusstes Erleben und Verweilen im Klaren Licht (tib.: Tudam-Meditation)*

Die Sterbebegleitung

Während das Eintreten des Todes heute aus medizinischer Sicht klar bestimmt ist (zum Beispiel als Hirntod und unumkehrbares Erlöschen des Lebens im biologischen Sinne, sobald das Stammhirn seine Funktion einstellt), werden unter dem Vorgang des Sterbens – je nach Kultur und Weltanschauung – verschiedene Zeitrahmen und Zustände verstanden. Dabei sind die Sichtweise auf das Leben, die Gesundheit und der Umgang mit dem Tod über die Jahrhunderte in steter Veränderung. In Spätmittelalter und früher Neuzeit war der Tod aufgrund von Kindersterblichkeit, Missernten, Kriegen und Seuchen ein vertrauter Bestandteil des Alltags. Der Tod und das Leben waren allgegenwärtig miteinander verknüpft – nicht nur, weil man viel häufiger als heute durch einen Unfall oder ein Missgeschick unversehens unter den Toten weilen konnte, sondern auch, weil die Sterbenden zu Hause bis in den Tod betreut und gepflegt wurden. In nahezu allen Gesellschaften galt der Tod als Reise in eine andere Welt, auf die man sich bereits im Leben vorbereiten sollte. Sterben war die bewusste Vorbereitung auf den bevorstehenden Tod, sowohl für den Sterbenden als auch für die Gemeinschaft, und begann mit den ersten Anzeichen des Verfalls. Man starb – außer im Kriegs- und Seuchenfall – selten allein: Freunde, Nachbarn und Verwandte waren um das Bett versammelt, um dem Sterbenden beizustehen, und der Tod war nicht nur das Ende, sondern immer auch ein neuer Anfang, auf den man sich vorbereiten wollte. In vielen Kulturen wurde die Verfassung des Menschen in seiner Todesstunde als ausschlaggebend für sein weiteres Geschick angesehen. Es war also wichtig, rechtzeitig bereit zu sein und sich die vor einem liegenden Geschehnisse vor Augen zu führen, damit man sich wappnen konnte.

Mit der Industrialisierung und dem Fortschritt der Medizin im 19. Jahrhundert verschob sich die Aufmerksamkeit im Westen schleichend vom sterbenden Menschen zum sterbenden Körper. Man entdeckte mehr und mehr lebensverlängernde Maßnahmen, die mit Aufenthalten in Krankenhäusern und unbekannten Pflegern verbunden waren. Das Umfeld wurde kälter, häufig unpersönlich und zielbezogen. Die Aufgliederung der Arbeiten in verschiedene Berufszweige veränderte auch die Verbindung zum Sterbenden bzw. Verstorbenen. Ein Beispiel dafür ist die Einführung des unpersönlichen Verwaltungsaktes des Totenscheins, wobei ein meist unbekannter Arzt den exakten Todeszeitpunkt und die Ursache festhält, während Angehörige kaum beachtet werden. Ein anderes Beispiel ist das professionelle Bestattungsinstitut, das der Familie alle Aufgaben nach dem Tod wie Waschen, Anziehen, das Schalten von Anzeigen, die Organisation der Totenfeier etc. abnimmt.

Würdevolles Abschiednehmen

Wer auf dem Sterbebett das durch Medikamente oder Verfall stark veränderte Überbleibsel eines einst blühenden Menschen erlebt, sieht das bestimmt höchst ungern. Man möchte aufbauend und bejahend sein, weiß aber nicht richtig, wie. Der Weg dahin ist, die Unzerstörbarkeit der Buddhanatur eines jeden zu verstehen und zu erkennen, dass all das Sinnvolle, das der Sterbende zuvor in seinem Leben vollbracht hat, noch bei ihm ist und sein eigentliches Wesen ausmacht. Diese Sicht lässt eine würdevolle Einstellung zum Sterbenden wie zum Sterben selbst entstehen. Die verschiedenen Radioprogramme laufen noch weiter, nur schafft das Empfangsgerät (der Körper) lediglich, ein paar Kratzgeräusche davon an die Welt weiterzugeben. Der Geist an sich ist aber wie der zeitlose Raum, der, allumfassend und unveränderlich, zugleich alles hervorbringt. Er kann weder sterben noch vergehen, weil er nicht entstanden ist oder aus irgendetwas zusammengesetzt wurde. Was man zerfallen und sterben sieht, ist lediglich der Körper, an dem man bis in den Tod hinein stark anhaftet. Wenn man als Begleiter eines liebgewonnenen tollen Menschen weiß, dass nichts verloren gehen kann und die im Speicherbewusstsein des Geistes angesammelten Neigungen nach einer Reifung im Zwischenzustand im nächsten Leben wieder auftauchen werden, kann man sich entspannen. Als Buddhist stellt man sich darauf ein, dass der Sterbeprozess in eine neue Wiedergeburt mündet – man wohnt dann gewissermaßen den Anfängen einer neuen Verpackung des Geistes in einem hoffentlich glückbringenden Behälter bei.

Damit der Abschied der Angehörigen vom Sterbenden nicht zu schmerzhaft wird, hilft es beiden Seiten, sich darauf vorzubereiten. Klug ist, wenn der Sterbende allen alles Gute wünscht und sich langsam, aber sicher von seiner Familie, seinen Freunden und seinen Besitztümern verabschiedet. Aufmunternd und oftmals die Beziehung abrundend ist auch die freudvolle Erinnerung an all das Gute und Sinnvolle, das man gelernt und geteilt hat. Alle können dann frei weitergehen.

Schwierigen Menschen sollte der Sterbende vergeben und so das Band zu ihnen auflösen, um ihnen im nächsten Leben nicht wiederzubegegnen. Der beste Selbstschutz für ihn in dieser Lage ist, alle Gefühle von Rache und Schuld bewusst loszulassen und auch sich selbst zu verzeihen. Die Einsicht, dass alles Schlechte letztendlich aus Dummheit und nicht aus Bosheit geschieht und dementsprechende Ergebnisse für die Verursacher bringen wird, sollte diesen entscheidenden Schritt erleichtern. Negative Gefühle aufzulösen und gute Wünsche zu hegen, ist für den Sterbenden und Nahestehende gleichermaßen wichtig.

Gelingt es wenigstens begriffsmäßig, das Sterben so zu sehen, als würde man die Kleider wechseln, wird es für alle leichter. Man teilt ja nach einem gemeinsamen Leben dauerhafte Einsichten und Erfahrungen, was die Möglichkeit eröffnet, sich in weiteren Leben wiederzubegegnen. Was man jetzt voneinander denkt, wie man sich begegnet und was man den anderen wünscht, prägt daher wesentlich die gemeinsame Zukunft. Sich bewusst auf Glück und Bedeutungsvolles auszurichten, schafft Überschuss und langfristig nur Sinn.

Man sollte den Sterbenden unbedingt darin unterstützen, dass er nicht mit unnötigen oberflächlichen Themen vom Wesentlichen abgehalten wird. Statt sich in kleinlichen Erinnerungen zu verlieren, gilt es, freundlich und großzügig alles abzuklären, alles Störende loszulassen, so gut es eben geht, und sich dann auf die Befreiung aus dem jetzt einengenden und schmerzenden Körper einzustellen. Es ist viel wichtiger, sich mit dem Wesen des Geistes auseinanderzusetzen und zu verstehen, dass er jenseits von Tod und Geburt ist. Am besten bereitet man den Sterbenden auf das Gehen vor, indem man ihm immer wieder bewusstmacht, dass sich das Schönste, was man sich überhaupt vorstellen kann, oberhalb seiner Schädelspitze befindet und er dorthin gehen will. Die Kunst besteht darin, die ganze »Angelegenheit« nicht persönlich zu nehmen, da jedes Wesen früher oder später sterben wird.

Die Sechs Befreienden Taten

Viele wünschen sich, der Tod möge möglichst spät und dann schmerzlos und ohne Krankheit eintreten: fernsehen, einschlafen, ausatmen, fertig. Liest man die Todesanzeigen oder schaut in die Krankenhäuser, stellt man jedoch schnell fest, dass es nur wenigen so ergeht. Laut Statistik haben nur etwa drei Prozent der Bevölkerung[20] entsprechende Bedingungen. Die meisten sterben langsam und oft viel bewusster, als von ihnen erhofft. In der westlichen Welt wünschen nach Umfragen neun von zehn Menschen, zu Hause im Kreise der Familie sterben zu dürfen. Die Wirklichkeit sieht jedoch anders aus: Dies gelingt höchstens zweien tatsächlich, und zusätzlich schafft es einer, das Lebensende in einem menschenfreundlichen Hospiz zu verbringen. Die meisten sterben heute im Krankenhaus oder Pflegeheim.

Will man Menschen in ihren letzten Tagen, Wochen, Monaten oder sogar Jahren begleiten, entstehen immer neue Herausforderungen. Unter solchen Umständen ist es hilfreich, eine Ausrichtung zu haben, einen festen Leitfaden, der allem, was geschieht, eine befreiende Richtung gibt. Eine sinnvolle Einstellung hilft und bereichert andere wie einen selbst, doch benötigt man auch die dazugehörigen Mittel, damit man die Sichtweise halten kann. Buddha fasste sie in sechs Handlungsbereichen zusammen: Großzügigkeit, umsichtiges Handeln, Geduld, begeisterte Tat, Meditation und Weisheit. Er nannte sie die Sechs Paramitas, das heißt die Sechs Befreienden Taten. Wer sie in seinen Alltag einbettet, wird weder fremdartig noch gefühlsduselig wirken, sondern ein unerschütterlicher Pfeiler für alle werden. Mit der letztendlichen Sichtweise verbunden, dass sich alles beeinflusst und Teil derselben Ganzheit ist, wirken diese Taten selbstverständlich und höchst befreiend. Sie lösen bei regelmäßiger

SECHS BEFREIENDE TATEN	
Großzügigkeit	Freigebigkeit kurzfristig, langfristig und letztendlich mit Körper, Rede und Geist
Umsichtiges Handeln	glückbringendes Tun, Sagen und Denken
Geduld	Ausdauer, Durchhaltevermögen, Beharrlichkeit
Begeisterte Tat oder Fleiß	Nützliches für andere tun, ohne dabei etwas zu erwarten
Meditation	Abstand zu dem schaffen, was im Geist auftaucht
Weisheit	Erfahrung des zeitlosen, unzerstörbaren Erlebenden

Abb. 15 Die Sechs Befreienden Taten

Anwendung die Trennung zwischen Handelndem, Empfänger und Umwelt auf, bis es einfach natürlich wird, hilfreich zu sein und Gutes zu tun.

Befreiend und erleuchtend wirken kann eine Handlung erst in Verbindung mit der Einsicht oder augenblicklichen Erfahrung, dass Erleber, Erlebtes und das Erleben selbst ohne dauerhafte Eigennatur und Teile derselben Ganzheit sind.

Buddha lehrte, dass jeder Augenblick des Lebens, sei es in den schönsten Erfahrungen von Mut und Liebe, im Alltag und sogar während des Sterbens, durch die befreienden beziehungsweise »jenseits gehenden« Taten zur Verwirklichung führen kann. Während sinnvolle Handlungen an sich anderen wie einem selbst helfen, befreien sie erst, wenn die erlebte Trennung zwischen Handelndem, Gegenstand und Empfänger wegfällt. Erst die Auflösung dieser Gewohnheit durch die Einsicht in die Leerheit von einer bestehenden Eigennatur und die Erkenntnis der gegenseitigen Bedingtheit aller Vorkommnisse entfalten alle Reichtümer des Geistes. Dies geschieht durch die sechste und letztendliche Weisheitsstufe der befreienden Taten.

Mit dieser Sichtweise, der Weisheit, wirken die fünf grundlegend sinnvollen Taten befreiend oder gar erleuchtend, und jede Begegnung mit Wesen und Welt ist ein willkommenes Anwendungsgebiet auf dem Weg. Alles Angenehme ist dann ein Segen, etwas Gutes, das man mit anderen teilen kann, alle Schwierigkeiten erfährt man als eine Lehre und das Auflösen von schlechtem Karma.

Nur über das Speichern sinnvoll-nützlicher Handlungen und Worte und durch das Verwirklichen von Weisheit wird Erleuchtung erlangt. Deshalb ist es sowohl für Sterbende als auch für Begleiter folgerichtig, sogar die Zeit des Abschieds für das Ansammeln von guten Eindrücken zu nutzen.

Es werden nun im Folgenden die wesentlichen Punkte beschrieben, die Buddha ohne erhobenen Zeigefinger für alle Lebensbereiche empfohlen hat, um allgemein nutzbringend mit anderen umzugehen: Hilfestellungen, die man sehr gut bei der Sterbebegleitung anwenden kann.

Großzügigkeit

Nichts bringt die Wesen einander näher als einfache Zeichen, die Sympathie und den Wunsch, anderen Gutes zu tun, zum Ausdruck bringen: eben Freigebigkeit. Man bejaht dadurch den Reichtum, der dem Raum innewohnt, und die nützlichen Eigenschaften, die die Wesen besitzen. Aus dieser Lage heraus ist Geben leicht, weil es erfüllend und Teil eines Ganzen ist. In den überlieferten Texten wird zwischen drei Arten des Gebens unterschieden:

1. Mit Essen, Geld oder auch Zeit großzügig sein, insbesondere, wenn man damit unmittelbar das Überleben anderer sichern kann. Großzügiges Verhalten bezieht sich auch auf den Alltag. Man schenkt Zeit, Liebe, Vertrauen und genießt die gemeinsamen Stunden.

Bezogen auf Sterbebegleitung bedeutet Großzügigkeit, einem Schwerkranken oder Sterbenden die letzte Zeit seines Lebens zu bereichern. Dabei gilt es, auf seine Bedürfnisse zu achten, anstatt ihn durch eine allzu fürsorgliche Belagerung zu ersticken. Augenblicke der unmittelbaren Offenheit sind besonders wertvoll, sie geben Kraft, ehren die Verbindung und beschenken alle Beteiligten. Tränen und Trauer sind hingegen keine Hilfe für den Sterbenden, sie werden ihn eher ablenken und belasten. Besser ist, die aufkommenden Gefühle für Pflege und einen klaren Austausch zu verwenden, wodurch man dem Sterbenden Sicherheit zuteilwerden lässt. Dies erleichtert den Übergang vom Leben in den Tod und macht Sinn.

2. Anderen Schutz, aber vor allem eine sinnvolle Erziehung und Ausbildung gewähren. Das hilft ihnen ein Leben lang. Aber auch langfristige Hilfestellungen, wie etwa in armen Ländern der Welt straffe Begrenzungen der Geburtenrate zu unterstützen, um Kindern wie Eltern ein würdiges Leben zu ermöglichen, gehören dazu.

Schutz im Falle der Sterbebegleitung könnte bedeuten, alles Praktische für den Sterbenden zu regeln, so dass er das beruhigende Gefühl bekommt, dass tatsächlich alles in Ordnung ist. Man hilft ihm auch dabei, sein Testament zu verfassen, seine Papiere zu ordnen und schwierige Verwandte oder Geschäftspartner von lästigen Besuchen abzuhalten, damit er nicht durch unnötige und unangenehme Themen vom Wesentlichen abgehalten wird. Statt über Belangloses zu reden, ist es viel wichtiger, dem Sterbenden Zeit zu lassen, um sich bewusst von allem Materiellen und allen Freunden zu verabschieden. Er kann sich viel leichter von diesem Leben trennen, wenn er seine Besitztümer noch zu Lebzeiten bewusst an Freunde verteilt hat.

3. Das Geschenk der befreienden Lehre Buddhas. Es wirkt über alle Leben bis zur Erleuchtung: Auf den anfangslosen Geist zeigend, umfasst sie dieses Leben, das Sterben, den Tod danach und alle Wiedergeburten bis zur Erleuchtung. Die Stellen im Spiegel des Geistes, die mit diesem Wissen klar wurden, werden auch in künftigen Leben sehr leicht an diese Ebene anknüpfen können, bis das Ziel – der voll verwirklichte Mensch – dasteht. Deswegen gilt das Teilen der Lehre als die höchste Form von Großzügigkeit. Kann man dem Sterbenden vermitteln, dass sein Geist nur für die jetzige Lebensdauer an diesen zerfallenden Körper gebunden ist, ist das beruhigend. Ergänzt man, dass der Geist jenseits von Tod und Geburt wie der Raum ist, werden auftretende Verwirrungs- und Alterserscheinungen besser annehmbar. Diese Sichtweise verleiht dem letzten Lebensabschnitt die

oft vermisste Würde. Sie hilft dem Sterbenden, sich zusehends zu entspannen und dem eigenen Tod furchtloser entgegenzusehen.

Umsichtiges Handeln

Durch Großzügigkeit entstehen Offenheit und Vertrauen, die man am besten mit sinnvollem Verhalten absichert. Die Eindrücke, die man während des Lebens ins Speicherbewusstsein pflanzt, sind das Einzige, was einem nach dem Tod folgt und die weiteren Erlebnisse und Wiedergeburten prägt. Glückbringendes zu tun, zu sagen und zu denken ist also von höchstem Sinn und bringt einem rasch einen unerschütterlichen Geist. Von oberflächlichen Störgefühlen kann man sich bei weiterer Übung sogar völlig befreien.

Wie kann das am Krankenbett aussehen?

Am wichtigsten ist es, die Ursachen für Störungen auszuschalten. Nicht nur, indem man als Begleiter sein eigenes Verhalten beobachtet und die Zehn Nützlichen Handlungen einsetzt[21], sondern vor allem, indem man für ein gutes, ruhiges Umfeld sorgt. Diskussionen mit Ärzten oder Pflegern gehören ebenso wenig dazu wie abwertende Bemerkungen oder der letzte Familientratsch. Statt das Verhalten anderer zu beurteilen oder ständig Arzt und Pfleger in Frage zu stellen, sollte man im freundlichen Miteinander stets die guten Eigenschaften der anderen hervorheben, während man selbst die Nörgler und Kampfhähne fröhlich ins Leere laufen lässt. Die Pflege des Sterbenden sollte bei der Begleitung nebenherlaufen und nicht im Vordergrund stehen. Viel wichtiger ist es, all das Gute aus seinem Leben beständig hervorzuheben und ihn zum Vorbild für alle zu machen. Das gibt seiner Lage Bedeutung und Kraft.

Behält man den Überblick und tut gleichzeitig etwas Sinnvolles, was sein Leben abrundet, ist das ein Riesengeschenk.

PRAKTISCHE EMPFEHLUNGEN FÜR STERBEBEGLEITER, FAMILIEN UND ANGEHÖRIGE

- Das Schaffen einer angenehmen, sauberen, ruhigen Umgebung ohne viel Ablenkung gelingt am besten mit einer freudvollen, bewussten Einstellung. Man sollte auch selbst die Umgebung genießen, denn der Sterbende wird das spüren. Vor dem Umräumen kurz hinsetzen und den Raum als Ganzheit erfahren.
- Die Menschen in der unmittelbaren Umgebung des Sterbenden sollten wirkliche Freunde sein und alte Missstimmungen bereits geklärt haben.
- Man sitzt möglichst immer am Kopfende des Sterbenden, nicht an seinen Füßen, und berührt, wenn überhaupt, nur seinen Oberkörper, seine Hand und seine Schädeldecke.
- Man begleitet so gefasst wie möglich den Sterbenden, ist sich der Bedeutung des Geschehens bewusst und macht keine unnötigen Geräusche, Bewegungen und Berührungen und führt keine Gespräche.
- Zu diesem Zeitpunkt werden jede Unsicherheit und alle unechten Gefühlsausdrücke bei den Anwesenden als sehr störend erlebt. Wenn man am Totenbett eher an das Erbe denkt als an den Zustand des Sterbenden, sollte man besser nicht hingehen. Durch Mitgefühl und bewusste Anwesenheit kann man dem Sterbenden dagegen von großer Hilfe sein.
- Da der Hörsinn als letzter die Verbindung zur Sinneswelt behält, sind Mantras sehr nützlich. Jeder mit Vertrauen kann dem Sterbenden »OM AMI DEWA HRIH« ins Ohr flüstern oder sich dieses Mantra auf die eigenen Fingerspitzen pusten und damit die Scheitelspitze des Sterbenden leicht berühren. Auf diese Art und Weise setzt man das Kraftfeld des Buddhas des Grenzenlosen Lichtes dorthin.
- Der tote Körper sollte während der ersten 30 bis 60 Minuten nach dem letzten Ausatmen nicht berührt werden, man sollte keine unnötigen Geräusche machen, damit der innere Sterbevorgang ungestört ablaufen kann.
- Der Tote sollte möglichst drei Tage lang wenig oder noch besser gar nicht berührt und im Zimmer liegen gelassen werden, mindestens aber eine Stunde lang nach Feststellung des Todes. Erst dann mit Waschen und Ankleiden beginnen. Gegebenenfalls kann man ein letztes Treffen mit den Angehörigen abhalten, bevor die Leiche weggebracht wird. Die klimatischen Bedingungen und örtlichen Gesetze erlauben diese Freiheit nicht immer, und diesen sollte man dann folgen. Die erste halbe bis ganze Stunde ist am wichtigsten.
- Private und vor allem geschätzte Gegenstände sollten möglichst für 49 Tage weder verwendet, zusammengeräumt noch verschenkt werden. Wird hingegen alles sofort nach seinem Ableben aufgeteilt, weggeworfen oder gar darüber gestritten, kann dies beim Verstorbenen zu Verwirrung und starkem Widerwillen führen, was der Wiedergeburt schadet.
- Man sollte nur gut über den Toten reden und in seinem Namen großzügig sein. Das können u. a. Geldgeschenke an einzelne Freunde, Hilfsbedürftige oder gemeinnützige Organisationen sein, die dem Toten nahestanden.

BUDDHISTISCHE MITTEL FÜR STERBEBEGLEITER, FAMILIEN UND ANGEHÖRIGE
• Gesegnete Pillen, Nektar aus Einweihungen und Ähnliches sollte man buddhistischen oder der Lehre gegenüber offenen Sterbenden frühzeitig geben. Mit Vertrauen genommen, bringen sie als Mittel zur »Befreiung durch Geschmack« eine kurzfristige geistige Verbesserung, eine gute Wiedergeburt oder sogar die Befreiung. • Buddhabilder oder Altäre sollten am Kopfende sein, weil sie die inneren Energien nach oben ziehen und dem Sterbenden so helfen, in einem befreiten oder zumindest sinnvollen Bereich wiedergeboren zu werden. • Man kann, so oft der Sterbende es wünscht, die begleitenden Meditationen und Wünsche sprechen oder von einem Audiogerät am Ohr des Sterbenden ablaufen lassen. • Nach dem letzten Ausatmen kann man dann alle Wünsche und entsprechenden Meditationen auch singen oder laut sprechen. Beherrscht der Begleiter die Meditation des »Bewussten Sterbens« und vor allem die »Haken des Mitgefühls« (Phowa, vgl. Kapitel *Das Bewusste Sterben*), die den Geist anderer in das Reine Land Höchster Freude bringt, ist nach dem letzten Ausatmen die beste Zeit gekommen, diese Meditation für 20 bis 30 Minuten durchzuführen. • Dem Sterbenden/Verstorbenen kann man gesegnete Gegenstände zwischen Kissen und Schädelspitze legen; Segensschnüre, Schützerknoten usw. können mit ihm verbrannt oder auf der Brust liegend begraben werden. • Die Hinterbliebenen können Bilder des Buddhas des Grenzenlosen Lichtes an Stellen aufstellen, wo der Verstorbene gerne verweilte, denn dieser wird zu seinen Lieblingsplätzen zurückkehren. • Man hegt Wünsche und meditiert in seinem Namen, spendet an buddhistische Zentren oder richtet buddhistische Büchereien ein, lässt im Namen des Verstorbenen Buddhastatuen aufstellen oder Stupas errichten.

Abb. 16 u. 17 Praktische Empfehlungen für Sterbebegleiter, Familien und Angehörige

Es bedarf der Reife, diese Empfehlungen bei der Unterstützung eines geliebten Menschen wirklich in die Tat umzusetzen. Man steht anfangs oft lange klotzig herum, will helfen, aber darf oder kann nicht. Der Nutzen dabei ist aber groß. Man entwickelt dadurch eine dicke Haut, die einem auch bei zukünftigen Schwierigkeiten ermöglicht, furchtlos in der eigenen Mitte zu bleiben.

Gute Eindrücke, die durch die vorhergehenden sinnvollen Taten aufgebaut wurden, können sich durch Zorn und Wut im Nu wieder auflösen, und man wird einsam. Geduld und Verständnis, begabt eingesetzt, sind sehr wirksame Gegenmittel für Zorn.

Im Verlauf des Sterbens kann die Grundlage für eine gute Wiedergeburt durch Zorn gestört und bei sehr zornigen Menschen sogar zerstört werden. Besser, man vermeidet überhaupt das Gefühl. Für Sterbende wie Betreuer ist es in diesem Lebensabschnitt von großem Vorteil, die Gegenmittel dazu eingeübt zu haben. Denn je früher man das auflodernde Gefühl entdeckt, desto besser kann man es eingrenzen. Einmal erkannt, sollte man auf beiden Seiten Abstand schaffen, ohne näher auf den Zorn einzugehen oder unbedacht zu handeln. Am besten »friert« man ihn einfach ein und sagt entweder nichts weiter oder etwas ganz anderes.

Verliert man als Sterbebegleiter dennoch die Geduld oder wird zornig, weil sich ein schwieriges Verhalten ständig wiederholt oder bei einem sehr langen Krankheitsverlauf der Eindruck des Benutztwerdens in einem entsteht, erinnert man sich am besten an die früher gemeinsam verbrachten Tage. Dann macht man sich den Frust und die verwundbare Lage des Kranken und dessen Schmerzen bewusst, die ihn davon abhalten, sich zu beherrschen. So entwickelt man wieder mehr Geduld und Mitgefühl. Da diese Eigenschaften zugleich ein wichtiger Rohstoff für die eigene Verwirklichung sind, kann man dem nörgelnden Kranken für die Aufgabe dankbar sein. Alle schwierigen Gefühle und Ideen, die am Sterbebett aufkommen können, wie Ungeduld, Zeitdruck, Unverständnis, Langeweile, Ungewissheit und vieles mehr, verlieren ihren Halt, wenn man den Überblick über die Lage bewahrt und sich der Tatsache bewusst bleibt: Hier stirbt ein Mensch! Unter Umständen hilft einfach eine kurze Auszeit.

Bevor man nicht mehr erkennt, welch großes Geschenk man gerade macht und gleichzeitig als Entwicklung und gutes Karma erhält, sollte man andere mit einbeziehen und dann wieder mit Frische und Überschuss dem Todkranken beistehen. Wer fähig ist, sich als Betreuer nicht ausgenutzt oder angegriffen zu fühlen, ermöglicht dabei dem Sterbenden leichter einen Zugang zu der eigenen Stärke und Reife. Mit einem klaren Kopf versperrt man störenden Gefühlen jeden Raum.

Während eines bestimmten Abschnitts im Sterbeverlauf kann wie beschrieben beim Sterbenden eine Zeitlang Zorn aufkommen. Hat man lange durch Meditation und vor allem Mantras wie OM MANI PEME HUNG geübt, seine eigenen Trips und die der anderen einfach nicht ernst zu nehmen, wird man auch in dieser Lage genügend Abstand finden. Beim Todkranken auftretende Wut über das »ungerechte Leiden« lässt man am besten als verständlich ins Leere laufen. Mit Freundlichkeit und Humor sollte man wenn nötig dem Kranken klarmachen, dass Krankheit, Alter und Tod nichts Persönliches sind, sondern dass es alle trifft und es vielen um einiges schlechter geht. Den Sterbenden kann man dabei auch raten, sich auf seinen Atem, auf ein vertrauenerweckendes Bild oder einen Buddha einzustellen. Ist ihm die Zufluchtnahme vertraut, werden sich Störgefühle schnell wieder auflösen, weil die Buddhaformen glückbringende Rückkopplungserfahrungen vermitteln und er am Ende mit ihren Lichtkörpern verschmelzen wird. Nichtbuddhisten kann man mit schönen Vorstellungen oder Erinnerungen vom Zorn ablenken.

Es geht hier also darum, gute Eindrücke hervorzubringen und die schwierigen Gefühle unbeachtet durchlaufen zu lassen. Die langen Ruhe- und Wartezeiten kann man auch einfach zur Weiterbildung nutzen, dann geht der Gesprächsstoff nicht aus, und man hat als Begleiter Vorteile, wenn man sich wieder der Welt zuwenden kann.

Begeisterte Tat

Nützliches für andere zu tun, ohne etwas dafür zu erwarten, sondern einfach, weil es hilfreich und richtig ist, schenkt ein schützendes Kraftfeld und macht Körper wie Rede zu tüchtigen Helfern für das Gute, das man in die Welt setzen will. An einer Geisteshaltung, die echte Freude an nützlichen Taten hat und unermüdlich schützt und bereichert, prallen störende Gefühle und weitgehend sogar Schmerzen ab. Man hat Wichtigeres im Sinn!

Bleibt man am Bett sitzen und kümmert sich um den sterbenden Freund oder Angehörigen, auch wenn man selbst todmüde ist, entsteht jenseits der Schmerzgrenze ein sehr erfüllendes Band: Sich tatkräftig zum Besten anderer einzusetzen schafft eine Kraft, die auch in anderen sinnvollen Lebenslagen eingesetzt werden kann. Es ist einfach richtig und fühlt sich so gut an, dass es fast süchtig macht. Es braucht erfahrungsgemäß häufige Meditationen oder einen kühlen Überblick, um diese Kraft sinnvoll zu steuern. Spürt der Sterbende, dass jemand über das Maß etwas für ihn tut, entsteht auf seiner Seite große Dankbarkeit, und man festigt die Verbindungen für zukünftige Leben.

Auch der Sterbende hat – sogar wenn er körperlich am Ende ist – immer noch Rede und Geist, um vielleicht wertvolle Lebensweisheiten zu vermitteln. Finden andere die geistige Weite und den Überschuss, um ihm zu lauschen, geht es darum, dieses Geschenk mit Dankbarkeit anzunehmen.

Meditation

Wie nützlich es ist, im Leben meditiert und tiefe Überzeugungen aufgebaut zu haben, stellt man vor allem an dessen Ende fest. Zu dieser Zeit kann man den Geist nicht mehr schulen, wird aber sicher die Früchte ernten. Beim Meditieren geht es vor allem darum, Abstand zu dem zu schaffen, was im Geist auftaucht, darin herumspielt, von ihm wahrgenommen wird und sich dort auch wieder auflöst. Hat man diesen Vorgang häufig genug in der Vertiefung beobachtet, wird man allmählich diese gewonnene Freiheit im Alltag nutzen können.

Wenn sich die Energien im Sterben zunehmend zurückziehen, ist der durch Meditation entstandene gelassene Geisteszustand das beste Mittel, um sich nicht verwirren oder ablenken zu lassen.

Dem Sterbenden kann man mit einer angeleiteten Meditation helfen, den Geist wieder auf das Wesentliche einzustellen. Mit ihr gelingt es, wieder Raum und Freiheit im eigenen Bewusstsein zu finden. Es gibt unzählige Übungen, um den Erleber ohne Ablenkung auf Seiten seines Wesens auszurichten. Sind die Menschen, die man im Sterben begleitet, buddhistisch eingestellt, haben aber im Leben keine Meditationserfahrungen gesammelt, ist die Vorstellung vom Buddha, in dessen Herz man gehen will, oberhalb ihrer Köpfe sehr nützlich. Als Ausdruck für ihr eigenes inneres Wesen ist sein Zustand eine sichere Zuflucht. Es ist sehr hilfreich, Sterbende, die dafür offen sind, entsprechend anzuleiten, und beim Betreuer schafft das Entstandene auch wieder mehr Raum im Geist.

Gemeinsam mit ihren Freunden schloss meine todkranke Schülerin Sys jeden Abend ihren Tag damit ab, die Buddhas mit ihrer gewohnten Meditation herbeizurufen. Auf diese Weise erinnerten sie sich an die Belehrungen ihrer Lehrer und äußerten Wünsche für all die Kranken, die viel schwierigeren Bedingungen ausgesetzt waren als sie. Für alle Beteiligten war dieses Ausrichten auf das Wesentliche ein fester Bestandteil des Tagesablaufes, und diese jahrelange Gewohnheit zeigte in diesen Tagen ihre Bedeutung. Trotz der Umstände vermochten sie ihrer Umgebung Freude und Kraft zu schenken, und sie wurden schnell zu einer Besonderheit in der Klinik. Das Pflegepersonal wurde immer wieder gefragt, wer das denn sei und wo man ihren Pflegedienst bestellen könnte. Der Segen war offensichtlich für alle spürbar.

Weisheit

Großzügigkeit schafft Offenheit und Verbindungen, die durch umsichtiges Verhalten gefestigt werden. Mittels Geduld kann man diese erhalten und absichern, und die freudige Tatkraft lässt alles wachsen. Die Meditation schenkt einem den nötigen Abstand bei Schwierigkeiten und stärkt die Einstellung, zum Besten der Wesen zu arbeiten. Die so gewonnene Freiheit wird einen auf jeden Fall glücklicher und bewusster leben lassen. Die Tibeter sehen deswegen die fünf eben beschriebenen Paramitas oder »Befreienden Taten« als starke Beine, die gut laufen können, aber nur das Ziel erreichen, wenn die Augen der Weisheit – als sechstes – dazukommen. Die Augen können wiederum gut sehen, aber ohne Beine gelangen sie nirgendwohin. Weltliche und bedingte Weisheiten lehrt man in Schulen und Universitäten. Sie helfen einzelnen Menschen wie ganzen Völkern, besser zu leben und mehr für andere tun zu können. Vor allem sind die in westlichen Ländern entwickelten idealistischen Vorstellungen und unterscheidenden Fähigkeiten – wenn ohne Aberglauben genutzt und mit menschlicher Reife verbunden – wertvolle Helfer bei der Suche nach dem eigenen Erleber. Wie schön, gesund und frei sie auch die Welt gestalten mögen: Unser Nutzen daraus hört schlagartig mit dem Tod auf – sie sind eben weltlich.

Die letztendliche Weisheit ist zeitlos und zielt auf den Geist selbst. Sie entsteht aber erst durch richtig angeleitete Meditation. Im Labor des Geistes wird durch Vertiefung entdeckt, dass jede Erscheinung zusammengesetzt und vergänglich ist und deswegen »leer« von dauerhafter Eigennatur. Sucht man nach dieser Einsicht den Erleber dieser Erfahrung, sind die Hände noch leerer: Man findet nur Raum. Was erfährt, hat eben keine dinglichen Merkmale, weder Größe, Breite, Gewicht noch Farbe oder Geschmack. Bevor man sich aber deswegen für einen Kurs in Nihilismus oder dialektischen Materialismus anmeldet, vielleicht noch eine letzte Betrachtung: Es wird ja erlebt!

Wenn etwas erfährt, was deutlich auch kein Ding ist, kann der Erleber auch nicht vergehen. Also ist man zeitlos und unzerstörbar und sollte lieber das Leben feiern und anderen nutzen.

Was die Welt – sowohl im Großen als auch im Kleinen – braucht, ist ein kraftvolles, vorausschauendes Wirken ohne Störgefühle. Das schafft man mit Sicherheit, wenn man durch die Unterstützung eines Sterbenden vergisst, dass man etwas für ihn tut, und die Untrennbarkeit des Ganzen erkennt. Das ist ein Riesenschritt zum Erwachsenwerden: Die Weisheit beginnt, sich zu entfalten, weil ein Paket von Selbstlosigkeit, guten Wünschen, Geduld, Kraft, Wissen, Fähigkeit und ein stabiler Geist mitfühlend für jemanden eingesetzt wird. In der Zeit des Verfalls eines Körpers vor sich kann man erkennen, dass nichts »an sich« ist und dennoch alles erscheint – das ist höchste Belehrung!

Sterben als Vorgang

Für die eigene Vorbereitung auf den Tod ist das Wissen um die inneren Vorgänge in Körper und Geist ebenso hilfreich wie für Menschen, die andere beim Sterben begleiten. Weiß man, was beim Sterben zu erwarten ist, können die Zustände genutzt und Ängste gezielt abgebaut werden.

Die Auflösung der Körperelemente kann bei einem Unfall plötzlich erfolgen, aber bei einer Krankheit auch Tage,

Wochen oder Monate dauern. Ohne Zugabe von Schmerzmitteln sieht der Sterbeverlauf von außen betrachtet in etwa so aus:

Wenn sich, wie im vorigen Kapitel ausführlich beschrieben, das Erd-Element in das Wasser-Element auflöst, tritt eine Verlangsamung der Bewegungen ein, bis der Körper schließlich nur noch liegen kann; ohne unterstützende Kissen ist das aufrechte Sitzen nicht mehr möglich. Körperkontakt ist für den nach Halt bittenden Sterbenden zu dieser Zeit angenehm und versichernd. Auch das Sehbewusstsein lässt nach, und die Wahrnehmungen werden unklar.

Wird einem ab und zu erzählt, wo man sich befindet und was eben geschieht, schafft das den fehlenden und erleichternden Rahmen. Eine Zeit der Offenheit wird entstehen, weil Spiele einen nicht mehr halten können und die innere Verwirrung zunimmt. Hier will man gern an Erfolge im Leben erinnert werden, auch solche, die man anderen ermöglichte; die Freunde dürfen aber unter keinen Umständen Hoffnung geben, dass alles wieder gut wird. Dies ist oftmals die letzte Gelegenheit, sich von seinem Geliebten, Freund oder Angehörigen bewusst zu verabschieden und seine Dankbarkeit auszudrücken, und man sollte sie nutzen. Auf körperlicher Ebene werden jetzt deutliche Veränderungen sichtbar: Die Bewegungen werden immer zielloser, die Gliedmaßen kühler und unempfindlicher, auch liegen die Augen oftmals tiefer. All das sind Zeichen, dass sich die Energie weitgehend aus den Gliedmaßen in die Körpermitte zurückgezogen hat. Der Rückzug der Energien in Richtung der mittleren Energiebahn ist während des Sterbens anders als im Tiefschlaf unumkehrbar und endgültig.

Löst sich das Wasser-Element in das Feuer-Element auf, hat der Sterbende ein verstärktes Durstgefühl. Wenn er trinkt, spürt er jedoch keine Besserung.

Häufig beginnen Sterbende, wie bereits erwähnt, noch kurz vor ihrem Tod zu streiten und wütend zu werden. Das liegt vor allem daran, dass sie weder richtig hören noch verständlich sprechen können. Der Verstand verliert mehr und mehr an Klarheit. Das Mantra vom Buddha des Grenzenlosen Lichtes, OM AMI DEWA HRIH, und das Mantra von Liebevolle Augen, OM MANI PEME HUNG, helfen dem Sterbenden wie dem Betreuer, alles auf eine überpersönliche Ebene zu heben.

Danach ziehen sich die Energien weiter in Richtung Herzzentrum zurück, während das Bewusstsein in der Körperachse zwischen Schädelspitze und Kraftzentrum unterhalb des Nabels verweilt. Als Außenstehender kann man nicht mehr davon ausgehen, vom Sterbenden noch richtig verstanden zu werden.

Das Feuer-Element löst sich jetzt in das Luft-Element auf, und der Sterbende verliert die Beherrschung der Wärme. Er friert und möchte mit warmen Decken zugedeckt werden, die aber den inneren Wärmeverlust nicht ausgleichen können. Die letzte Wärme wird im Herzzentrum erlebt, danach wird das Atmen unregelmäßiger, man kann es nicht mehr beherrschen und bekommt immer schwerer Luft, dies ist das sogenannte Todesrasseln.

Nun beginnt sich das Wind-Element in das Raum-Element aufzulösen. Den althergebrachten Beschreibungen zufolge benimmt sich der nicht unter Schmerzmitteln stehende Sterbende wie ein Ertrinkender, der wild nach Luft schnappt. Die Angst kann hier sehr zunehmen, und jeder weiß, dass es zu Ende geht.

Auch wer viel meditiert hat und sich schon auf die Buddhas freut, deren Nähe man immer stärker spürt, kann selten verhindern, dass der Körper noch einmal kämpft und sich aufbäumt. Schließlich ist es seine Aufgabe, zu überleben.

Hier reißen die letzten Verbindungen zu diesem Leben, doch die zu den Geliebten halten noch. In unzähligen Beispielen wird berichtet, dass jemand erst dann sterben konnte, nachdem der vertraute Mensch das Zimmer verlassen hatte.

Jetzt können Nahestehende den Sterbevorgang also durch An- oder Abwesenheit beeinflussen, während der Sterbende zwischen Zuständen des Wachseins und tiefer Bewusstlosigkeit wechselt. In den letzten Augenblicken kommt es zu einem dreimaligen langen Ausatmen ohne erneutes Einatmen, wonach der Sterbende allgemein für tot befunden wird.

Die Medizin wartet noch mit der Feststellung des Todes, bis bei den Zellen im Stammhirn wegen fehlenden Sauerstoffes keine elektrische Aktivität mehr messbar ist.

Wie bereits im vorigen Kapitel beschrieben, ist der Tod aus buddhistischer Sicht noch nicht eingetreten, lediglich das Wind-Element hat sich vollständig in das Raum-Element aufgelöst. Die Angehörigen oder Sterbebegleiter sollten deswegen mit Ärzten und Krankenschwestern schon im Vorfeld abgeklärt haben, dass sie noch eine Stunde in Ruhe beim Körper verweilen können, ohne dass er berührt wird. So werden die inneren Abläufe bis zum endgültigen Tod nicht gestört.

Anweisungen aus dem Tibetischen Totenbuch[22]

Das Klare Licht erkennen, das während des Sterbens erscheint

Höre, (Name)! In diesem Augenblick müsstest du einen Weg sehen.

Sobald du zu atmen aufhörst, siehst du das ursprüngliche, strahlende Licht.

Dies ist die erste Phase des Sterbens, die dein Lehrer dir während deines Lebens erklärt hat. Es ist die wahre Wirklichkeit, leer und schmucklos wie der Raum.

Dies ist dein ursprünglicher Geist, unbefleckt und schmucklos, ohne Zentrum und ohne Grenzen, leer und strahlend.

Erkenne diesen Zustand als das, was er ist, und tritt in ihn ein!
Wenn es so weit ist, helfe ich dir, ihn zu erkennen.
Der Helfer flüstert diese Worte immer wieder ins Ohr des Sterbenden, um sie ihm einzuprägen, bis die sichtbare äußere Atmung aufhört. Kurz vor dem Atemstillstand dreht der Helfer den Sterbenden so auf die Seite, dass er die Haltung eines schlafenden Löwen einnimmt. Dabei liest er den Text vor, damit der Sterbende weiß, was folgt. In diesem Augenblick erfahren alle Wesen die wahre Wirklichkeit, die ohne Fehler ist. Dies ist die erste Phase des Sterbens, das strahlende Licht der Wirklichkeit.

Besondere Herausforderungen

Umgang mit Schmerzen

In westlichen Industrieländern hat man das gute Karma, körperlich selten schwer leiden zu müssen, denn glücklicherweise ist für ordentliche Hilfe per System gesorgt, und die richtigen Schmerzmittel sind überall erhältlich und werden zum passenden Zeitpunkt verordnet.

Weit verbreitet ist die Vorstellung, dass mehr Leiden am Ende des Lebens mehr »Reinigung« bedeutet und man dadurch noch viele schlechte Eindrücke loswerden könne, die einen dann nicht mehr ins nächste Leben begleiten werden. Das ist aber nicht der Fall. Schlechte Eindrücke sind schon zum Zeitpunkt ihres Ausbruchs verbraucht. In dem Augenblick, in dem die Schlange zugebissen hat, sind sie bereits aufgelöst. Ab da geht es nur noch darum, die Folgen abzumildern. Nichts Wirksames gegen die karmische Folge von

Krankheit – die Schmerzen – zu unternehmen, ist deswegen ein verdienstloser Fehler. Man reinigt weder mehr noch weniger durch das Ertragen von unnötigen Leiden, es schwächt eher die Willenskraft für das nächste Leben, wenn man erlaubt, dass der Zustand sich ausdehnt. Weitaus reifer und klüger ist es, alle Möglichkeiten der Hilfe undramatisch auszunutzen und sich auf die einem grundlegend innewohnenden Fähigkeiten wie Furchtlosigkeit, Freude, Kraft und Liebe einzustellen. Das speichert viel bessere Eindrücke für das zukünftige Leben im Bewusstsein.

Passive Sterbehilfe

Sterbehilfe ist eine schwierige Angelegenheit und berührt sowohl das Karma als auch die Einstellung der daran Beteiligten. Allgemein wird im Buddhismus davon abgeraten, da dem Körper 72 000 Buddha-Energien innewohnen, die dadurch willentlich zerstört werden. Wer aus Mitgefühl einem schwer Leidenden hilft, sich umzubringen, handelt meist unwissentlich und erntet deswegen wenig schlechte Eindrücke. Wer aber Sterbehilfe leistet, muss damit rechnen, dass alles Schmerzhafte, was jetzt vermieden wurde, erneut auf den Sterbenden im nächsten Leben wartet. Schon die Vorstellung einer ähnlichen Zukunft genügt meist, davon abzusehen. Auch Selbstmord, vor allem, wenn schmerzstillende Mittel erreichbar sind und wenn nicht in völliger Panik gehandelt wird, schafft ähnliche Gewohnheiten für künftige Leben.

Was mit Menschen geschieht, die ohne jegliches Lebenszeichen an eine lebenserhaltende Maschine angeschlossen sind, bestimmt meistens die Familie. Der allgemeine Rat wäre hier, wenn man sich zum Abschalten entschlossen hat, dies bei Neumond oder Vollmond zu tun, da zu dieser Zeit die Energien aus den beiden Seitenkanälen des Körpers in den

Zentralkanal wandern. Dies schafft beste Bedingungen für die folgenden Zwischenzustände und eine gute Wiedergeburt. Der Geist ist an diesen Tagen klarer, und bei guten gespeicherten Eindrücken kann sich der Erfahrungsstrom leicht nach oben bewegen und durch eine der oberen Körperöffnungen hinausgehen. Das soll das Sterben erleichtern.

Sterbehilfe wird meistens besprochen, wenn die Ärzte aufgegeben haben und eine Heilung aussichtslos ist bzw. der Sterbeverlauf beim Patienten bereits unumkehrbar begonnen hat. Indem ein Arzt den vorzeitigen Tod herbeiführt, beschleunigt bzw. erleichtert er das Sterben. Was Töten genau bedeutet, wird in Gesetzgebungen weltweit recht unterschiedlich festgelegt und auch bewertet. Am Beispiel von Sokrates wird deutlich, wie wesentlich die Sichtweise dabei ist: Er (468–399 v. Chr. und etwa zeitgleich mit Buddha) saß eines Tages auf einer Mauer am Rande eines Marktplatzes, als ein Mann an ihm vorbeistürmte, kurz darauf gefolgt von einer aufgebrachten Horde knüppelschwingender Männer. Diese schrien zu Sokrates: »Halt ihn fest, er ist ein Mörder!« – »Aha, er ist ein Metzger.« – »Nein«, entgegnete einer hastig, »er hat einen Menschen getötet!« – Ruhig meinte Sokrates daraufhin: »Ach so, er ist ein Soldat.« – Die Meute, schon damals echte Griechen, hielt verdutzt inne und erwiderte: »Nein, nein, er hat einen Menschen mit Absicht umgebracht!« – »Ja, dann verstehe ich«, lächelte Sokrates, »so muss er ein Henker sein.« Inzwischen war der flüchtende Mann in den Gassen verschwunden, und die Verfolger blieben verwirrt zurück, als Sokrates aufstand und sich entfernte.

Auch im Buddhismus kann das Töten, das selbstverständlich allgemein viel Leid schafft, aus einem größeren Zusammenhang bewertet werden. In einem seiner letzten 500 Leben vor der Erleuchtung tötete Buddha selbst einen Mann, der dabei war, 500 andere umzubringen. Er tat das einerseits, um ihn vor weiteren schlechten Taten und somit einem sehr schwierigen Karma zu schützen, andererseits, um viele andere Leben zu retten. Es war gefühlsökonomisch das Richtige und nutzte allen außer ihm selbst.

Im Falle der Sterbehilfe, die einige Staaten den Bürgern freistellen[23], kommt ein riesiges Feld von äußeren wie inneren Bedingungen zusammen, und man kann nur raten, dabei keine eigennützigen Wünsche zu hegen, was aber nicht vor unheimlichen Typen schützt, die sich gern als Herrscher über Leben und Tod betrachten, wie es in Altersheimen manchmal der Fall ist. Wirklich gesund und altruistisch kann man wohl nur dort handeln, wo eine reife Menschlichkeit besteht und kein Mangel herrscht. In Moskau vertrat ich vor einigen Jahren in einer Fernsehrunde zu diesem Thema das buddhistische Wissen. Hier einigten sich alle Beteiligten wie selbstverständlich darauf, dass Sterbehilfe in Russland nicht erlaubt werden dürfe: Wegen der Wohnungsnot im Lande würden Ärzte tatsächlich bereits bestochen, Sterbehilfe zu leisten, nur um an eine ersehnte Wohnung zu kommen. Die Versuchung für Familienangehörige, das Gleiche zu tun bei alternden oder kranken Verwandten, wäre dann nur eine Frage der Zeit.

Organspende

Jährlich werden in Deutschland etwas mehr als tausend Menschen Organe entnommen[24], über viertausend[25] bekommen Organe eingesetzt. Von Toten können neben Herz, Herzklappen, Leber, Lunge und Blutgefäßen auch Gehörknöchel, Hornhaut der Augen, Knochengewebe, Sehnen und Hirnhaut entnommen werden. Der Mensch ist so gesehen ein riesiges Ersatzteillager, und jeder ist dabei ein möglicher Geber oder Empfänger eines lebenswichtigen Organs. Voraussetzung für eine Organspende ist die eindeutige Feststellung des Hirntodes, denn erst mit dessen Eintreten beginnt bei entsprechender Zustimmung zur Organspende die Entnahme.

Organspende ist eines der großen strittigen Themen der gegenwärtigen Medizin, unter anderem weil die schnelle Entwicklung im medizinisch-technischen Bereich einen Umgang mit dem Menschen und seinem Körper ermöglicht, der die als selbstverständlich angesehenen Ordnungen und die bisherigen Grenzen zwischen Leben und Tod auflöst.

Aus buddhistischer Sicht ist es sehr nützlich, einen Spenderausweis zu besitzen, um im Falle eines frühen Todes anderen mit seinen gesunden Organen ein verbessertes oder längeres Leben schenken zu können. Fühlt man sich mit dieser Vorstellung aber unwohl, sollte man sich auf keinen Fall unter Druck setzen oder sich für eine Gewebespende entscheiden, denn grundsätzlich kann das Gewebe auch deutlich bis zu 72 Stunden nach dem biologischen Tod entnommen werden.[26] Jeder kann und soll sterben, wie er will, und kann man anderen durch den eigenen Tod das Leben verlängern, ist das großzügig. Genauso sinnvoll ist aber der Wunsch, ungestört den Sterbeprozess bewusst zu durchlaufen, um dann mit den gelernten Meditationen Befreiung zu erreichen. Die Hilfe für alle Wesen von dieser Bewusstseinsebene aus ist unermesslich.

Dass mutige und mitfühlende Menschen bereit sind, ihren Körper nach dem Ableben zum Nutzen anderer zu verschenken, ist großartig und lobenswert. Man erhält zusätzlich einen letzten Schub guten Karmas für den weiteren Weg. Sowohl nach Buddhas Lehren als auch den Einsichten der Nahtodforschung gibt es aber einige beachtenswerte Ergänzungen und auch geistige Einstellungen dazu: Wenn möglich, sollte der geistige Lehrer des Verstorbenen den Verlauf unterstützen, damit Schocks vermieden und die guten Eindrücke auch aufgebaut werden, die ein solcher Spender verdient. Bei richtiger Durchführung wäre eine Organspende die letztendliche Verwirklichung der Übung des Chöd – des Abschneidens – tibetischer Verwirklicher. Hier erreicht man völlige Freiheit durch das vorgestellte Verschenken des eigenen Körpers an hungernde Wesen in der Meditation, die man ernährt, und löst dabei jede Anhaftung an »sich selbst« auf. So vorbereitet, kann der Geist freudvoll die Möglichkeiten des Zwischenzustands ausnutzen und zum Besten aller dort hingehen, wohin diese Geisteseinstellung ihn führt.

Ich könnte mir den Verlauf einer Organspende im Westen idealerweise so vorstellen: Während nach dem Herztod die inneren Energien zusammenkommen, verweilt das Gewahrsein des Spenders noch hochbewusst im Raum. Man muss den Körper aber aus medizinischen Gründen bereits vor diesem Zeitpunkt öffnen, deshalb ist es ratsam, mit größtem Einfühlungsvermögen zu handeln.

Da der Tote erlebt, was im OP-Saal geschieht, wie mit seinem Körper umgegangen wird, wie man über ihn spricht und die Einstellung der Anwesenden klar spürt, sollten alle Beteiligten zumindest während der Entnahme bis 40 Minuten nach dessen Herztod durchgehend achtsam mit dem edlen Spender umgehen. Erst danach ist der Tod vollständig unbewusst. Am besten begleitet ihn der vertraute buddhistische Lehrer, ein Freund oder ein menschlich reifes Familienmitglied, der möglichst auch beim Sterben anwesend war. Er sollte ihm den enormen Wert seines Geschenks erklären, wiederholen, wie ganze Familien dadurch glücklich werden und wie ihn selbst die unendliche Güte seiner Tat bereichert. Während der Operation sollten er oder wenn möglich der Arzt laut oder ansonsten im Geist dem Toten den Sinn der Vorgänge erklären. Ist die Organentnahme erfolgt und wurden damit andere Leben verlängert, kann ihm zuletzt gesagt werden: »Jetzt bist du richtig frei, hast das Beste für die Wesen getan. Geh jetzt zum klarsten Licht oder den feinsten Eltern, die dich anziehen, und arbeite für die Wesen weiter. Dein edles Beispiel wird gefeiert.«

Inwieweit das Bewusstsein sich nicht nur, wie bereits beschrieben, beim Sterben in das Herzzentrum zurückzieht, sondern weiterhin auch seine Verbindung dorthin behält, ist fraglich. So hat der international anerkannte christliche Neuropsychologe Dr. Paul Pearsall Ende der 90er Jahre ein aufsehenerregendes Buch[27] mit verblüffenden Berichten über scheinbar unerklärliche Veränderungen in Geschmack, Verhalten, Erinnerungen und Gewohnheiten bei Herzempfängern veröffentlicht. Diese Veränderungen der Organempfänger entsprechen dabei laut seinen Untersuchungen stark den Persönlichkeitsmerkmalen der Organspender.

Neuere Untersuchungen weisen aber darauf hin, dass auch Zellkomplexe wie Lungen, Leber und Nieren Erinnerungen, Gewohnheiten und Vorlieben der Wesen speichern, dass also kein persönlicher Geist, der tatsächlich ein Strom von Eindrücken ist, mit dem Herzen des Verstorbenen ein neues Zuhause findet. Bei der Transplantation werden den Einstellungen und Gewohnheiten des Empfängers die in den Zellen gespeicherten Daten hinzugefügt. Je nach dessen Offenheit ihnen gegenüber werden diese Einflüsse unterschiedlich stark wahr- und angenommen. Unter allen Umständen sollte der Beglückte eines Organs mit viel Dankbarkeit an den Spender denken und Wünsche hegen, er könne selbst Ähnliches einmal für andere tun.

Selbstmord

Selbstmord ist grundsätzlich eine schlechte Idee und bietet vor allem keine langfristige Lösung. Außer unter sehr besonderen Umständen ist es das Schädlichste, was man sich antun kann, weil Selbstmord im Geist leidvollere Eindrücke hinterlässt als ein Mord an einem Unbekannten. Buddhistisch gesehen kann man nur davon abraten, denn Selbstmord schafft die Gewohnheit, es auch in künftigen Leben wieder zu tun. Das erklärt auch, warum viele Selbstmörder wie »verliebt« in diesen Gedanken sind und oft einfach nicht mehr davon loskommen trotz fürsorglicher Versuche von Angehörigen, Freunden oder vieler Therapiestunden. Mit jeder Selbsttötung verschlechtern sich die Aussichten auf zukünftige günstige Lebensbedingungen, denn man richtet sich dabei direkt gegen die eigene Buddhanatur. Die 72000 Energiebahnen im Körper enthalten Buddha-Energien, die man eigenhändig zerstört. Dementsprechend zählt Selbstmord neben dem Töten eines buddhistischen Lehrers oder der eigenen Eltern zu den schwerwiegendsten negativen Handlungen.

Wer daran denkt, sich umzubringen, sollte sich bewusst sein, dass das Leben bei der darauffolgenden Wiedergeburt zutiefst leidvoll sein wird. Man kann sicher sein, sich unter schwierigen Bedingungen wiederzufinden, zum Beispiel in unzivilisierten Gegenden dieser Welt (zum Beispiel in gewissen Teilen Afrikas). Diese Erklärung ist bestimmt kein psychologischer Trick oder rassistischer Scherz. Die Bedingungen in den meisten Gegenden des großen südlichen Weltteils, die Art und Weise, wie die Menschen miteinander umgehen und unter welchen Krankheiten und Unterdrückungen sie leiden, entsprechen sehr genau Buddhas Beschreibungen der karmischen Auswirkungen bei Selbstmord.

Leider denken zu viele, dass, wenn sie ihrem Leben ein Ende setzen, gleichzeitig das Ende ihrer Leiden erreicht sei. Oder sie hoffen beim gleichzeitigen Töten Ungläubiger sogar auf einen Platz nahe ihrem Gott. Was immer die Auslöser im Einzelnen auch sind, Buddha nannte drei grundlegende Ursachen und ihre Wirkungen:

Dummheit: der Glaube, dass nach der Zerstörung des Körpers Schmerzen und Verzweiflung vorbei seien. Das ist selbstverständlich ein Irrtum, denn der Geist kann, weil ungeboren und nicht zusammengesetzt, auch nicht getötet werden. Deswegen verfolgt einen alles Unerledigte ins nächste Leben hinein. Die Wirkung dieser Tat führt in schweren Fällen zu einer Wiedergeburt mit Fell und vier Pfoten.[28]

Anhaftung: die Annahme, ohne jemanden einfach nicht mehr leben zu können. Der Gedanke entsteht leicht, wenn ein naher Partner stirbt oder man verlassen wurde. Man will ohne den Geliebten nicht weiterleben. Im schlimmsten Fall führt hier die Tat zu einer Wiedergeburt als Hungergeist.

Zorn: die Idee, andere zu stören oder zu verletzen. Häufig steckt ein Rachegedanke dahinter: »Ich werde euch zeigen, was ihr mit mir gemacht habt!« Oder: »Ihr werdet schon sehen, wie ihr ohne mich auskommen werdet!« Buddha sieht Zorn als die schwerwiegendste Ursache bei Selbstmord an. Wut kann zu Verfolgungszuständen im Höllenbereich führen und ist unbedingt zu vermeiden.

Sich umzubringen löst also keine Probleme, im Gegenteil: Man verschiebt sie nur auf das nächste Leben unter deutlich schwierigeren Umständen.

Hilfe über den Tod hinaus

Für jeden, der stirbt, besteht nach seinem Tod immer noch die Möglichkeit, auf seinen Geist im Laufe der folgenden sieben Wochen einzuwirken. Trotz der fehlenden Sinneseindrücke bleibt auch hier die Fehlvorstellung, ein von der Ganzheit getrenntes Ich zu sein, bestehen.

Solange das heranreifende Karma den Verstorbenen noch nicht zu einer neuen Wiedergeburt geführt hat, besteht die Möglichkeit, in seinem Namen gute Taten auszuführen oder Wünsche für einen möglichst angenehmen Zwischenzustand und ein gutes neues Leben zu hegen. Da der Raum keine Begrenzungen hat, werden Wünsche auch ihr Ziel erreichen. Verstärken kann man diese Einstellung wieder mit den Mantras OM AMI DEWA HRIH oder OM MANI PEME

HUNG, die alles auf den Zustand höchster Freude ausrichten.

Da das Bewusstsein des Verstorbenen gern Orte und Menschen aufsucht, die einen starken Einfluss auf sein Leben hatten, ist es klug, nur vorteilhaft über ihn zu denken und zu sprechen und Lieblingsplätze oder geschätzte Besitztümer bis zu 49 Tage nach seinem Tod möglichst unberührt zu lassen. War der Verstorbene großzügig und hat bereits zu Lebzeiten Teile seines Vermögens verschenkt oder gestiftet, sollte man diesen Wunsch jedoch schnellstmöglich erfüllen. So bekommt sein Geist zusätzliches gutes Karma für den Zwischenzustand und seine Wiedergeburt. Nach sieben Wochen ist der Verstorbene in einem neuen Leben angekommen, und die Erben können streiten oder Dutzende Rechtsanwälte beauftragen, ohne ihn in seinem Werdegang zu stören.

Ein weiteres, inzwischen auch im Westen recht bekanntes Mittel für die Nahestehenden im Zwischenzustand ist das Vorlesen buddhistischer Texte, die dem Toten Ausrichtung und Ratschläge schenken.

Dieser Strom an guten Wünschen und Taten ist die beste Hilfe für den Toten, ebenso die Hauptbotschaft des Tibetischen Totenbuches: »Fürchte dich nicht, es ist alles dein eigener Geist!« Wenn man während der sieben Wochen an den Verstorbenen denkt, kann man sie schnell wiederholen. Wird dieser Satz im körperlosen Zustand vollständig verstanden, kann das zur Befreiung führen. Solche Lehren geben schon im Sterbeverlauf Raum, auch wenn man noch so sehr mit dem körperlichen Verfall beschäftigt ist. Wenn sie aber beim Aufwachen danach im Geist auftauchen, sind sie durchschlagend. Den wirklichen Vorteil hat man also nachher, wenn man ohne körperliche Ablenkungen und mit hoher Intelligenz – das Totenbuch erwähnt, dass man ohne die blockierten Energiebahnen eines nicht yogischen Körpers neunmal begabter sei als im derzeitigen Zustand – großen Nutzen von solchen Weisheiten hat. Mit dieser Unterstützung kann der

Verstorbene entweder Befreiung aus dem Daseinskreislauf auf den Ebenen von Freude oder gar Wahrheit erfahren oder aber die guten Eindrücke zu einer Wiedergeburt zum Besten vieler nützen.

Bestattung und Trauerfeier

Die Beisetzung war in Tibet je nach verstorbener Person unterschiedlich. Meistens bahrte man den Verstorbenen die ersten drei bis fünf Tage zu Hause auf, und in den drei »alten« Linien lud man Verwirklicher ein oder heuerte Mönche an, die an wichtigen Tagen in den sieben Wochen nach dem Ableben aus dem Tibetischen Totenbuch vorlasen.

Die Bestattung danach entsprach nach Möglichkeit dem vorherrschenden Element seines Geburtsjahres, um den Körper in bestmöglichem Gleichklang mit dem Kreislauf des Werdens und Vergehens zurückzubringen.

Wurde man gemäß dem Kalachakra-Kalender in ein Erdjahr hineingeboren, wurde man begraben, im Jahr des Flüssigen in einen Fluss gelegt und in einem Feuerjahr – wenn es genügend Holz gab – verbrannt.

Am meisten genutzt ist noch heute die Luftbestattung, auch weil sie dem Verstorbenen einen Schuss guten Karmas mit auf den Weg gibt. Hier wird der Leichnam vor Sonnenaufgang zum Platz der Zerstückelung gebracht und an Geier verfüttert, die aber oft zu dick sind, um besonders hoch fliegen zu können. Sie sind riesengroß, und wenn sie über einen hinwegfliegen, hat man hinterher schräge Schultern und Mittelscheitel. Die Tibeter sehen sie gerne als Bodhisattvas, die dem Toten einen letzten Segen mitgeben.

Die Feuerbestattung wurde meistens für Lamas mittleren Rangs verwendet. Bei sehr hochverwirklichten Lamas wurde über Jahrhunderte hinweg ein Stupa um sie errichtet, mit den

Abb. 18 Leichenbestatter – Ragyapas – zerstückeln und verfüttern im Rahmen der Luftbestattung einen Leichnam an Geier[29]

Körperüberresten oder der Asche des Verstorbenen gefüllt, und die Menschen nahmen davon Segen.

Was mit dem Körper des Toten geschieht, ist letztlich vor allem für die Hinterbliebenen wichtig. Heutzutage gibt es zahlreiche Möglichkeiten der Beerdigung – von der Verbrennung und Urnenbeisetzung auf dem Friedhof über eine Bestattung im Weltraum-Ballon oder im Meer bis zur Diamantpressung. Hat der Verstorbene zuvor seine Wünsche über Art und Weise, wie mit dem Körper umzugehen sei, geäußert, hilft das bei der Entscheidung.

Die Bestattung selbst ist ein bewusstes Abschiednehmen. Bei der Rede am Grab sollte man den Gefühlen und der Ausbildung der Anwesenden entsprechend reden, das Weitergehen des Lebens, das Allgemeine und Überpersönliche an der Vergänglichkeit erwähnen. Teilt man den Anwesenden mit, dass der Verstorbene von einem Ort, an dem er verwundbar war, in einen geschützten Zustand wechselte und jetzt in der

Erfahrung aller weiterlebt, werden sie entspannter in die Zukunft blicken. Sind die Anwesenden dafür offen, kann man auch etwas zu Wiedergeburt und vielleicht zum Wesen des Geistes sagen. Man schließt mit guten Erinnerungen an den Toten ab, schickt ihm gute Wünsche und sollte schließlich allen eine Minute geben, um dem Verstorbenen innerlich zu danken. Die Vorstellung, dass der Verstorbene jetzt in einen wonnevollen Zustand übergegangen ist, dass er sich jetzt über die Anwesenden freut oder dass er bald mit viel Überschuss wiederkommen möge, wird dabei allen Anwesenden helfen.

Den Toten sollte man aus buddhistischem Verständnis heraus feiern und ehren. Ein bejahender, liebevoller Abschied vom Verstorbenen ist das größte Geschenk, das man ihm und den Angehörigen machen kann. Auf diese Weise gibt man ihm oder ihr den bestmöglichen Schub für die weitere Entwicklung und setzt gute Eindrücke in seinen Geistesstrom. Eine klammernde und verzweifelte Einstellung wie »Du fehlst mir!« oder »Warum hast du mich verlassen?« hilft niemandem und ist unangenehm für den Toten, denn wie sehr er es auch möchte, es gibt keine Möglichkeit zurück. Weil man sich wiedersehen und es dem Verstorbenen sowieso gutgehen wird, ist Trauern aus buddhistischer Sicht reine Anhaftung und unnötig, aber rein menschlich natürlich sehr verständlich.

Ähnlich wie früher bei den Germanen und bis heute in Skandinavien und in Irland weit verbreitet, stellt man bei einer derartigen Feier die Errungenschaften des Toten in den Mittelpunkt. Drei, vier Tage nach dem Ableben, wenn aus buddhistischer Sicht das Bewusstsein des Verstorbenen vom Schock des Sterbens erwacht, kommen alle Freunde zusammen, feiern ein Fest und erzählen sich all die spannenden Erlebnisse, die sie mit dem Verstorbenen geteilt haben.

Buddhisten lernen früh, dass jedes bedingte Glück vergänglich ist und dass jede Beziehung mit dem Tod endet. Deshalb versucht man, sich gemeinsam auf dauerhafte Werte einzustellen und gleichzeitig die schönen Zeiten zu genießen. Jede Begegnung wird mit dieser Einstellung kostbar, denn es könnte auch die letzte gewesen sein. Vergänglichkeit ist Meditierenden ein steter Begleiter, und jede Übung führt nach den Gedanken zu der Kostbarkeit dieses Lebens weiter zur Vergänglichkeit: Man kann nichts festhalten und sollte deshalb den Augenblick unbedingt jetzt nutzen.

Auch wenn man annimmt, dass der Verstorbene nun nicht mehr leidet, ist es für viele nicht leicht, die Belehrungen sofort anzuwenden und das Gefühl von Verlust vorbeiziehen zu lassen. Oft versuchen Buddhisten, die ersten 49 Tage nicht zu laut zu trauern, um den Geliebten in seiner weiteren Entwicklung nicht zu stören. Doch die Belehrungen, dass alles Gute, das man geteilt hat, einen im nächsten Leben freudvoll zusammenbringen wird, helfen nur selten.

Aus buddhistischer Sicht ist Trauer ein sehr starkes, schmerzhaftes und einnehmendes Gefühl. Die Trauerzeit bildet den natürlichen Übergang in den nächsten Lebensabschnitt ohne den Verstorbenen. Es braucht eine relativ lange Weile, während Gewohnheiten aufgelöst und neue Verbindungen aufgebaut werden. Eigentlich ist das gesamte Leben von frühester Kindheit von Loslassen, Kommen und Gehen geprägt, aber beim Verlust eines geliebten Menschen wird es besonders deutlich. Diese Zeit bietet daher auch eine Möglichkeit, vieles in seinem Leben zu verstehen, eigene Wünsche zu erkennen und die Kraft der Gefühle für andere einzusetzen.

In dieser Lebensphase ist Meditation besonders hilfreich. Sie erinnert einen immer wieder an die Traumhaftigkeit aller Dinge und die Leichtigkeit des Seins. Offene Zurückziehungen können helfen, um mit der neuen Lage zurechtzukommen, und die Freunde in den buddhistischen Zentren unterstützen gerne den Übergang. Für Buddhisten ist es besonders wichtig, in dieser Zeit dem Lehrer zu begegnen. Er wird wie Buddha in der Begegnung mit der trauernden Frau, die ihr Kind verloren hat, eine überpersönliche Sichtweise aufzeigen, die dem Geist mehr Raum gibt, um den Verlust zu verarbeiten. Er kann dabei helfen, Wege herauszufinden, wie das neue Leben gestaltet und sinnvoll genutzt werden kann. Durch seine Sicherheit wächst Vertrauen und Kraft.

Trauernde Mutter

Eine Frau, deren Sohn gerade verstorben war, war zu Buddha geschickt worden, weil man glaubte, dass er eine Medizin kannte, die das Kind wieder ins Leben zurückholen könnte. Buddha sagte seine Hilfe zu und bat die Frau, Senfkörner aus einem Haus zu holen, in dem noch niemand gestorben war. Trotz gründlicher Suche fand sie keines, überall waren schon Eltern, Eheleute, Großeltern oder Kinder gestorben. Als Buddha nach ihrer Rückkehr nach den Senfkörnern fragte, konnte sie ihm keine geben. Buddha erklärte ihr daraufhin, dass alles, was geboren würde, früher oder später einmal sterben müsse. Nur eines, worauf wirklich Verlass ist, sei dauerhaft, nämlich der eigene Geist, unsere Buddhanatur.

Jeder durchläuft mehr oder weniger vier Stufen des Trauerns: Zuerst friert man ein, will das Gefühl nicht zulassen und arbeitet bewusst dagegen. Dann entstehen Gefühle von Verlust, und man sucht nach Erklärungen. Nach einer langen Zeit des Alleinseins öffnet man sich wieder verstärkt dem

Umfeld. Wiederum danach kann man den Verlorenen in sich halten und gleichzeitig das Leben erneut genießen.

In welcher Phase man sich auch gerade befindet, es ist wichtig zu verstehen, dass Sterben, Tod und Verlust allen geschieht, es also nicht persönlich ist. Klug ist während der Trauerzeit, das Meistmögliche der Kraft der Gefühle in anderen Bereichen zu nutzen, während man mit seiner Erfahrung innerlich weiterarbeitet und damit auch anderen in der gleichen Lage hilft.

Fragt man tibetische Lamas nach Gegenmitteln, werden sie einem zwar mit Mitgefühl begegnen, aber gleichzeitig behaupten, dass jede Trauer nur auf der Grundlage von Anhaftung geschieht.

Marpa

Nach dem Tod seines Sohnes Tarma Dode fragte ein Schüler den großen Verwirklicher Marpa (1012–1097), der die Kagyü-Linie nach Tibet gebracht hatte: »Wie geht es dir?« Marpa antwortete: »Elend.«
Der Mann war fassungslos. Er fragte: »Elend?« Aber Marpa lachte. Er sagte:
»Ja, aber mit einem Unterschied, und der Unterschied ist, dass das Elend freiwillig ist. Manchmal, um einen Geschmack von der Welt zu haben, bewege ich mich nach draußen, aber ich bin dabei der Meister. In jedem Augenblick kann ich wieder nach innen gehen, und es ist sinnvoll, sich innerhalb der Gegensätze zu bewegen. Dann bleibt man lebendig.« Marpa fügte hinzu: »Manchmal bewege ich mich in den Kummer, aber der Kummer ist nichts, was mir geschieht. Ich sehe ihn und bleibe dabei unberührt.«

Der entscheidende Augenblick

Wenn 20 bis 30 Minuten nach dem Herzstillstand das weiße und das rote Licht zusammenkommen, sind 33 Gefühle des Zorns und 40 der Anhaftung in den Raum zurückgekehrt. Jetzt lösen sich die sieben Gefühle auf, die aus Dummheit entstehen. Jenseits aller Eindrücke und Erfahrungen verschwinden danach endgültig alle Vorstellungen und Wahrnehmungen. Alles wird dunkel und still. Dies ist der letzte Augenblick im Bardo des Sterbens.

Das Klare Licht des Wahrheitszustands

Nun bricht die dem Geist innewohnende überwältigende Strahlkraft blitzartig durch. Das ist der entscheidende Augenblick, auf den man sich zu Lebzeiten, wenn man mit seinem Geist arbeitet, bereits einstellen und freuen kann. Jetzt, nachdem sich alle Sinneseindrücke, Erwartungen und gemischten Gefühle aufgelöst haben, bleibt nur eines übrig: der Erleber selbst, der allzeit Gesuchte. Niemals ist er so unmittelbar »sich« wie hier. »Es ist ein ungeschaffener, natürlicher, un-

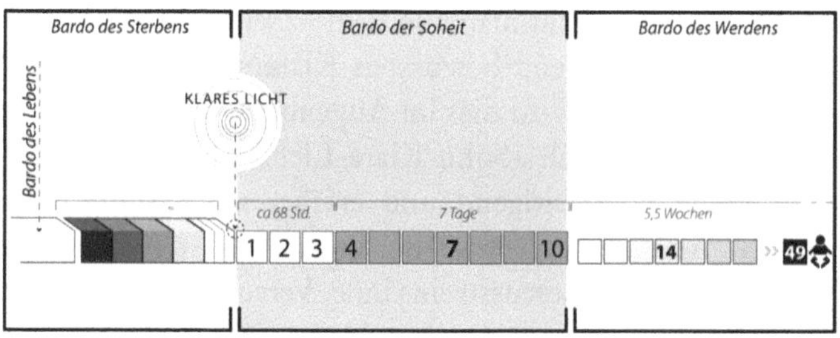

Abb. 19 Bardo des Todes im zeitlichen Überblick

gekünstelter Zustand des Geistes, bei dem es kein Entstehen, Bestehen und Vergehen gibt.«[30] Als Meditierender versucht man, sich bei jeder Vertiefung seinem zeitlosen Wesen zu nähern, bleibt aber in der Regel von wechselnden Erfahrungen gefangen und beeinflusst. Erst nach jahrelanger Übung kann der Zustand erfahren werden, den man im Tod einfach geschenkt bekommt. Wer ihn (aus-)halten und in Zeit und Raum ausdehnen kann, wird selbst ein Buddha. Wie ein Fisch aus dem Wasser springt, ist der Geist jetzt frei, spielerisch und grenzenlos. Durch den Wegfall aller bindenden, hemmenden und begrenzenden Wirkungen früherer Taten und ohne Trennung zwischen Erleber und Erlebtem erfährt er sein zeitloses Wesen. Jenseits aller Vorstellung von Bewusst und Unbewusst, durch keine Gewohnheiten gebunden und ohne Ablenkungen durch einen Körper, erlebt das Gewahrsein des Verstorbenen nun seine uferlose Leuchtkraft auf Herzensebene.

Man verweilt in einem allumfassenden Aha-Erlebnis, ähnlich einem Kind, das in einem dunklen Gang das Tor in eine lichtdurchflutete Halle aufstößt. Erleben, Erleber und Erlebtes sind frisch, eins und an sich wahr, und alles ist nackte Bewusstheit – ohne jedes Hinterfragen. Im Augenblick entstehende Einsichten verbinden unmittelbar Erleber, Welt und Erfahrung im Hier und Jetzt.

Die Tibeter sprechen vom Chönyi Bardo, in der Übersetzung aus dem Sanskrit heißt es »die Erfahrung des Dharmata«. Im Westen spricht man von dem »Zwischenzustand der Soheit«, dem strahlend-bewussten Klaren Licht oder dem »Wahrheitsraum«. Wird dies im Augenblick des Sterbens erfahren, heißt es auch »Sohn-Klare-Licht«. Es ist in seiner Kraft völlig überwältigend und erfährt sich als uferloses Strahlen. Alles, was erlebbar oder vorstellbar ist, wohnt dem Raum des nackten Bewusstseins inne. Verschmilzt das eigene »Sohn-Klares-Licht« mit dem »Mutter-Klaren-Licht« des alles durchdringenden Gewahrseins des Raumes, ist alles erkannt und verwirklicht, und der Zustand des Großen Siegels ist erreicht. Der Sohn entspricht den Erfahrungen des Verstorbenen vom Klaren Licht während der Verschmelzungsphase der Meditation. Die Mutter verkörpert das uferlose und immer vorhandene Klare Licht, den Zustand zeitloser Soheit, auf das man nun trifft. Da man den Geschmack schon kennt, wird man selbsttätig damit verschmelzen.

Man ist von diesem Augenblick an alles Gute, Sinnvolle und Schützende überall. Nur erscheint man ab dieser Buddha-Ebene nicht mehr selbsttätig mit wiedererkennbaren Eigenschaften und einem durch die Sinne erfassbaren Körper.

Eigenen früheren Versprechen und den Wünschen der Schüler folgend, kann man sich von diesem höchsten Entwicklungsbereich aus, jedoch auch als Bodhisattva, an jedem erwünschten Ort wiedergebären lassen, durch mehrere Körper zugleich arbeiten und vor allem dort erscheinen, wo die Wesen eine Verbindung zu einem haben.

Ob also bei der Erleuchtung gewählt wurde, voll und uferlos als Segen in den bewussten Raum aufzugehen oder wieder einen Körper für die Arbeit zum unmittelbaren Nutzen der Wesen zu suchen: In beiden Fällen gibt es keinen Rückfall in die bedingte Welt. Die Bindung an die Sinne eines Menschenkörpers ist durch Geburt, Kindheit und Jugend über Jahre hinweg jedoch mit viel Verwirrung verbunden, bis der Geist seine gewohnte Klarheit durch Meditationsübung wieder erfährt. Dieses besondere Verhältnis zum eigenen Körper wurde in Tibet treffend als »Trugkörper« (sanskr.: nirmanakaya, tib.: tulku) bezeichnet, da man erlebt, nicht der Körper zu sein, sondern ihn zu haben, und sich der Traumhaftigkeit aller Erscheinungen sehr bewusst ist. Ab diesem Zeitpunkt öffnet man lernfreudigen Schülern mit seinem Beispiel die Herzen. Beim Verlassen eines besser oder mitunter schlechter verwendeten Trugkörpers kehrt aber jeder beim Erkennen des Klaren Lichtes in die überpersönlichen reinen Bereiche der Buddhas zurück. So gesehen besteht kein

Anlass zur Sorge, man könnte bei der Arbeit zum Wohle aller in der bedingten Welt seine Verwirklichung verlieren. Wenn sich Ausstrahlungen auf der Welt komisch verhalten, können sie bei späteren Wiedergeburten nur leider weniger für die Wesen ausrichten.

Das bewusste Verweilen im Klaren Licht bringt also eine unerschütterliche, uferlose Verwirklichung. Dieser Zustand des Ungetrenntseins von allen Erscheinungen entspricht dem Wahrheitszustand (Dharmakaya) des Geistes. Der Weg dorthin wird entsprechend »Phowa in den Wahrheitszustand hinein« genannt (siehe Abbildung »Bewusstes Sterben«).

Meditationsmeister nutzen den Augenblick des Todes, um auf die Möglichkeiten des Geistes aufmerksam zu machen. Ihre Kunst, ihn zu beherrschen, soll Vertrauen erwecken. Mir sind drei Möglichkeiten bekannt, wie man sich als Meditierender im Bardo der Soheit mit dem Klaren Licht des Wahrheitszustands verbinden kann:

- Man atmet einfach das Bewusstsein aus, und zeitloser Raum begegnet sich außen und innen, wie es Kalu Rinpoche und Dilgo Khyentse Rinpoche (siehe Kapitel »Das Bewusste Sterben«) bei ihrem Tod zeigten. So, wie das Innere des Kruges von Manibhadra beim Zerschlagen eins mit der Umgebung wurde, bietet der Tod die Gelegenheit, durch Einswerdung die grundlegende Wahrheit allen Lebens zu erfahren: Wie der Raum bleibt das Wesen des Geistes von Wandel und Tod unberührt.[31]
- Eine weitere Form ist das längere Verweilen des Geistes im Zustand der Soheit im Herzen des Verstorbenen. Es wird als »Tudam« bezeichnet. Dabei bleibt der Körper, solange der Geist sich nicht von ihm löst, warm und geschmeidig und wird langsam immer kleiner.[32] Es wird gesagt, dass es von den zu Lebzeiten gemachten Wünschen abhängt, wie lange man in diesem Zustand verweilt. Während dieser

Zeit durchläuft der Geist alle nötigen Entwicklungsstufen bis zur Erleuchtung.

- Eine dritte Möglichkeit besteht darin, mit Hilfe einer sehr schwierigen und nur in vollkommener Einsamkeit verwendbaren Meditation die Schwingungen des festen Körpers in Energie umzuformen. Sie heißt auf Tibetisch »Djalü«, was »Regenbogenkörper« bedeutet. Hierbei bleiben von dem Toten nur Haare, Nägel und Zähne übrig, die – wenig überraschend – danach als Reliquien verehrt werden. Ich selbst kenne aus meinen Jahren im Himalaja nur einen, der das verwirklichte: Karmapas Silberschmied aus Rumtek.[33] Dieses Phowa der allerhöchsten Verwirklichung stirbt in Tibet derzeit leider aus, weil die Ergebnisse sich nur schlecht mit dem dialektischen Materialismus der chinesischen Kommunisten vereinbaren lassen. Früher wurden sogar die Familien der Yogis umgebracht, die diese Übung verwirklichten.

Das Klare Licht des Wahrheitszustands bietet dem Sterbenden, je nach Geistesschärfe und Ausrichtung der gespeicherten karmischen Eindrücke, an jedem Lebensende eine blitzartige Erfahrung von Erleuchtung, die es zu halten gilt. Die beste Vorbereitung auf diesen Augenblick ist das Vertrauen in die Lehre und das Üben der verschmelzenden Phase in der täglichen Meditation. Gelingt es, in der nackten Bewusstheit des Erlebers zu verweilen und ungestört von gemischten Gefühlen, Erwartungen oder Sinneseindrücken einfach »die Wahrnehmung selbst« zu sein, ist das eine erstklassige Vorbereitung, um das 20 bis 30 Minuten nach dem letzten Ausatmen entstehende Klare Licht ins Uferlose auszudehnen. Hingabe und Vertrauen zur Erleuchtung geben hier Kraft, und wer zu sich stehen kann, weil er dasselbe dachte, sagte und auch ausführte und durch Liebe überpersönlich heranreifte, hat so im Zwischenzustand die Möglichkeit, die wahre Natur des Geistes zu erkennen und letztendlich im sogenannten Wahrheitszustand des Geistes zu verweilen.

Hat man allerdings im Leben wenig oder halbherzig meditiert und wenig Lust auf die Verschmelzungsphasen gehabt, reicht die Tiefe der darin gewonnenen Einsicht nicht aus, um im Zwischenzustand Erleuchtung zu erreichen. Das Klare Licht erscheint sogar der kleinsten Fliege im Tod, aber die Fähigkeit, es zu erfahren und bewusst im Hier und Jetzt zu verweilen, ist das Ergebnis von verantwortungsvoller Ehrlichkeit, mutigen Vorsätzen, regelmäßiger Übung und Erleuchtungswünschen zu Lebzeiten zum Besten anderer. Wer wenig bewusst lebte, erfährt nach der Dunkelheit dann nur ein erschreckendes Aufblitzen seiner innewohnenden Weisheit. Wendefreudigkeit und andere Arten der Feigheit sind hierbei grundlegende Hindernisse für jede Verwirklichung ebenso wie die Neigung, sich vor unangenehmen Tatsachen zu verstecken oder die Probleme den Nachkommen zu überlassen. Das gutmenschliche Nicht-sehen-Wollen und Ausklammern sowie das Festhalten an offensichtlich überholten und schädlichen Sichtweisen hinterlassen schwierige Gewohnheiten im Geist.

Kurz gesagt: Die Erfahrung des zeitlosen Klaren Lichtes ist für Nichtmeditierende meist so ungewohnt und kraftvoll, dass sie es nicht ertragen können. Weicht man im Tod vor der selbsttätig erleuchteten Weite des Raumes und dessen Strahlkraft zurück, bricht eine tiefe Ohnmacht gleich einer riesigen Welle über einem zusammen.

Die Lichtformen des Freudenzustands

Hat man das Klare Licht nicht halten können, währt diese Ohnmacht etwa drei Tage – in vielen Texten werden 72 oder mehr Stunden genannt. Meiner Erfahrung nach sind es bei gebildeten Menschen etwa 68 Stunden. Dann kommt der

Geist nach tiefer Unbewusstheit wieder zu sich, entweder schlagartig oder wie aus einem tiefen Schlaf heraus.

Man befindet sich immer noch im Zwischenzustand der letztendlichen Natur, ist weiterhin ohne Ich-Vorstellung und bekommt nun eine zweite Gelegenheit, seinen Geist auf überpersönlicher und befreiender Ebene über die Verschmelzung mit einer vertrauten Buddhaform zu erkennen und sich damit zu befreien.

Unbeeinflusst durch Vorstellungen von einem Selbst, einem Körper oder dessen Sinneseindrücken, erscheint alles auf höchster Ebene der reinen Form. Alle Wesen sind dann Buddhas, so wie man es sich nach der Verschmelzungsphase immer in der Meditation vorgestellt hat, alle Geräusche Mantras und alle Gedanken selbstentstandene unmittelbare Weisheit. Dieser Zustand dauert meistens eine Woche, also vom dritten bis zum zehnten Tag, und drückt den spielerischen

VIER BUDDHAZUSTÄNDE*				
	Wahrheitszustand	*Freudenzustand*	*Ausstrahlungszustand*	*Wesenszustand*
Sanskrit	Dharmakaya	Sambhogakaya	Nirmanakaya	Svabhavikakaya
Tibetisch	Chöku	Longku	Tulku	Ngowonyiku
Verwirklichung	Furchtlosigkeit	Freude	Liebe	Gleichmut
Sicht	zeitloser Raum	spielerische Vielfalt	Unbegrenztheit	Einssein aller Erscheinungen
Erfahrung	unmittelbare Einsicht	selbstentstandene Freude	sinnvolle Tat	müheloses Verweilen
Vergleich	Wasserdampf	Wolken	Regen	Wasser

** siehe ausführliche Erläuterungen: Nydahl, O.: Das Große Siegel, 2006*

Abb. 20 Die Vier Buddhazustände

Freudenzustand (sanskr.: sambhogakaya, tib.: longku) des Geistes zwischen dem beim Tod verpassten Wahrheitszustand (sanskr.: dharmakaya, tib.: chöku) und dem später erscheinenden kraftvollen Ausstrahlungszustand (sanskr.: nirmanakaya, tib.: tulku) aus. Die überpersönlichen drei Zustände sind zugleich Ausdrucksformen vom letztendlichen Wesenszustand (sanskr.: svabhavikakaya, tib.: ngowonyiku), so wie Feuchtigkeit, Wolken, Regen und Schnee alle aus Wasser sind.

In diesem zweiten Teil des Bardos der Soheit verweilt der Geist bei seinem Reichtum an reinen Erscheinungen. Man erlebt die erleuchtenden Buddhaformen und ihre Kraftfelder jedoch nur, wenn man durch Segen, Übertragung, geleitete Meditationen oder Einweihungen aus vergangenen Leben ein Verhältnis zu ihnen entwickelt und die aufbauende Phase der Meditation (in der man sich auf ihre Licht-Energieformen einstellt) gut geübt hat. Es ist wie ein Himmel voll von strahlendem Licht. Manche sehen dort Lichtspiele oder Lichtpunkte, andere erleben einen Buddha oder auch hundert Buddhagestalten.

Die hier beschriebenen Belehrungen erteilte Buddha seinen nächsten Schülern. Über die Jahrhunderte wurden sie in Indien oft mündlich weitergegeben, und die Genauigkeit der Überlieferung bestätigte sich durch Vertiefung und Erinnerung der jeweiligen Übertragungshalter immer wieder. In Tibet waren dies erleuchtete Verwirklicher wie Guru Rinpoche, Marpa und die Karmapas.

Es gab zwei Überlieferungen aus Indien. Die alten Tantras[34] (das heißt Körper, Rede und Geist umfassende Geheimlehren Buddhas) erreichten Tibet in einer mit vielen Einzelheiten bestückten Form über Guru Rinpoche etwa um das Jahr 750. Sie beinhalten die in viele Sprachen übersetzten und erläuterten Bardo-Texte und beschreiben sehr genau den Ablauf der einzelnen Eindrücke und Erfahrun-

Abb. 21 Die 42 friedlichen und 58 schützenden Buddhaformen im Bardo der Soheit (tib.: shitro)

gen in diesem Zwischenzustand sowie die Möglichkeiten derjenigen, die eine besondere buddhistische Einweihung namens Shitro bekamen.[35] Durch diese Einweihung erscheint das Unterbewusste im Zwischenzustand der letztendlichen Natur als die 100 unterschiedlichen Buddhas: 42 friedliche Formen verdichten sich dann aus dem Energiezentrum auf Herzensebene und 58 kritisch-schützende aus dem des Kopfes.

In den neuen Tantras, die um 1050 mit Marpa und der zweiten buddhistischen Welle nach Tibet kamen, werden hingegen die friedvollen wie schützenden Formen gar nicht beschrieben, denn tatsächlich können nur Hochverwirklichte so bildliche Erfahrungen festhalten. Da sie häufig in prachtvoll gemalten Thangkas dargestellt werden sowie in den Büchern vieler meiner Lehrer und Kollegen, werde ich auf deren Einzelheiten nicht näher eingehen.

Wichtiger ist, ob man zu Lebzeiten auf eine besondere Buddhaform meditiert, ihr Mantra wiederholt und die aufbauende Phase genießt. Im Zwischenzustand der Soheit wird sich diese Buddhaform als selbstentstandener Ausdruck des Geistes zeigen. Man muss sie sich nicht mehr vorstellen. Sie ist unmittelbar aufscheinende Erfahrung (das Klare Licht des Freudenzustands). Hat man sie einmal erkannt, verschmilzt man mit ihr und erlangt so Befreiung. Dieser Vorgang wird auch Phowa in den Freudenzustand genannt. Man muss dann den Zwischenzustand des Werdens nicht mehr erleben und erfährt die Früchte seiner Meditation.

Die eigene Buddhanatur erscheint also hier unverschleiert und ohne Anhaftung an ein vorgestelltes Ich in ihrem ganzen Reichtum und bringt erfüllend alle Ebenen von Raum und Erscheinung zusammen. Sie bezeugt die Einheit von Erleber, Erlebnis und Erlebtem, entschlüsselt sich immer neu und macht den Segen einer alles umfassenden äußeren und inneren Sicht der Welt erlebbar.

Menschen, die ihren Geist nicht geschult und wenig Bewusstheit »nach innen« entwickelt haben, bemerken auch diesen zweiten Teil des Bardos der Soheit nicht oder nur in blitzähnlich auftauchenden Augenblicken von grellen Farben, blendenden Lichtern, scharfen Klängen und erschreckenden Gebilden. Alles ist so strahlend und laut, dass man die Intensität nicht aushalten kann, sich vor Angst davon abwendet oder nach kürzester Zeit wieder in Ohnmacht fällt.

Die Wiedergeburt

Das erneute Aufwachen etwa zehn Tage nach dem Tod[36] eröffnet den Beginn eines neuen Zwischenzustands und den Weg in eine weltliche Wiedergeburt. Hier erobern und überdecken die Neigungen und Fehlvorstellungen vom letzten Leben den eben noch nackten Geist erneut. Jetzt kommt es darauf an, was man im letzten Leben an Eindrücken in seinem Speicherbewusstsein gesammelt hat, vor allem, ob man ehrlich zu seiner Überzeugung stand. Ebenfalls von Bedeutung ist, wie gut man gelernt hat, Erfahrungen an sich vorbeiziehen zu lassen und sie überpersönlich zu erleben. Diese Bedingungen und – in sehr glücklichen Fällen – der Segen und die Aufmerksamkeit eines Lamas entscheiden darüber, ob jetzt gute Zustände, eher dumpfe Erfahrungen oder der Anfang von schwerem Leid erlebt werden.

Wer also nicht unmittelbar von einem Menschenleben in das Kraftfeld eines Buddhas ging, erfährt in dieser Phase Erlebnisbereiche, deren Rohstoff hauptsächlich während des vorhergehenden Lebens angesammelt wurde.

Ist man sich dessen nicht bewusst und hat man nicht gelernt, seinen Geist zu steuern, setzt sich nun die Verwirrung des Sterbens weiter fort: Aufgrund der gewohnten Anhaftung an Welt und Körper will man sein Ableben nicht wahrhaben und versucht, sich mit dieser Tatsache möglichst nicht auseinanderzusetzen. Selbst wenn man noch im Autowrack liegt, weil keiner den Körper bergen konnte, oder einsam in der Wohnung verwest, verlässt der Geist den Körper und schaut nicht zurück. Vor allem bei einem überraschenden Tod versteckt sich die Einsicht, verstorben zu sein, tief unter der festen Vorstellung des Lebens und den sonstigen Eindrücken. Die in unzähligen Leben aufgebauten Gewohnheiten sind so stark, dass sie sich im Bardo des Werdens zunächst einfach fortsetzen.

Aufgrund der fehlenden neuen Sinneserfahrungen entfalten sich die im Geist gespeicherten Eindrücke und vermitteln dem Toten den Eindruck seines bisherigen Körpers in einem einigermaßen bekannten Rahmen. Je stärker man in seinen alten Vorstellungen gefangen ist, desto länger braucht man, bis man erkennt, dass die Eindrücke der Umwelt und des eigenen Körpers eingebildet sind und auf nichts fußen. Ähnlich wie man im Traum die Welt als vorhanden erlebt, aber gleichzeitig erfährt, dass etwas anders ist, hält man auch nach dem Tod die erscheinende Welt für wirklich.

Die Tage nach dem Aufwachen sind sehr bewegt. Man verlässt zwar seinen Leichnam, ohne zurückzuschauen, und folgt seinen alten Gewohnheiten: der Wunsch, herauszufinden, was geschehen ist, meldet sich aber zunehmend. Deswegen versucht man immer häufiger, Verwandte und Freunde zu treffen, vertraute Orte zu besuchen oder zur Arbeit zu gehen. Da mit dem Körper die Sinneseindrücke weggefallen sind, erlebt man die Welt durch Schwingung und Eingebung, und alles erscheint wie an einem diesigen Nachmittag oder in einen Nebelschleier eingehüllt. Die Wesen und Orte entstehen aus einem unklaren Umfeld und lösen sich darin auch wieder auf. Ohne die Ablenkung durch einen Körper stehen alle Ebenen der Einsicht zur Verfügung, weshalb man höchst begabt und scharfsinnig oder gar hellsichtig ist. Man kann Menschen umfassend wahrnehmen, alle Sprachen verstehen und Gedanken lesen. Man ist im höchsten Maße verwundert, wenn man wahrnimmt, was nahe Freunde eigentlich über einen denken und wie überraschend freundlich sogenannte Feinde einen im Geiste halten können. Ohne Körper verdichtet sich der Geist überall dort, wohin ihn seine Gedanken lenken, und alle Empfindungen und Gefühle werden unvermittelt und sehr stark erlebt.

Hat man im Leben nicht die Gewohnheit aufgebaut, seinen Geist entspannt und durch Meditation an einer Stelle zu halten, und hält man allgemein die Eindrücke für wirklich, erlebt man diese Tage als ein großes Durcheinander. Man wird von seinen eigenen verwirrten Gedanken, Erinnerungen und Gefühlen hin und her getrieben; unzählige Bilder kreuzen sich ständig, je nachdem, welche Gewohnheiten man im Leben gebildet und welche Gedanken man beim Sterben hatte. Die geistige Verwirrung zeigt genau die gleiche Gefühlsfärbung wie im letzten Leben. Aber irgendwann, wenn man wieder einmal durch eine Tür geht, ohne sie geöffnet zu haben, auf Sand tritt, ohne Fußabdrücke zu hinterlassen, in den Spiegel sieht und kein Abbild erscheint oder wenn man die Hand in siedendes Wasser taucht und es nicht schmerzt, weiß man unwiderruflich: »Ich bin tot.«

Darüber ist man kurzfristig sehr verwirrt. Manche Lehrer reden von einer erneuten kurzen Ohnmacht, aus der man schnell wieder erwacht. Nun verliert man zusehends die Verbindung zum vergangenen Leben. Zunächst schwankt der Geist noch zwischen der gewohnten Erfahrungswelt des vergangenen Lebens und den immer stärker auftauchenden Neigungen und Gefühlen aus dem Speicherbewusstsein hin und her, doch dann übernehmen die gesammelten Eindrücke aller Leben die Führung. Je nachdem, ob der Gefühlsstrom im Speicherbewusstsein des Verstorbenen einbeziehend und warm oder berechnend und ichbezogen ist, wird die Zeit im Bardo als angenehm oder leidvoll erlebt. Mit Freude oder zunehmender Angst erkennt man, dass sich das Feld der zukünftigen Möglichkeiten immer mehr einengt. Nach der Hälfte der sieben Wochen nach dem Tod, die man in Zwischenzuständen zwischen letztem Leben und Wiedergeburt verbringen kann – also nach etwa 25 Tagen –, wird die Ausrichtung des Bewusstseinsstroms klar, und die Zukunft zeichnet sich ab. Ist der Freundes- und Familienkreis nun im Namen des Verstorbenen nicht großzügig, oder hat man keine Verbindung zu einem segenshaltenden buddhistischen Lehrer, wird man von demjenigen der sechs möglichen geistigen Bereiche angezogen, der den früheren Gedanken, Worten und Handlungen entspricht, und findet dort sein nächstes Leben.

Die Wiedergeburt in den Daseinsbereichen

Die sechs Bewusstseinsbereiche, in denen man wiedergeboren werden kann, werden in der buddhistischen Terminologie gerne als Welten beschrieben, ähnlich wie im Christentum als tatsächlich vorhandene Himmel und Höllen, denn sie stellen sich für den Betreffenden als überaus wirklich dar. Da es im Buddhismus keine vom Erleber getrennten Welten gibt, handelt es sich auch hier um bedingte Bewusstseinszustände. Sie sind nicht von etwas Äußerem bzw. einer höheren Macht geschaffen, sondern das Ergebnis der Einstellungen und Handlungen in vorherigen Leben. So kann man als Gott, Halbgott, Mensch, Tier, Hungergeist oder mit Verfolgungswahn wiedergeboren werden.

Obwohl sich die klassischen Beschreibungen der Daseinsbereiche mitunter recht fremdartig anhören, verwende ich im Folgenden die eher mittelalterlich wirkenden Bilder und Begriffe, so wie meine Frau Hannah und ich sie von unserem Lehrer Kalu Rinpoche im Winter 1970/71 in Sonada im Osthimalaja erhielten. Sie vermitteln einerseits ein Kulturbild, andererseits halten sie den Stil der Übertragung lebendig. Es ist gut, sich während des Lesens daran zu erinnern, dass es nicht um die Taten eines unangenehmen, richtenden Gottes geht, sondern um selbsterzeugte Wahrnehmungen und Rückkopplungen, ähnlich wie das unendliche Spiel des Geistes in Träumen und bei Rauscherlebnissen.

Welche Weiten an unerleuchteten Eindrücken in einem Menschenkörper erfahren werden, beschreibt Buddha als das Leid, das durch Geburt, Krankheit, Alter und Tod entsteht. Das ständige Streben nach Glück, das Vermeidenwollen von Leid, das Festhalten von Angenehmem und das Ertragenmüssen von Unvermeidbarem halten den Geist beschäftigt. Man erfährt dies zum Beispiel beim Vorbeifahren an prächtigen Häusern, in den Klatschgeschichten der Regenbogenpresse, im Leben strebsamer Bürger, die keine Dauerwerte finden, bei Mitmenschen, die nur die gröbsten Reize im Leben suchen, bei ewigen Gerichtsverhandlungen wegen Geiz und bei Menschen, die sich alles im Leben zum Feind machen.

Die Bandbreite der vom Geist erzeugten Erscheinungen wird vielleicht am einprägsamsten bei einem Besuch in der Psychiatrie wahrgenommen. Auf kleinstem Raum findet man hier die Wesenszüge und Ausprägungen der sechs Bereiche. Je nach Art der Eindrücke umfassen diese Zustände den ganzen Gefühlsbereich von Wonne über Verwirrung bis Leid. Ihre Grundstimmungen sind die wohlbekannten Störgefühle: Stolz und Besserwisserei, Eifersucht und Missgunst, Begierde und Anhaftung, Verwirrung und Stumpfsinn sowie die Bereiche von Geiz bis Gier und das gesamte Feld des Widerwillens, Zorns und Hasses. Jeden Augenblick beeinflussen die Störgefühle nicht nur das jetzige Leben, sondern legen auch Samen für die künftigen.

Von dieser Warte aus betrachtet, ist auch Wiedergeburt überhaupt nicht mysteriös. Der Geist – wie ein Spiegel – verhält sich einfach weiter so ähnlich, wie er es schon im jetzigen Leben tut: Ist man sauer, trifft man nur saure Menschen, und wer fröhlich ist, begegnet fröhlichen Menschen. Dieses allgemeine Geheimnis wirkt über den Tod hinaus: Neigungen setzen sich fort und sind die Ursache für zukünftige Erlebnisse.

Die sechs weltlichen Daseinsbereiche werden gemeinsam als Samsara (sanskr.: das Kommen und Gehen) oder Khorwa (tib.: das Rad) bezeichnet und auf Bildern sehr lebendig, aber übersichtlich als ein Lebensrad mit sechs Feldern dargestellt.

Abb. 22 Das Rad des Lebens

Wiedergeburt in den drei Bereichen des Leidens

Überwiegen im Geist Gefühle und leidvolle Handlungen durch Hass, Neid und Gier, wird man in drei niederen Bereichen wiedergeboren. Am schlimmsten von allen sind die Auswirkungen von Zorn, dem schwierigsten aller Gefühle:

1. Höllenbereiche – die Welt des Hasses
Schon im Sterben und verstärkt während des Bardos des Werdens erfahren die, die im Leben sehr zornig waren, die Fehler anderer hervorhoben und ihnen viel Böses wünschten, diese Gefühle verstärkt wieder. Alles, was Breughel, Bosch und Dante in ihren Höllenbildern malten und schilderten, reift in diesem Zustand heran, der wie alle anderen unerleuchteten Erfahrungen zum Glück bedingt und vergänglich ist. Die Tibeter, denen ein schützender Staat fehlte, pinseln hier zur Abschreckung gegen die Bösewichte in grausamen Einzelheiten 18 dieser Zustände des Leidens aus. Sie beschreiben acht heiße, acht kalte, eine Nachbar- und eine Ab-und-zu-Hölle, jede unangenehmer als die vorige.

Im Höllenzustand ist einem enorm heiß, und man versucht, irgendwohin zu laufen, wo es kalt ist. Und dort bleibt man hängen. Wenn man andererseits ganz schnell entstehende Gefühle hatte, fühlt sich alles kalt an; man versucht, irgendwohin zu laufen, wo es warm ist; plötzlich schlägt auch dort die Tür zu, und man kommt nicht wieder heraus. Man hat die Vorstellung, dass die schweren Gefühle, die man im Geist hat, die ganze Welt färben. Und dieses Erlebnis ist sehr schmerzhaft.

Man kann auch in diesem Leben Menschen sehen, die Zustände von völliger Paranoia und Frustration erleben, sich immer wieder haltlos betrinken, durch unauffindbare Schmerzen gehen oder einfach todunglücklich sind. Obwohl man heute in westlichen Ländern ärztlich betreut und durch Medikamente abgedämpft wird, gibt es Menschen mit Verfolgungswahn, die sich ununterbrochen verstecken, verwunden und ganz sicher sind, dass Gift in ihrem Glas Wasser ist. Zorn ist mit Sicherheit das zerstörerischste Gefühl, mit dem man den schönen Garten seines Geistes verunziert.

Shariputra

Mönche, die oft in frühester Kindheit in die Klöster abgegeben wurden und hinterher die Wunder der Weiblichkeit nur durch Erinnerungen an ihre Mütter kennen, erzählen oft Rührendes von ihnen. Eine Geschichte des hohen Lehrers Shariputra beschreibt, wie er mit Buddhas Mitteln seine schwierige Mutter befreite: Die Dame war nicht leicht, hatte Streit mit allen in der Nachbarschaft wohnenden Frauen. Ihr Sohn Shariputra konnte sie nicht davon abbringen. Am Ende wusste er nur noch einen Rat. Er hängte eine Glocke über die Tür im Haus und brachte der Mutter bei, auf dem Weg von einem Streit mit einer Nachbarin zum nächsten beim Läuten der Glocke OM MANI PEME HUNG zu sagen.
Als sie starb und sich ihrem zornigen Geistesinhalt gemäß in einem großen Kessel voll geschmolzenen Metalls mit ähnlich eingestellten Kunden wiederfand, kam ein Angestellter des Höllenbereichs vorbei, um umzurühren. Als sein Löffel gegen den Kessel schlug, erinnerte sie das Geräusch an die Glocke über ihrer Tür, und sie sprach das Mantra. Kraft dessen befreiender Wirkung änderte sich ihre Wahrnehmung unmittelbar, und alle fanden sich in einer Götterwelt wieder.

2. Hungergeister – die Welt der Gier
Wurde viel Geiz und Gier im Bewusstseinsstrom gespeichert, war schon das vorhergehende Leben stark von Enttäuschung und Enge gekennzeichnet. Man wurde von den Dingen be-

herrscht, statt durch sie Freiheit zu gewinnen, und von so schweren Träumen und Geisteszuständen geplagt, dass man kaum zur Ruhe kam.

Dieser leidvolle Zustand führt in den Bereich der sogenannten Hungergeister, da die vielen unterschiedlichen Anhaftungen sich letztlich auf die zentralen Bedürfnisse von Hunger und Durst verdichten. Ganz gleich, was man nun versucht, man wird von dem Gefühl beherrscht, niemals satt zu werden. In den Texten werden die äußeren Hindernisse so beschrieben, dass alles Verzehrbare zu Feuer wird, wenn man es in den Mund führen will, oder dass Riesen einem alles entreißen. Innere Vorstellungen lassen den Mund so klein erscheinen wie ein Nadelöhr, während der Bauch Stadtgröße annimmt: Wie viel man auch schluckt, man bekommt ihn nicht voll. Befriedigung wird nie erreicht.

Auch bei uns gibt es Menschen, die so reich sind, dass sie einen Großteil ihrer Zeit damit verschwenden, auf ihre Sachen aufzupassen, damit ja nichts verloren geht, anstatt ihren Reichtum sinnvoll zu verwenden, freudvoll zu genießen und zu teilen. Natürlich ist es in Ordnung, Dinge zu behalten, die man für die nähere Zukunft braucht oder die später nützlicher sein können. Aber wenn man in diesem Leben spürt, dass zu viel Geiz, Gier und egoistische Anhaftung entstehen, ist es gut, öfters etwas zu verschenken.

Die Zeichen, dass man im Zwischenzustand in diese Richtung driftet, sind zunehmender Hunger und Durst.

3. Tierbereich – die Welt der Verwirrung

Verwirrung bringt wenig Freude nach dem Tod. Wer während des letzten Lebens bewusst log, um andere zu schädigen, in seinen Meinungen immer berechnend blieb und dem Herdentrieb folgte oder nur nach den dümmsten und gröbsten Reizen strebte, ohne seine geistigen Möglichkeiten zu nützen, wird nach dem Tod die Weite des Raumes und ihre als Bilder auftauchenden Eindrücke nicht verkraften.

Das Zeichen, dass eine Tiergeburt lauert, ist ein Dumpfwerden der Wahrnehmungen. Man bekommt so viele Schleier, dass man die Projektionen des Geistes einfach nicht aushalten kann, und die Verwirrung steigt weiter an. Man wird versuchen, sich zwischen Felsen oder Büschen zu verstecken, und, befinden sich dort Tiere im Paarungsakt, den großen Fehler machen, zwischen sie zu gehen. So wird die nächste Wiedergeburt möglicherweise vier Beine und einen schönen Pelzmantel Sommer wie Winter haben.

Keine langen Überlegungen sind nötig, um zu verstehen, wie vielfältig Tiere leiden. Man braucht nur in den Schlachthof zu gehen, um zu sehen, dass es ihnen nicht gutgeht. Haustiere bezahlen das Essen wiederum mit ihrer Freiheit. Wenn man unter der Erde nachschaut oder im Wasser, wo die meisten von ihnen leben, tun sie kaum etwas anderes, als sich gegenseitig aufzufressen. Einige leben zwar recht gut, wie zum Beispiel Hunde in reichen Häusern. Aber auch im goldenen Gefängnis voller Luxus haben Tiere das Problem, dass sie die Dose mit der Leberpastete nicht selbst öffnen können.

Wiedergeburt in den drei Bereichen des bedingten Glücks

1. Halbgötterwelt – die Welt der Eifersucht

Hat man während des Lebens Gutes getan, aber dabei Eifersucht entwickelt, verdichtet sich das Gefühl nach dem Tod als eine Halbgötterwelt, die von Missgunst und gutem Karma zugleich geprägt ist. Im Bereich der Halbgötter sind die Wesen deshalb schön, groß und wohlhabend, leiden aber unter ständigem Krieg untereinander und gegen die Götter. Sie führen ein gefährliches Leben, denn sie glauben zu sterben, wenn sie von einer Waffe durchbohrt werden. Die Götter mit ihrer höheren Bewusstseinsebene erleben das nur, wenn ihr Kopf fällt.

Die Ursache liegt wie immer im Geist. Man ist grundlegend unzufrieden und missgünstig, beneidet andere um ihr Glück und will es selbst besitzen. Trotz ihrer Freuden, die sie ihrem guten Karma verdanken, kommen sie nie zur Ruhe.

Ein sicheres Zeichen, dass sich nach dem Tod eine solche Wiedergeburt anbahnt, ist, dass man in eine Waffenkammer geht und sich dort ausstattet.

2. Götterbereiche – die Welten des Stolzes

Zeigt sich nach dem Wegfallen der Sinneseindrücke Stolz als stärkste Speicherung des Unterbewusstseins, führt das zu einer Wiedergeburt im Götterbereich. Man hat in diesem Fall eine Fülle von guten, reichen Eindrücken im Speicherbewusstsein. Als Götter zeigen sich die Wesen in unsagbar schönen, strahlend vorgestellten Körpern. Sie erleben sich als groß, stark und gesund, und alles geht ihnen leicht von der Hand, weil sie früher viel Gutes getan haben. Sie fühlen sich bestens und glauben, längst alles verstanden zu haben. Jeder Gott denkt aber immer noch, er sei ein eigenes Ich und somit von der Ganzheit getrennt.

Die Götterwelt unterteilt sich in drei Gruppen. Die vier Ebenen der »Formlosen« genießen den Zustand reiner Abstraktion und können so lange darin verweilen, dass sie glauben, ewig zu sein; die 17 Stufen der sogenannten »Formgötter« erleben höchste ästhetische Freude, erfahren eine Umgebung von schönster Kunst und sind dabei jenseits jeden Verlangens; und die sechs Bereiche der »Begierdegötter« bekommen sofort jeden Wunsch erfüllt.

Es ist leicht möglich, im heutigen Westen viel Stolz zusammen mit guten Taten oder guten Wünschen aufzubauen. Nach dem Tod erlebt man sich dann in einem Palast und fängt an, durch unsagbar schöne Säle zu gehen. Man erblickt einen Balkon mit einem Bett, legt sich schlafen, wacht als ein Gott wieder auf und erfährt für eine unendlich lange Zeit eine Freude nach der anderen.

Doch irgendwann sind auch bei den Göttern die guten Eindrücke verbraucht. Dann bekommt der Gott plötzlich einen schlechten Gedanken und sagt sich sofort: »Das will ich nicht denken.« Somit hat er schon zwei. Schon bald denkt er: »Ich muss etwas dagegen unternehmen«, und hat bereits den dritten. Auf diese Weise verliert er seine Bewusstseinsebene. Schließlich erlebt er in sieben Tagen, wo und wann er wiedergeboren wird. Er sieht, wie wenig Freuden er haben wird, verglichen mit der Zeit als Gott, und stirbt sehr leidvoll.

Stolz und gute Taten sind also erstrebenswert, weil sie in gute Bereiche und Götterwelten führen, aber keine wirkliche Zuflucht. Eine grundlegende Sicherheit bringen sie nicht, da man sich in ihrer Lage immer noch als von der Ganzheit getrennt erlebt und damit auch die schönsten Eindrücke vergänglich bleiben.

3. Menschendasein – die Welt der Begierde

Eine Geburt als Mensch erhält man, wenn man wenigstens einige gute Taten vollbracht hat und eher davon beherrscht ist, was man mag, als davon, was einem nicht gefällt – wenn also Anhaftung das stärkste im Speicherbewusstsein hervortretende Gefühl ist. Begierde bezieht sich nicht nur auf spannende Partner, es kann auch der starke Wunsch nach Erfolg, schönen Erlebnissen, Besitz oder anderen angenehmen Sinneserfahrungen sein.

Wenn Begierde am stärksten ist, wird man sich während der möglichen sieben Wochen im Zwischenzustand nach dem Tod zu Wesen hingezogen fühlen, mit denen man eine nahe Verbindung hat und die einem 18 Jahre ihrer Geistesruhe »schuldig« sind. Und dabei gibt es im allgemeinen Leben leider keine Wahl: Hat man nicht das Versprechen gemacht, zum Besten aller zu arbeiten, ziehen einen gute wie schlechte Verbindungen gleich stark an. Ob man früher Karawanen ausraubte und dabei ein paar tote Wächter oder

Kaufleute in Kauf nahm oder sich in der Ehe schlecht verhielt: Am Anfang der Begegnung spürt man bloß eine Spannung.

Gäbe es nur gute Verbindungen zwischen den Menschen, hätte man nur liebevolle Eltern, dankbare Kinder und schöne Familien, und alles wäre wunderbar. Aber nicht nur gute Taten aus früheren Lebenszeiten verbinden, auch das Leidvolle und Schädliche, das man sich oder anderen zugefügt hat, besitzen Klebstoff und erzeugen Anziehung. Tatsächlich zeigen heutige Familienverhältnisse deutlich, was die Mitglieder von früher verbindet. Reift also ein gutes Verhalten zwischen ihnen heran, so erfahren sie Glück, und wenn nicht, stören sie sich gegenseitig. Meistens ist es gemischt.

Das Geschlecht hängt von den aufgebauten Neigungen und den Religionen ab. Stehen Frauen dort schwach, wie häufig in Wüstenbereichen und um den Äquator, und werden von Männern sehr schlecht behandelt, wechseln sie oft bei ihren Wiedergeburten das Geschlecht, und in der nächsten Runde leidet der frühere Mann in einem Frauenkörper. In freien Ländern ist das Geschlecht eher ein Ergebnis der Einstellung: Man wird eine Frau, wenn man mehr Eingebung, und ein Mann, wenn man in früheren Leben mehr spielerische Eigenschaften entwickelt hat.

Was Menschen begeistert, tatkräftig werden lässt und richtig berührt, sind die Möglichkeiten des Lebens, auch anderen zu nutzen. Viele, vor allem egoistische und undankbare Menschen, leben allerdings ihr gutes Karma einfach ab und begeben sich unwissentlich in eine Abwärtsspirale, die kommende Wiedergeburten weitaus unangenehmer werden lässt als die jetzige.

Der größte Vorteil einer Menschengeburt ist aber, die Natur des Geistes entdecken zu können. Als Mensch kann man die nötigen Freiheiten und Möglichkeiten erwerben, um den Spiegel hinter den Bildern zu erkennen und sich der Vergänglichkeit und der Unwirklichkeit des ständigen Stroms von

SECHS DASEINSBEREICHE

	Bereich	*Ursachen*	*Beobachtung*	*Beschreibung*
Wiedergeburt in den drei Bereichen des Leidens	Höllenbereich	Hass, Zorn, Fehler anderer hervorheben, anderen Böses wünschen	Paranoia, Frustration, dauerhaft unglücklich	18 Höllen
	Hungergeister	Gier, Geiz, Enttäuschung, Enge	schwere Geisteszustände und Träume, Befriedigung wird nie erreicht, starke Unruhe	unstillbare Bedürfnisse von Hunger und Durst
	Tiere	Unklarheit, Verwirrung, Dumpfheit	bewusstes Lügen für eigenen Vorteil, Abstumpfen der Wahrnehmung, den dümmsten und gröbsten Reizen folgen	mangelndes Selbstbewusstsein, Trieben und Gespür folgend, »Zustand sehr großer Dumpfheit« (Marpa)
Wiedergeburt in den drei Bereichen des bedingten Glücks	Götter	Stolz, Fülle von guten, reichen Eindrücken	alles geht ihnen leicht von der Hand, sie sind groß, stark und gesund	drei Götterbereiche: formlos (genießen Abstraktion), Formgötter (erleben ästhetische Freude), Begierdegötter (bekommen jeden Wunsch erfüllt)
	eifersüchtige Götter	Gutes getan, aber dabei Eifersucht und Neid entwickelt	Missgunst, Misstrauen, Unzufriedenheit, sie sind schön, groß und wohlhabend	ständiger Kampf gegen scheinbare Bedrohung
	Menschen	Anhaftung, Begierde	starkes Streben nach Erfolg, schönen Erlebnissen, Besitz, angenehmen Sinneserfahrungen	Möglichkeit, sich zu entwickeln und zu verwirklichen, bewusstes Handeln möglich

Gedanken, Gefühlen und körperlichen Erfahrungen bewusst zu werden.

Richtig verwendet und unter sehr glücklichen Umständen birgt diese Geburt (unter den sechs Daseinsbereichen) die besten Möglichkeiten, dauerhaften Sinn zu verwirklichen. Verglichen mit den Wesen, die sich von der Ganzheit getrennt erleben – ob mit festen Körpern, wie Menschen und Tiere sie haben, oder in Zuständen von Energie und Gewahrsein, wie die schon erwähnten Götter, Halbgötter, Geister und Höllenwesen –, bietet eine Menschengeburt eine sehr kostbare Grundlage, um nach zeitlosen Werten zu streben.

Langfristige Vorbereitung

Wie kann man nun leidvolle Eindrücke, die in diesem oder früheren Leben angesammelt wurden, am besten aus dem Speicherbewusstsein entfernen? Nach ihrem Aufbau durch Unwissenheit geht es um die Beseitigung der »Unholde«. Ein breitflächiges Gespür nach innen ist ein guter Anfang: die Erkenntnis, dass irgendetwas nicht in Ordnung ist. Findet man viele gemischte Gefühle, machen diese das Leben grau und hoffnungslos. Beurteilt man ständig andere Menschen, verabschieden sich immer wieder und allzu schnell Freunde, Jobs und Geld, und hört man sich ständig darüber klagen, was einem Furchtbares widerfährt, sind das Hinweise eines möglichen Abstiegs. Es sind klare Anzeichen, dass eine Lage erreicht wurde, die es möglichst schnell zu verbessern gilt. Mit dem verbliebenen Überschuss wäre es ratsam, jetzt diese negative Sichtweise oder Schwäche zu beseitigen und für andere oder sich selbst nützlich zu werden. Es gibt keinen anderen Weg: Hat man keine guten Eindrücke durch Gedanken, Worte und Taten gespeichert und unternimmt nichts Sinnvolles für andere, braucht man nicht auf einen Gummiboden zu hoffen, der einen selbsttätig wieder nach oben befördert.

Wurde diese Einsicht verinnerlicht, ergibt sich daraus der tiefe Wunsch, alle Unzufriedenheit und Leiden möglichst schnell für sich, seine Umgebung und die Welt loszuwerden.

Es muss aber mit Stil geschehen, denn ohne Selbstbeherrschung und ein würdiges Auftreten wird man den Menschen peinlich, und wenige machen mit. Auch fürs eigene Leben zahlt sich das aus. Studien zeigen: Selbstbeherrschung ist wichtiger für gute Noten als der IQ oder Talent im Sport.

Entscheidet man sich, sein Leben bewusst in die Hände zu nehmen, gehört zur Verbesserung des eigenen Karmas die stete Einsicht, dass es um das Hier und Jetzt geht, dass jeder Augenblick durch Gedanken, Worte und Taten die Zukunft von anderen und einem selbst beeinflusst. Die damit verbundene Verantwortung macht es sinnvoll, vorhandene schlechte Gewohnheiten zu unterbrechen und das Heranreifen von gutem Karma zu verstärken. Jeder Augenblick bietet die Möglichkeit, langfristig glückbringende Eindrücke und Sichtweisen in sich wachsen zu lassen. Schädliches Verhalten verliert wiederum seinen Reiz, wenn einem bewusst wird, welche karmischen Eindrücke damit aufgebaut werden.

Wer sich nicht ewig mit Behörden beschäftigen mag, hat in den heutigen Millimeter-Gesellschaften der Gesetze, Regeln und Verordnungen sicher gelernt, mit dem Körper möglichst wenig Verbotenes zu tun. Auch Wohlstand und Bildung verpflichten, denn in diesem Feld werden Störgefühle oftmals als Zeichen der Schwäche und Gesichtsverlust gesehen. Die häufigsten Fehler macht der heutige Mensch bestimmt durch die Rede, die zudem an tiefe Gewohnheiten gebunden ist.

Aufziehende Trauerspiele bewusst zu vermeiden und in Lustspielen nach Fähigkeit mehrere Rollen zu belegen, das ist auf dem ganzen Weg sehr hilfreich. Bei mehr Übung und vor allem einem häufigen Gebrauch von buddhistischen Mantras rutschen Störgefühle wie auf einem Ölfilm hin und her. Schließlich fallen sie, ohne Gewohnheiten gebildet zu haben, aus dem Geist, und man kann stattdessen die Menschen auf nette Möglichkeiten aufmerksam machen. Was den meisten Menschen jedoch fehlt, sind Mittel, mit denen man sowohl für dieses Leben als auch darüber hinaus die Samen von künftigen Störungen entfernen, gute Eindrücke aufbauen und die schädliche Ich-Fehlvorstellung auflösen kann. Erst mit dem Verständnis, dass man durch die Wahl einer hohen Sichtweise nicht einfach unrealistisch versucht, etwas Schwieriges durch etwas Schönes zu ersetzen, sondern dass die letztendliche Wahrheit unsagbar viel schöner ist als jeder Traum, hat man sowohl Weg als auch Ziel in sich vereint.

Zu guter Letzt folgt die Umkehr bei der Arbeit mit störenden Taten, Worten und Gedanken, denn die bloße Einsicht und der einfache Entschluss, die Handlungen und Gewohnheiten zu ändern, reichen nicht. Man sollte das Gegenteil davon möglichst kraftvoll in die Welt setzen. Der Geist muss so reich gemacht werden, dass der Nutzen für andere selbsttätig entsteht und jeder darin Erfüllung finden kann.

Wer zum Besten aller leidbringendes Verhalten umzukehren versucht, bekommt dabei jede Menge Hilfe auf vielerlei Ebenen, denn alle Beteiligten spüren unbewusst, dass man dies nicht einfach für sich tut. Wer also versucht, selbstbezogene Taten durch menschenfreundliche zu ersetzen, wird – außer bei schlechten Bekanntschaften – einen deutlichen Rückenwind spüren. Die immer reinere und den Verhältnissen entsprechende Sichtweise und die angenehmen Rückkopplungserfahrungen geben Vertrauen und Überschuss für weitere Entwicklungsebenen. In dem Maße, wie sich die Gewohnheit verflüchtigt, alles auf sich selbst zu beziehen, werden Schwierigkeiten zu Aufgaben, und man bleibt immer weniger in Erwartungen und Hoffnungen gefangen.

Hier haben Buddhisten viele Werkzeuge, um kraftvoll die im Geist gespeicherten unerwünschten Eindrücke zu entfernen. Das wirksamste Mittel dazu ist die Meditation auf Diamantgeist (sanskr.: Vajrasattva, tib.: Dorje Sempa). Er ist die reinigende Kraft aller Buddhas und wirkt wie ein Dampfstrahler, der Zorn und andere schädlichen Eindrücke im Geist in nutzvolle Erfahrung umwandelt und heranreifendes Karma stark abschwächt. So entfernt man nicht nur die Wirkungen, sondern auch ihre Ursachen und feiert dabei die Buddhanatur des Geistes. Mit zunehmender Übung erlebt man ständig wachsende Klarheit und Freude, während gleichzeitig Störgefühle und einengende Vorstellungen immer mehr an Kraft und Bedeutung verlieren. Schließlich heben die höchste Sichtweise des Großen Siegels sowie die weiteren Mittel des Diamantweges jeden Laut auf die Ebene von Mantras und machen jeden Gedanken zu einem Ausdruck alles durchdringender Wahrheit.

WIE ERLEBT MAN KARMA? *Man kann glück- wie leidbringendes Karma auf vier verschiedenen Ebenen erleben:*
❶ durch angenehme und schwierige Erfahrungen während des Todes bis zur erneuten Befruchtung
❷ durch die Ausstattung des Körpers: Gesundheit, Intelligenz, Kraft und Schönheit
❸ durch die Umgebung: das Land, die Kultur und die Bedingungen der Familie, in die man wiedergeboren wird
❹ durch die Neigungen und Vorlieben, die man in das neue Leben mitbringt

WIE BAUT MAN LEIDBRINGENDES KARMA AB? *Das geschieht durch vier Stufen der Einstellung:*
❶ Man erkennt, was Leid gebracht hat.
❷ Man wünscht, das Störende zu entfernen.
❸ Man fasst den festen Entschluss, es nicht wieder zu tun.
❹ Man entscheidet sich bewusst, das Gegenteil zu tun.

Abb. 24 u. 25 Ursache und Wirkung – Karma

Jede Religion, die auch eine Heilslehre ist, weil sie menschliche Werte und Grundsätze über jeden göttlichen Zwang hochhält, ist im Tod sehr hilfreich, weil sie ihrer Ausrichtung nach zur Anhäufung von gutem Karma führen muss. Wie stellt sich der Buddhist auf die überpersönlichen Geistesebenen ein, die sein Ziel sind? Mit Hilfe der Kraftfelder der Buddhas und deren Reinen Ländern. Besonders hilfreich ist hier der Rote Buddha des Grenzenlosen Lichtes, der unserer Sinnes-Menschenwelt auf den Ebenen der Befreiung und Erleuchtung am besten entspricht. Auch wenn man kaum Erfahrung mit der Vertiefung hat, so kann doch jeder, um nicht weiter vom Fluss seiner Eindrücke im Sterbeprozess fortgerissen zu werden, ihn als Zuflucht rufen und sich mit den erleuchteten Kraftkreisen sicher verbinden. Man kann sich dabei an die Güte seiner Lehrer und den erleuchtenden Sinn ihrer Mittel erinnern und verinnerlichen, dass alles Erfahrene wie die wechselnden Bilder im Spiegel oder die Wellen im Meer sind. Der Geist erfährt sich dann selbst unabänderlich als Spiegel und Meer, als zeitloser Erleber, der er immer war.

Buddha des Grenzenlosen Lichtes und sein Reines Land

Unter einem Reinen Land versteht man das Kraftfeld eines Buddhas. Es ist kein Ort, zu dem man körperlich gelangen kann, sondern ein überpersönlicher, nicht bedingter, freudvoll-spielerischer Zustand des Geistes, in dem alle Bedingungen zur Befreiung und Erleuchtung vorhanden sind. Da die Fehlvorstellung von einem bestehenden »Ich« aufgelöst wurde, werden sowohl

Abb. 26 Buddha des Grenzenlosen Lichtes

letztendliche Weisheit als auch große Verdienste schnell und kraftvoll angehäuft und gehen auch nicht wieder verloren. Nun werden die Fülle und der Reichtum des Geistes erfahren, die die Buddhanatur eines jeden sind. Jeder Gedanke ist Weisheit, einfach weil er die Möglichkeit des Raumes ausdrückt; jedes Geräusch wird zum Mantra, und jedes Atom schwingt vor Freude und wird von Liebe zusammengehalten.

Das bekannteste und für alle zugängliche Reine Land ist der Bereich der Großen Freude (sanskr.: sukhavati, tib.: dewachen) vom Buddha des Grenzenlosen Lichtes. Dieser Buddha entwickelte in vorgeschichtlicher Zeit im Zusammenhang mit seinem Bodhisattva-Versprechen den äußerst starken Wunsch, ein Reines Land zu schaffen. In ihm sollte jeder bloß durch die Kraft seiner Wünsche wiedergeboren werden können. Als Ergebnis dieser Einstellung entstand bei seiner Erleuchtung das Reine Land »Große Freude«, aus dem man nicht wieder herausfallen kann. Anstatt während des Zwischenzustands (sanskr.: antarabhava, tib.: bardo) in eine neue Geburt innerhalb des Kreislaufs der sechs bedingten Erfahrungswelten getrieben zu werden, ist hier die Entwicklung gesichert. Man wird aus diesem Bereich zum Wohle anderer in neuen Körpern zurückkehren oder als hilfreicher Einfluss aus dem Raum heraus arbeiten.

Für eine Wiedergeburt im Kraftfeld des Buddhas des Grenzenlosen Lichtes sind lediglich vier Voraussetzungen erforderlich:

Die wichtigste Ursache ist der tiefe Wunsch, dort geboren zu werden (1), die klare Vergegenwärtigung des Buddhas des Grenzenlosen Lichtes und seines Kraftfeldes (2), das Vermeiden von schädlichen Handlungen (3) und schließlich als vierte Ursache die erleuchtete Geisteshaltung, also der Wunsch, zum Besten aller Wesen Erleuchtung zu erlangen.

Zu diesem Ziel gibt es mehrere Ebenen der Anwendung, die der Buddha den Fähigkeiten seiner Schüler gemäß gab. Neben der »Reines-Land-Schule«, die mit über hundert Millionen Anhängern die größte buddhistische Schule der Welt ist und als Hauptübung das Mantra des Roten Buddhas wiederholt, findet man unter den wirksamen Mitteln der drei alten »Rotmützen«-Diamantweg-Linien Tibets das Phowa, das schon zu Lebzeiten die Energiebahn durch die Körpermitte öffnet und dadurch das Erreichen dieser Ebenen im Tod gewiss macht.

Weil der Geist sowohl Gewahrsein als auch Energie ist, verlieren unzählige Schleier in Körper, Rede und Geist durch das Hochschicken des Bewusstseins ihren Halt, und schon in diesem Leben kommt einem die Befreiung fühlbar näher. Entsteht diese Gewissheit, wäre zu bedenken, dass bei jeder Wiedergeburt ein Körper und Sinne dabei sind, die Angenehmes genießen und Schmerzvolles nicht mögen. Dadurch entsteht die Fehlvorstellung von einer Trennung zwischen Erleber, Tat und Gegenstand, Störgefühle verbreiten sich, und man macht Fehler.

Ist man aber wild und mag nichts Zorniges, erlebt man bei der Begegnung mit Buddhas Lehre Freude und selbstverständliche Ganzheit, als ob zwei Flüsse ineinanderströmen. Ist man grundsätzlich vertrauensvoll, ist einem das Reine Land nah, und im Tod wird man vielleicht in etwas Tiefbekanntes eintreten.

Während des Sterbens meditieren zu erlernen ist unmöglich. Daher ist es eine große Hilfe, bereits in diesem Leben auf die Traumähnlichkeit aller Dinge aufmerksam gemacht zu werden, diese wenigstens begriffsmäßig verstanden und die Fähigkeit, mit seinem Geist zu arbeiten, über Jahre eingeübt zu haben. Hat der Sterbende die Tendenz, sich selbst zu bemitleiden, ängstlich, wütend oder aufgeregt zu werden, sollte man ihm raten, sich möglichst mitfühlend auf andere auszurichten, dankbar zu sein und sich all des Guten zu erinnern, das ihn mit anderen verbindet.

Wer zu Lebzeiten meditiert hat, kann sich darauf verlassen, dass die erlernte Phowa-Praxis und die Karmapa-Meditation während des Sterbeverlaufs eine wirkliche Zuflucht bilden. Sie halten und schützen einen, und ihre Wirkung ist wunderbar. Man kann dann vertrauensvoll in seiner Mitte ruhen und die Geschehnisse an sich vorbeiziehen lassen, um im entsprechenden Augenblick die richtigen Mittel anzuwenden. Für Nicht-Buddhisten ist es wie eine Einweihung, die Gewissheit des Sterbenden und seine innere Ruhe mitzuerleben.

Im Hinblick auf den sicheren Tod sollte man außerdem möglichst frühzeitig entscheiden, mit den vorhandenen Mitteln zu Lebzeiten Störgefühle und steife Vorstellungen auszuhöhlen und das zeitlose, wonnevolle Gewahrsein zwischen und hinter den Gedanken zu erkennen. Auf jeder Stufe zur vollen Verwirklichung kann man den Wesen um ein Zigfaches besser nutzen. Da nach dem Tod der ungeübte Geist sich aufgrund der fehlenden Sinneseindrücke wie ein Blatt im Wind verhält, nicht meditieren und nur durch die schon verwirklichten Vertiefungen und Segnungen einen Halt finden kann, sollte man sich und anderen beibringen, dass die auftauchenden Bilder vergänglich sind und keine Wirklichkeit besitzen.

Die Anhaftung an unser Leben, ein weiteres großes Hindernis beim Sterben, sollte man möglichst grundlegend loswerden. Sie ist die Hauptursache für jede Todesangst. Dass man nichts mit sich nehmen kann, weder den Körper, den Partner, die Freunde, den Besitz und die vielen großen und kleinen liebgewonnenen Dinge, sollte so klar und früh wie möglich eingesehen werden. Durchgehend sollte man das Gewahrsein durch Sichtweise und Meditation kennenlernen und sich wie immer bestmöglich bewusst sein, dass es etwas Nicht-Dingliches gibt, was zeitlos vom Wesen höchster Wonne ist und alles Äußere wie Innere erfährt: Eben der eigene Geist.

Obwohl man letztlich in jedem der Zwischenzustände nach dem Tod verschiedene Bodhisattva-Ebenen erreichen kann, besteht für Karmapas Schüler die beste Möglichkeit zur Befreiung beim Sterbevorgang. Wenn dieser voll und ganz genutzt wird, wird nichts anderes gebraucht.

Wer täglich auf die Schwarze Krone der Karmapas meditiert und deren Kraftfeld gespürt hat, kann in dem Augenblick, in dem alles schwarz wird, den Raum als seine Krone erleben. Die gekreuzten Dorjes werden dann ein Tor, durch das man ins Kraftfeld tritt. Der Sonnen- und Mondsymbolik zwischen den Streifen mit den Juwelen folgend, bewegt sich das Gewahrsein zwischen den goldenen Wolken nach oben, empfängt den Segen der Langlebensvase, wo die Krone in deren goldenen Stiel übergeht, und verschmilzt schließlich in das Reine Land, den roten Edelstein ganz oben auf der Krone.

Abb. 27 Die Schwarze Krone der Gyalwa Karmapas

Das Bewusste Sterben

Die grundlegenden Fragen, die man sich zum Ende dieses Buches sicher stellt, sind: Gibt es einen Weg aus dem Kreislauf des Lebens? Ist es vermeidbar, noch unzählige Male wiedergeboren zu werden? Aus welcher Situation heraus kann man anderen Wesen am besten helfen?

Hat man wenig meditiert, ist man sicher nicht in der Lage, den Tod so zu nutzen, wie die Beispiele im nachfolgenden Kapitel zeigen werden.

Im tibetischen Buddhismus gibt es jedoch das schon öfter erwähnte »Phowa« oder »Bewusste Sterben«, das man im Sterben für sich selbst und auch für andere anwenden kann. Man nutzt den Augenblick des Todes, wenn der Geist sich vom Körper trennt, um entweder selbst von einem verwirrten Geisteszustand in einen klaren, befreiten zu kommen oder um anderen dabei zu helfen. Sogar unter den Diamantweg-Meditationen, die Buddha seinen nächsten Schülern vermittelte, ist die Übung einmalig in ihrer Schnelligkeit, Anwendbarkeit und Kraft. Wie allgemein bei Buddhas letztendlichen Mitteln stellt sich der Nutzen bei dieser Übung noch zu Lebzeiten ein, da sich beim Schüler schädliche Eindrücke auflösen, sich das Bewusstsein festigt und der Geist klarer wird. Viele Buddhisten sagen deswegen, es gibt ein Leben vor dem Phowa und ein Leben danach, und der zweite Teil ist viel besser!

Viele Leser dieses Buches wissen das schon aus eigener Erfahrung, und andere entwickeln hoffentlich beim Lesen den Wunsch, möglichst bald eine Woche für diese – auch für dieses Leben so wichtige – Meditation zu finden.

Obwohl die Reinen Länder, in die man so nach dem Tode geht – und die schon während des Lebens immer stärker erfahren werden –, noch keine Erleuchtung bedeuten: Man ist unter allen Umständen auf dem Weg zur Befreiung, wird von der erreichten Entwicklungsstufe nicht herunterfallen und kann sich je nach Fähigkeiten und Eigenschaften gesichert weiterentwickeln.

Tibeter stellen sich beim Wort »Phowa« einen Vogel vor, der, unter einem Dach gefangen, eine Luke findet und sich befreit in den Raum schwingt.

Zwischen Leben und Tod kann man mit Hilfe des Phowa je nach Befähigung drei erleuchtete Bewusstseinsebenen erreichen: Phowa in den Wahrheitszustand, Phowa in den Freudenzustand und Phowa in die befreiende Tat, den Ausstrahlungszustand.[37]

Alle in den Diamantweg-Zentren verwendeten Meditationen sind durch ihre Inhalte auch eine Vorbereitung auf den Tod, werden aber vor allem zum Meistern des Lebens eingesetzt. Phowa wird gezielt für den Augenblick des Todes erlernt und dann auch zum entscheidenden Zeitpunkt für sich selbst oder für Freunde und Bekannte in der erlernten Weise angewandt.

Milarepas Worte zum Tod

Diejenigen, die nur mit ihrem Mund praktizieren, reden viel. Es sieht so aus, als wüssten sie viel von der Lehre, aber wenn die Zeit des Sterbens kommt, werden ihre Worte in den Raum geworfen.
Wenn das Klare Licht von sich aus strahlt, wird es verhüllt von der Blindheit der schlechten Karmas.
Die Gelegenheit, den Wahrheitszustand zu erfahren, geht während des Sterbens wegen der eigenen Verwirrung verloren.
Wenn man sogar sein ganzes Leben damit verbringt, die

heiligen Schriften zu studieren, hilft das nicht in dem Moment, in dem man Abschied nehmen muss.
Und jene Yogis, die nicht genügend meditiert haben, erfahren fälschlicherweise geistige Lichterscheinungen als heiliges Strahlen.
Sie können nicht das Licht von Mutter und Sohn zusammenbringen und sind immer der Gefahr ausgesetzt, in niederen Bereichen wiedergeboren zu werden.
Wenn dein Körper zu Recht aufgestellt ist, der Geist in Vertiefung verbleibt und du fühlst, dass es keinen Geist mehr gibt, ist das, was bleibt, nur Sammlung.
Wie ein Star, der in den weiten leeren Himmel fliegt, strahlt die Bewusstheit als reine Blume wie ein Licht. Obwohl sie leer, durchscheinend und strahlend ist, ist sie doch nur das Gefühl eines höheren Bewusstseinszustands.
Derjenige mit diesen guten Grundlagen durchschaut die Wahrheit durch Einsicht und betet ernsthaft zu den Drei Juwelen.
Er wird die Nicht-Ich-Weisheit gewinnen.
Mit dem Leben, angeseilt durch tiefe Eindeutigkeit, mit der Kraft der Güte und des Mitgefühls, mit dem altruistischen Versprechen der Bodhisattva-Einstellung kann er direkt die klare Sicht bekommen, die Wahrheit des Großen Erleuchteten Weges.
Nichts kann gesehen werden, trotzdem wird alles gesehen.
Er sieht, wie falsch die Befürchtungen und Hoffnungen waren, alle waren in seinem Geist, trotzdem war nichts.
Er erreicht das Reine Land ohne Ankunft, er kennt den Wahrheitszustand, ohne etwas zu sehen.
Ohne Anstrengung weiß er auf natürliche Weise alles.
Lieber Sohn, halte all meine Aussagen im Geist!

Abb. 28 Milarepa (1040–1123)[38] [39]

Phowa in den Wahrheitszustand (Dharmakaya-Phowa)

Der Augenblick, in dem man die Natur des Geistes erfährt, entsteht nach dem Zusammenkommen von dem weißen Licht, der roten Strahlkraft und den bewussten, aber begriffslosen Zuständen der Unwissenheit. Wenn danach das Klare Licht auftaucht, gilt es, mit ihm eins zu werden und diesen Zustand ins Zeitlose auszudehnen. Kann man während der Verschmelzungsphase im Zustand von nacktem Gewahrsein verweilen, wird das zum Wahrheitszustand führen, der Erkenntnis vom eigenen Geist als zeitlosem Raumgewahrsein. Dieser Zustand ist die Erleuchtung selbst, und wer die Mittel des Diamantweges ausschöpfte und furchtlos mit seinem Geist arbeitete, wird danach überall zahllosen Wesen nutzen können.

Jede Verschmelzungsphase in der alltäglichen Meditation – wobei der Geist wie ein Diamant strahlen und nicht wie eine weiße Wand ohne Leuchtkraft dastehen muss – stärkt die Fähigkeit des Geistes, bewusst zu bleiben, ohne sich einer Sache bewusst sein zu müssen.

Wer im Leben eine Dauererfahrung dieses Wahrheitszustands erreicht hat, befindet sich schon jenseits von Tod und Wiedergeburt. Man »scheint« dann nur zu sterben. Der Tod ist dann so, wie »von einem Ort zum anderen« zu gehen oder »ein bisschen aufzuwachen«.

Mit der Verwirklichung der höchsten Sichtweise – also der des Großen Siegels – bricht die Geistesklarheit nicht mehr ab, und man erfährt die ursprüngliche Reinheit des bewussten Raumes, die man immer war und deswegen nicht woanders erfahren konnte. Kann man diese Erfahrung der eigenen Essenz festhalten, ufert sie aus, umfasst Vergangenheit, Gegenwart und Zukunft, nah wie fern, und man ist ein Buddha.

Phowa in den Freudenzustand (Sambhogakaya-Phowa)

Kann das strahlende Bewusstsein des Wahrheitszustands nicht gehalten werden, folgt als nächste Möglichkeit das Phowa in den Freudenzustand.

Wenn der westliche Mensch etwa 68 Stunden nach der ersten Ohnmacht aufwacht, erlebt der Diamantweg-Buddhist statt allgemeiner Verwirrung die Buddhafelder der Lichtformen oder Lamas, auf die man sich im Leben eingestellt hat. Ist man in der Lage, eine Buddhaform wiederzuerkennen, läuft man zu ihr »wie ein Kind zur Mutter«, wie die Tibeter sagen, und verschmilzt mit ihr. So erlangt man Befreiung und befindet sich im Kraftkreis des entsprechenden Buddhas wieder. Dann entwickelt man sich ohne die einengende Ich-Fehlvorstellung durch die Bodhisattva-Ebenen von Freude und Reichtum zum Besten aller Wesen.

Das Auflösen der steifen Vorstellungen ist nun nur noch eine Frage der Zeit.

Im Diamantweg sieht man die Welt schon als Reines Land. Man muss daher nicht erst sterben, um dorthin zu gehen, und weil jeder Geist Klares Licht ist, auch nicht anderswo Buddhas suchen. Es genügt, wie Buddha sagte, das Putzen der eigenen Augen, um das Ziel zu erreichen. Die Hauptanweisung, den geringstmöglichen Unterschied zwischen Vertiefungen und den Zeiten dazwischen zu erleben, während man praktisch im Leben steht, ist deswegen nicht nur glückbringend, sondern entspricht zugleich dem Wesen der Dinge.

Phowa in den Ausstrahlungszustand (Nirmanakaya-Phowa)

Ist man nicht in der Lage, die freudvollen Erscheinungen des Raumes zu genießen und mit ihnen zu verschmelzen, hat man noch eine dritte Möglichkeit, dem Kreislauf des Daseins zu entkommen. Das Besondere ist hierbei, dass man nicht besonders weit entwickelt sein oder besonders viel meditiert haben muss, um die Übung erfolgreich im Tod anzuwenden. Im Zusammenhang mit dem Phowa bewirken zudem vier tief verinnerlichte und beständig gelebte Einstellungen eine Geburt im Kraftfeld der Großen Freude. Die wichtigste davon ist der Wunsch, dort geboren zu werden. Zweitens gilt es, sich den Buddha und sein Kraftfeld so klar wie möglich im Geist zu vergegenwärtigen, und drittens sollte man schädliche Handlungen vermeiden. Die vierte Ursache ist der Wunsch, Erleuchtung zum Nutzen aller Wesen zu erlangen.

Wenn man die Anweisungen also genau befolgt, Vertrauen in den Lehrer und die Entschlossenheit hat, den Wesen langfristig zu helfen, wird es mit Hilfe des Segens unter den besonderen Bedingungen des Sterbens möglich sein, einfach durch seine Einstellung in befreite Bewusstseinsebenen zu gehen und sich dann bis zur Erleuchtung weiterzuentwickeln. Da man aber nicht sicher sein kann, dass man sich diese Haltung im Sterbeprozess ins Gedächtnis rufen kann, wollen viele diese begrifflichen Lehren (Sutra) durch die erfahrungsmäßigen Übungen (Tantra) ergänzen und festigen.

Mir sind sechs verschiedene Arten des Phowa für einen selbst bekannt, es gibt aber sicher noch mehr. Im Folgenden werden die beiden beschrieben, die zu erlernen der 16. Karmapa meine Frau Hannah und mich im Jahre 1972 zu Ayang Tulku in die südindischen Flüchtlingslager schickte. Seit 1987 gebe ich auf Wunsch von Tenga Rinpoche und Shamar Rinpoche rund um die Welt ungefähr zwölfmal im Jahr

Kurse für Tausende von Schülern. Man kann diese Übung im Augenblick des Todes, etwa 68 Stunden nach dem Tod oder auch während der möglichen 49 Tage des Bardos durchführen.[40]

Phowa für sich selbst (Phowa der drei Bewusstheiten)

Phowa ist eine Übung des Diamantweges. Sie steht jedem offen, der die Bereitschaft hat, fünf bis sechs Tage hindurch neun Stunden täglich Belehrungen zu hören und zu meditieren. Gleichwohl erfordert sie Vertrauen in die buddhistische Zuflucht, eine Einweihung oder angeleitete Meditation, Gomlung genannt, und sorgfältige Unterweisungen durch einen geübten Diamantweg-Lehrer, der innerhalb seiner Übertragungslinie zur Weitergabe dieser Übung befugt ist. Man meditiert so lange auf den Buddha des Grenzenlosen Lichtes über einem und entwickelt den Wunsch, in sein Kraftfeld zu treten, bis sich ein sichtbares Zeichen auf der Schädelspitze zeigt. Es stellt sich als Folge der Öffnung der nicht karmischen mittleren Energiebahn im Körper ein und gibt einem die Gewissheit, in das Reine Land, das Kraftfeld dieses Buddhas, eingehen zu können.

Wer das Phowa lernt, soll sich die Unterschiede zwischen der Übung und dem Ernstfall, der Erfahrung des eigenen To-

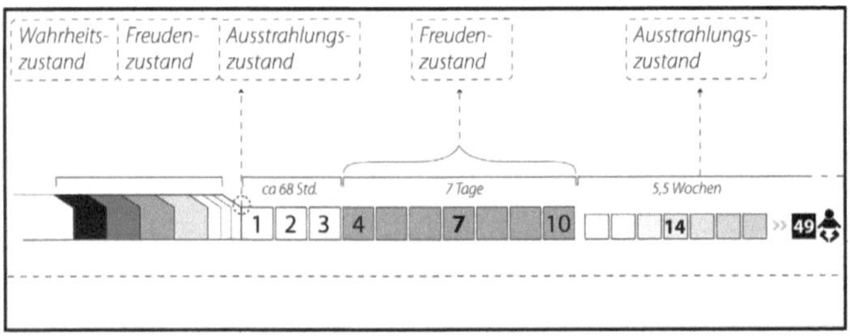

Abb. 29 Phowa in die Buddhazustände

des, genau einprägen und nicht wieder vergessen. In beiden Fällen sollte er wie in allen Diamantweg-Übungen den Lama als vom angerufenen Buddha nicht getrennt ansehen und wissen, dass sein Wesen von dessen Licht-Energieform nicht verschieden ist. Da der Lehrer nichts anderes ist als der Spiegel des eigenen Geistes und das Phowa einem dieses Erkennen ermöglicht, brauchen die Übenden nur Ziel, Weg und das »reisende« Gewahrsein, um in das Reine Kraftfeld dieses Buddhas zu gehen.

Jede Art von Phowa muss gut gelernt und im Augenblick des Todes so einsgerichtet wie möglich angewandt werden. Es ist wichtig, sich zu dieser Zeit nicht von auftauchenden Störgefühlen mitreißen zu lassen, sondern sich mit unabgelenktem Geist auf den Lama als Vertreter des Roten Buddhas einzustellen und das Bewusstsein zu ihm hochzuschicken. Die im Sterbeverlauf freigesetzten Körperenergien werden als sehr kraftvoll und befreiend erlebt, so als wenn ein Riese einen Pfeil von seinem Bogen abschießt. Die Verbindung zum Kraftfeld, dem Reinen Land, lässt einen mitten ins Ziel treffen. In dieser Weise erwartet einen ganz sicher die Befreiung.

Phowa für andere (Haken des Mitgefühls)

Mit diesem Phowa kann man verstorbene Freunde, die dem Gedankengut des Buddhismus nahestanden, auf eine Bewusstseinsebene der Entwicklung heben, von der man nicht mehr herunterfallen kann. Der Verstorbene entwickelt sich dann in einer geschlossenen Lotosblüte im Reinen Land des Buddhas des Grenzenlosen Lichtes weiter.

Man erlernt diese Meditation immer erst, nachdem man erfolgreich Phowa für sich selbst geübt hat. Wer Mittel und Segen zum Besten aller sucht, sollte also unbedingt diese beiden Meditationen lernen. Das Phowa erspart den Wesen nicht nur die Ängste im Zwischenzustand, in dem gemischte Eindrücke aus ihrem Speicherbewusstsein erscheinen, sondern man umgeht im Zustand wachsender Wonne und Erfüllung den ganzen Kreislauf der bedingten Welt. Das Phowa, das den Namen »Haken des Mitgefühls« trägt, bringt den größten Nutzen innerhalb der ersten halben Stunde nach dem letzten Atemzug. Während der darauffolgenden 68 Stunden der Ohnmacht wirkt es nicht, aber vom dritten bis zum zehnten Tag sind die Bedingungen dafür wieder sehr gut. Gelingt es einem nicht, ein Gefühl der Verbindung zum Verstorbenen zu entwickeln, sollte man an seinem Todestag einmal wöchentlich Phowa für ihn durchführen und Mantras wie OM AMI DEWA HRIH wiederholen. Am 49. Tag ist die letzte Gelegenheit, dem Verstorbenen unmittelbare Hilfe zu leisten, und meistens sind dann schwere Fälle wie Selbstmörder dafür besonders offen.

Über den Zwischenzustand des Todes hinaus sind die Einflussmöglichkeiten sehr gering. Zwar konnte Lopön Tsechu Rinpoche, von dem diese Belehrungen zu den verschiedenen Phowas stammen, das Bewusstsein eines Verstorbenen noch in seiner nächsten Wiedergeburt erreichen, aber für derartige Unterstützung braucht es außergewöhnliche Einsicht und Verwirklichung.

Abb. 30 (diese und gegenüberliegende Seite)
Günstige Zeitpunkte für »Phowa für andere«

Wer einen Phowa-Kurs erfolgreich abgeschlossen hat, kann Familienangehörigen, Freunden und anderen Nahestehenden bei deren Tod auf dem Weg zu ihrer gesicherten Wiedergeburt beim Roten Buddha helfen. Für Fremde, zu denen Phowa-Erfahrene keine Beziehung bekamen und deren Namen man zum Beispiel nur aus Todesanzeigen kennt, genügt die Kraft leider nicht, und es ist nicht ratsam, außer mit guten Wünschen, sich dort einzumischen.

Wer Sterbenden das Phowa gibt, sollte bestmöglich vermeiden, dabei Anwesende im Raum zu stören. Man geht dann lieber in ein anderes Zimmer. Auch geübte Phowa-Praktizierende müssen unter allen Umständen beachten, dass man zwar beim eigenen Tod mit der Bewusstseinsübertragung anfängt, wenn man sicher ist, dass man stirbt: Mit dem Haken des Mitgefühls wartet man aber, bis der andere nicht mehr atmet. Man stellt sich dann vor, der vertraute Lehrer oder Buddha zu sein, während man das Phowa ausführt. Auch wiederholt man die Übung immer wieder neu und schickt das Bewusstsein zum Buddha des Grenzenlosen Lichtes. Nichts kommt wieder zurück, bis das Ziel erreicht wurde! Man will dadurch vermeiden, das Leben des Sterbenden zu verkürzen, was keineswegs geschehen sollte, denn ein Körper enthält in seinen Energierädern und -bahnen 72 000 Buddhas und ist kostbar.

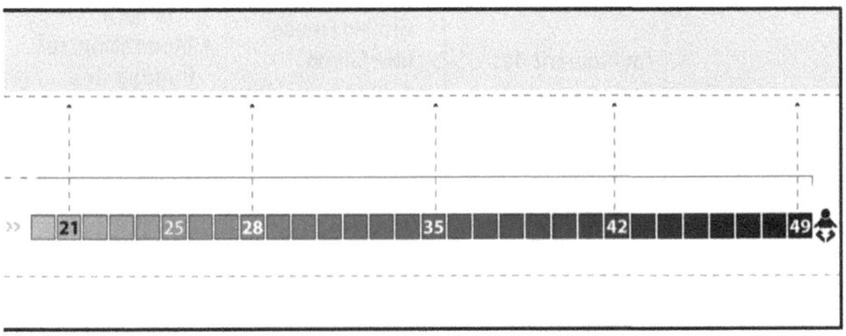

<table>
<tr><th colspan="4">BEWUSSTES STERBEN – VERSCHIEDENE PHOWA-ÜBUNGEN</th></tr>
<tr><th>Art des Phowa</th><th>Zeitpunkt</th><th>Beschreibung</th><th>Voraussetzung</th></tr>
<tr><td>Phowa in den Wahrheitszustand</td><td>ca. 20 bis 30 Min. nach dem letzten Ausatmen</td><td>• Verschmelzung mit dem alles durchdringenden Gewahrsein des Raumes (Klares Licht)

WIRKUNG:
Erleuchtung</td><td>• während der Verschmelzungsphase im Zustand nackten Gewahrseins verweilen können</td></tr>
<tr><td>Phowa in den Freudenzustand</td><td>3 bis 10 Tage nach dem Tod</td><td>• Verschmelzung mit einer vertrauten Buddhaform

WIRKUNG:
Befreiung</td><td>• während der Aufbau- und Mantraphase Traumhaftigkeit und Reichtum der Erscheinungen erfahren können</td></tr>
<tr><td rowspan="2">Phowa in den Ausstrahlungszustand</td><td>Phowa des Segens
(für sich selbst)

während des Lebens, im Sterben und in bewussten Momenten im Bardo vom 10. bis 49. Tag nach dem Tod</td><td>• Offenheit und Vertrauen zum Buddha des Grenzenlosen Lichtes durch den Phowa-Lehrer

WIRKUNG:
Wiedergeburt im Kraftfeld des Buddhas des Reinen Landes</td><td rowspan="2">• Wunsch, in einem befreiten Zustand wiedergeboren zu werden
• klare Vorstellung der Buddhas halten können
• schädliche Handlungen vermeiden
• Wunsch, zum Nutzen aller Erleuchtung zu erlangen
• Meditation auf Buddha des Grenzenlosen Lichtes
• Phowa-Kurs erfolgreich abschließen</td></tr>
<tr><td>Phowa für andere
(Haken des Mitgefühls)

im Moment des Todes – zwischen dem 3. und 49. Tag nach dem Tod</td><td>• Freunde und nahe Angehörige ins Reine Land der Großen Freude überführen
• Erklärungen des Lamas (im Kurs gelernt)

WIRKUNG:
Wiedergeburt in geschlossener Lotosblüte im Reinen Land</td></tr>
</table>

Abb. 31 Bewusstes Sterben – verschiedene Phowa-Übungen

Da es bei der Hilfe für andere um starke innere Zustände und sehr edle Taten geht, ist die Empfindsamkeit der Anwesenden erhöht. Deshalb gelten auch Augenblicke von plötzlich entstehender Dankbarkeit, Gefühle der Befreiung und unerwartete Lichterfahrungen bei den Helfern als Zeichen des Gelingens. Ist die Anhaftung des Verstorbenen so stark, dass er während der ersten halben Stunde nach dem Ausatmen nicht mit dem Klaren Licht verschmilzt, sondern noch mit dem Körper verbunden in Ohnmacht fällt, wird er beim Aufwachen drei Tage nach dem Tod sowieso die letzten Eindrücke wiedererleben, die man ihm als Segen gegeben hat, und dadurch besser weiterkommen. Also lohnt sich auch hier jeder mitfühlende Versuch, den Wesen einen Zugang zu ihrer innewohnenden Freiheit zu schenken.

Der Buddha des Grenzenlosen Lichtes

Der große 16. Karmapa, der Linienhalter der Karma-Kagyü-Linie, war die Ursache dafür, dass ich die Übertragung einer einzigartigen Übung von Ayang Tulku erhielt: die Meditation des Bewussten Sterbens (tib. Phowa). Ab 1987 gab ich auf Wunsch des 14. Shamar Rinpoches dieses ungewöhnlich kraftvolle Mittel innerhalb von 27 Jahren in ungefähr 300 Kursen an etwa 120 000 meiner Schüler weiter. Dadurch erreichten sie die Fähigkeit, im Falle ihres eigenen Todes ihren Geist in einen befreiten Zustand zu führen; gleichzeitig erlangten sie die Befähigung, ihnen nahestehende, kürzlich Verstorbene ebenfalls aus dem Kreislauf des Leidens herauszuholen. Dies wird der Haken des Mitgefühls genannt.

Inzwischen habe ich das Lehren des harten und kräfteraubenden Phowas aufgeben müssen – meine Hauptaufgabe ist das Verbreiten des Mahamudra geworden –, sowohl aufgrund der Bitten meiner Lehrer als auch aus Ein- und

Rücksicht auf meine Gesundheit heraus. Es wurde einfach zu zehrend. Trotzdem hat niemand meiner Schüler etwas verloren:

Da die Liebe des Buddhas des Grenzenlosen Lichts ungetrennt vom all-durchdringenden Raum ist, wird in unserer Übertragungslinie ein gleichermaßen wirksamer, wenn auch weniger spektakulärer Weg angeboten. Er selbst wünschte, dass alle, die zu ihm Vertrauen haben und seine Mittel nutzen, nach ihrem Tod Befreiung erlangen.

Ob man bereits viel oder wenig meditiert hat, man nimmt wie immer Zuflucht und meditiert auf den athletischen und anziehenden Buddha des Grenzenlosen Lichts, durchsichtig wie ein Hologramm, über dem eigenen Kopf. Dabei richtet man sich auf den starken Wunsch aus, in den vollkommenen Bereich der höchsten Freude zu gelangen. Darauf abzielend, einsgerichtet mindestens 500000 OM AMI DEWA SHRI-Mantras zu wiederholen, verschafft Zugang zu seinem reinen Wesen. Schon bald spüren viele Menschen, dass sich »etwas« oberhalb ihrer Köpfe aufbaut, was ihnen Gutes wünscht und wo sie hingehen möchten. Um im Alltag dem Geist noch mehr Sinn und Reichtum zu verleihen, schenken wir Gewohntes und Vertrautes wie ein gutes Essen, eine wertvolle Begegnung oder unsere Freiheiten bewusst an den Buddha des Grenzenlosen Lichts und seine Kraftkreise.

Bei regelmäßiger Wiederholung dieser Meditation gewöhnt sich der Geist daran, sich nach oben und gleichzeitig auf alle sinnvollen Reichtümer einzustellen. Im Moment des Todes erkennt somit das Bewusstsein die geübte Ausrichtung und geht von selbst in das Reine Land des roten Buddhas.

Dadurch erhält man eine tiefe Sicherheit in Bezug auf das eigene Sterben und einen Eindruck von den vielen wunderschönen Erfahrungen, die nach dem Tod auf einen warten. Da diese vor allem dann auftreten, wenn man vergisst, irgendetwas zu wollen oder zu sein, sind sie besonders überzeugend. Jenseits von Vorstellungen, von Festhalten oder

Wegschieben, treten die Bilder vor den Erleber, werden als traumähnlich und als Möglichkeiten des Geistes erkannt und befreien sich, ohne Erwartung oder Befürchtung zu verursachen, als bloßes Wissen in den Raum.

Solche Erfahrungen der Freiheit bleiben gespeichert und entfalten sich umso wirksamer, je mehr man übt. In Augenblicken wird so das leuchtende Gewahrsein erfahren, das zwischen und hinter den Gedanken weilt und diese erkennt. Obwohl die Gewohnheitswelt danach wieder zuklappt, hat man jetzt mehr »Luft« darin, steigt vom engen »Entweder-oder« immer fließender auf das »Sowohl-als-auch« um. Schließlich in seiner Mitte angelangt und über seine volle Kraft verfügend, kann man wie der tibetische Verwirklicher Rechungpa vor über 800 Jahren nach einem Segen Milarepas sagen: »Jetzt brauche ich nichts von niemandem!«

Die gröbsten Schleier fallen damit weg, und man macht immer häufiger Erfahrungen, die jenseits aller Begriffe liegen. Grundlegend ist hier die Erkenntnis, dass der Erleber zeitlos Geburt wie Tod umfasst, und daraus erwächst ein zunehmendes Vertrauen.

Diese Übung kann zu jeder Zeit und an jedem Ort ausgeführt werden. Meine fähigen und erfahrenen Schüler lehren diese Meditation in jedem meiner buddhistischen Zentren rund um die Welt und leiten sowohl diese als auch andere Diamantweg-Meditationen an.

Abb. 32 Der Buddha des Grenzenlosen Lichtes

Die Kunst des Sterbens

Die letzten Eindrücke eines Lebens sind sehr kraftvoll. Beim Wegfallen der Sinne hat man keinen Einfluss mehr auf die Ereignisse, sie geschehen einfach und werden, je nach Karma, unterschiedlich erlebt. Die Erfahrungen sind dann unmittelbar, und das ist für viele sehr verwirrend.

Die Haupterfahrung während des letzten Ausatmens färbt noch einige Zeit den Geist. Entspricht sie aber nicht dem allgemeinen Erfahrungsstrom des Toten, verblassen sie und werden vor allem durch die Nachwirkungen von tiefen Wünschen und bedeutungsvollen Taten des letzten Lebens ersetzt. Wer viele gute Eindrücke speicherte und Leidbringendes entfernte, wird Erfüllung und Sinn erfahren, ganz gleich wie die letzten Stunden im Leben verbracht wurden. Die südlichen buddhistischen Schulen messen dem Todesaugenblick große Bedeutung zu, während die nördlichen eher auf die Gesamtsumme eines Lebens schauen. Das Bewusstsein an sich, von Verwirklichern erkannt – also denjenigen, die den Spiegel hinter den Bildern erfahren –, ist aber das letztendliche Ziel.

Wie geschieht das? Beide Schleier, der Schleier der Störgefühle und der der steifen Vorstellungen, müssen dafür zerreißen. Löst sich der erste Schleier durch das Erkennen vom Nichtselbst auf (das heißt, dass das Ich nur eine Fehlvorstellung ist), nennt man das Befreiung, verschwindet auch der zweite durch die Einsicht des Nichtvorhandenseins einer dauerhaften und wirklichen Außenwelt, ist man erleuchtet.

Die inneren Erlebnisse des Sterbenden zeigen mehr von seinem Wesen als die äußeren Umstände. Die Tibeter sehen einen schmerzvollen Tod als einen Blitzableiter und eine nützliche letzte Reinigung, da das zuletzt Erlebte nicht später im Zwischenzustand heranreift, zum Beispiel, wenn man eine wilde Jugend hatte, glücklich alt geworden ist, aber einen schmerzvollen Tod hatte. Bei Bodhisattvas und Lehrern mit viel Mitgefühl wird das ähnlich gesehen, allerdings hier in Bezug auf ihre Schüler bzw. andere Wesen: Sterben sie mit vielen Krankheiten oder unter großen Schwierigkeiten, reinigen sie – kraft ihres Mitgefühls und der Fähigkeit, sich ungetrennt von anderen zu sehen – die künftigen Leiden ihrer Schüler.

Was ist eigentlich unter der Kunst des Sterbens zu verstehen? In meinen Augen geht es um dreierlei: Man ist in der Lage, seinen Geist im Sterbeverlauf derart zu beherrschen, dass dieser stabil, freundlich und klar bleibt. Man stellt gleichzeitig ein Beispiel dar, das andere ermutigt, die buddhistischen Mittel zu nutzen. So verstärkt man das Vertrauen bei anderen in ihre Fähigkeiten und die Lehre. Und als Krönung nutzt man die vereinfachten Bedingungen des Geistes im Sterbevorgang für die eigene Befreiung bzw. Erleuchtung.

Hohe buddhistische Verwirklicher haben bereits während dieses oder früherer Leben das Wesen des Geistes erkannt, für sie ist daher das Sterben nichts Außergewöhnliches. Ihr Tod wird gerne verglichen mit dem Aufwachen oder dem Zerbrechen eines Gefäßes; da die Luft innen und außen dieselbe ist, gibt es keinerlei Unterschied zwischen Gewahrsein hier und da. Für ihre Schüler und Außenstehende sind sinnvolle Leben mit flottem Ende aber gute Beweise, dass sich ein bewusstes Dasein lohnt. Mit der Belehrung verbunden, dass Wahrheit alles durchdringt und alle letztendlich Buddhas sind, wird die Sichtweise von Weg und Ziel richtungweisend im Leben.

Als meine edle Frau Hannah und ich 1968 in den damals touristenfreien Himalaja fuhren und mit späteren jährlichen Besuchen fast vier Jahre dort verweilen konnten, hatten wir das riesige Glück, von vielen der 1959 aus Tibet geflüchteten und schon damals älteren Meditationsmeister als Schützer der Lehre wiedererkannt, herzlich angenommen und tiefgründig belehrt zu werden. Wir erlebten und hörten später vieles von ihrem Ableben aus erster oder zweiter Hand. Dem Inhalt dieses Buches entsprechend möchte ich ein paar Beispiele einiger dieser Lehrer wiedergeben, die auf eine ungewöhnliche Weise bewusst gestorben sind. Wem diese Lebensenden allerdings zu märchenhaft klingen, soll wissen, dass die Erzählungen keine Glaubenssätze sind, und wer sie als Geschichten abtut, ist deswegen kein schlechter Buddhist.

Um voll im Feld der Lehre zu stehen, genügen drei Überzeugungen: ein absolutes Ziel, den Buddhazustand, die Mittel, die einen dorthin bringen, und die verwirklichten Freunde auf dem Weg. Wer sich besonders schnell entwickeln möchte, öffnet sich zusätzlich einem verwirklichten Lehrer und entwickelt Hingabe zu ihm.[42]

Abgesehen von dieser Ausrichtung braucht der Buddhist für seinen Weg zur Erleuchtung nichts, alles Weitere, wie die folgenden Sterbegeschichten, sind Zugaben. Man kann ihre Wirklichkeit anzweifeln, sie bildlich verstehen oder sie als Kraftquelle für mehr Meditation verwenden.

Es gab über die Jahrtausende viele große Meister, die mit ihrem Tod bewusst zeigten, was alles mit Buddhas Mitteln möglich ist, und ihre tiefe Einsicht in die Leerheit aller Erscheinungen oft als verschiedene ungewöhnliche Ereignisse in der äußeren Welt ausdrückten. Manchmal erhellt sich bei ihrem Tod der Himmel, oder es erscheinen Regenbogen, manchmal lösen sie sich einfach selbst in einem Regenbogen auf und lassen nur Haare und Nägel zurück. In Tibet selbst waren Todesfälle, bei denen sich große Verwirklicher in Regenbogenlicht auflösten oder oft jahrelang nach ihrem Ableben in Meditationshaltung in ihrem Körper verharrten, ohne dabei Anzeichen der Verwesung zu zeigen, keineswegs unüblich. Eine heutige Erklärung zum Regenbogenkörper wäre wohl, dass sie Masse in Energie umwandeln, und Quantenphysiker wie Anton Zeilinger hätten sicher große Freude, ihre Theorien auch auf dieser Ebene verwirklicht zu sehen.

Sabtju Rinpoche

Abb. 33 Sabtju Rinpoche

In den Jahren nach der Flucht von 85 000 Tibetern vor den Chinesen über den Himalaja im Jahre 1959 häuften sich sehr ungewöhnliche Sterbeberichte. Hier kam der Tod vor allem durch die Tuberkulose, die den empfindlichen Höhenlungen der Tibeter zusetzte und Tausende von ihnen in den feuchten Flüchtlingslagern südlich der Berge dahinraffte. Im bekannten Swayambhu-Tempel Shamar Rinpoches direkt neben dem Stupa im Kathmandutal starb unter anderem dessen Leiter, Sabtju Rinpoche, der auch Hannahs und mein Lehrer war. Er lehrte uns 1972 auf Karmapas Geheiß hin die Mittel des »friedvollen wie zornvollen Atmens«. Wie viele Verwirklicher aus den ersten Jahren auch blieb er nach seinem Tod 1978 einfach ohne Atmung und Zerfallserscheinungen sitzen, ohne von außen irgendwie gestützt zu werden. Währenddessen sammelten sich seine verwirklichten Energien als unterschiedlich gefärbte Kristalle um ihn herum. Er hatte Glück, es wurde ihm nicht wie in den ersten Jahren nach 1959 ein

Kollege in den Raum geschickt, um laut »Phe« zu rufen. Dadurch löst sich sogar bei tiefer Meditation der Geist vom Körper, so dass Letzterer umfällt, der Leichnam bestattet und der Raum für andere Belange wieder verwendet werden kann. Da die Flüchtlinge tüchtig waren und es ihnen inzwischen besserging, hatten sie mehr Platz, und er konnte ungestört seine Vertiefung zu Ende bringen.

Kurz bevor der 16. Karmapa im Herbst 1981 starb, sagte er die künftigen Eltern von Sabtju Rinpoche voraus und betonte, dass die Eltern das Kind ins Kloster bringen sollen und es sehr sauber gehalten werden müsse. Im ganzen Durcheinander um Karmapas Tod wurden die Anweisungen leider vergessen, und 1985, als Hannah und ich mit einer unserer Gruppen Mustang und Bhutan besuchten, starb das kluge Kind an einer Hirnhautentzündung, ausgelöst durch Tuberkulose. Es wählte in seiner daran anschließenden Wiedergeburt, wie in derartigen Fällen üblich, nochmals dieselben Eltern, und diesmal blieb alles um ihn herum peinlichst sauber.

Der Silberschmied, der zum Regenbogenkörper wird

Auch weniger bekannte Verwirklicher zeigen beim Sterben Wunder. Ein Khampa-Silberschmied aus Rumtek, ein Freund, der Hannah und mir immer besonders schöne Anhänger für unsere Malas schenkte, hatte nach Folterungen durch Chinesen einen derart geschädigten Rücken, dass er sich nicht mehr strecken konnte. So standen seine Beine und sein Körper im Laufen wie im Sitzen stets auf 90 Grad. Als ihm klar wurde, dass seine Zeit gekommen war, zog er sich in einer Hütte zurück und veränderte durch die sogenannte »Djalü«-Regenbogenkörper-Meditation die Schwingungen von allem, was Nerven in seinem Körper enthielt, in Energie. Die Menschen fanden, nachdem sie eine Woche später in seine verschlossene Hütte gingen, nur Haare und Nägel.

Der 12. Pandito Hambo Lama Dorzho Itigilow (1852–1927)

Abb. 34 Der Körper des 12. Hambo Lamas[43]

Zum ersten Mal hörte ich die Geschichte eines mumifizierten Lamas 2002 in Ulan-Ude, Sibirien. Im Jahre 2008 konnte ich ihn erstmals gemeinsam mit vielen meiner Schüler sehen. Dies wurde durch meine Verbindung zum jetzigen Hambo Lama Ajuschejew möglich.

Der damalige 12. Pandito Hambo Lama Dorzho Itigilow, der 1852 im zaristischen Russland geboren worden war, verstarb im Jahre 1927 in einem buddhistischen Kloster in der Steppe Sibiriens. Kurz vor seinem Tod versammelte er seine Schüler um sich und forderte sie auf, das Land wegen der schweren Zeiten in der Sowjetunion zu verlassen. Des Weiteren bat er sie, in 30 Jahren nach seinem Körper zu schauen. Er ließ seinen Körper mit Seidentüchern umwickeln und nahm die Lotosposition ein, um so meditierend zu sterben.

Obwohl Stalin Hunderte buddhistischer Mönche ermorden und 46 Klöster zerstören ließ, konnte nach dem Aufbau des Datzan bei Iwolginsk, nur 35 Kilometer von Ulan-Ude, der Hauptstadt Burjatiens, entfernt, der Leichnam des verblichenen Hambo Lamas 30 Jahre später wieder ausgegraben werden. Seine Schüler fanden ihn in der Lotosposition vollkommen intakt wieder; es war kein Zeichen der Verwesung zu erkennen. Es war zu dieser Zeit jedoch unmöglich, ihn ins Kloster zurückzubringen, und niemand durfte über das Geschehene sprechen. Also wurde der Körper Itigilows in einem mit Salz gefüllten Holzsarg wieder ins Grab gesenkt.

Anfang 2002 wurde der Verstorbene erneut ausgegraben. Seine Hände waren flexibel, die Augen geschlossen, seine Haut ledern, aber weich. Er war jedoch nur noch 30 bis 40 Zentimeter hoch. Wissenschaftliche Untersuchungen ergaben ein verblüffendes Ergebnis: Der Zustand der Eiweißbestandteile des Gewebes entsprach dem eines lebenden Mannes. Das Blut hatte sich in eine gelartige Substanz verwandelt, Spuren von Einbalsamierung wurden nicht gefunden, eine Mumifizierung konnte ebenfalls ausgeschlossen werden.[44]

Der jetzige Hambo Lama glaubt, dass sein Vorgänger sich durch Meditation auf eine Existenzebene gehoben habe, die Shunyata – die Leere – genannt wird. Zweifellos kann man davon ausgehen, dass er im höchsten Maße in der Lage war, seinen Körper und sein gesamtes Energiesystem durch Meditation über den Tod hinaus zu steuern, was auf eine hohe Verwirklichung hindeutet.

2009 zeigten wir dem 17. Gyalwa Karmapa und seinen Begleitern den Hambo Lama. Alle waren von dem eindeutigen Beispiel einer Verwirklichung sichtlich beeindruckt, und ohne Worte zeigten sie ihren tiefsten Respekt.

Kalu Rinpoche (1904–1989)

Abb. 35 Kalu Rinpoche

»Bevor wir unser Leben kennen, ist es schon vorüber, und es ist Zeit zu sterben. Falls wir keine Grundlage einer festen Übung zur Verfügung haben, gehen wir hilflos in den Tod, in Angst und Schmerz.«
KALU RINPOCHE

Kalu Rinpoche[45] war nicht nur Halter der Karma-Kagyü-Übertragung, sondern auch der Shangpa-Linie, einer Schule, die von Niguma, Naropas Schwester bzw. Frau (die Gelehrten sind sich nicht ganz einig), gegründet wurde. Hannah und ich fuhren ihn im Auftrag Karmapas 1973 und 1976 durch Europa, wo er westlich des Rheins ein Dutzend Stadt- sowie Zurückziehungszentren gründete und unsere Zentren, östlich vom Rhein, segnete. Er zeigte noch an Buddhas Erleuchtungsort Bodhgaya in Indien wenige Wochen vor seinem Tod Größe und Geistesfrische, indem er die Drei-Jahres-Lama-Zurückziehungen, auf denen seit Jahrzehnten seine Arbeit fußte, kritisch unter die Lupe nahm. Wegen einer Reihe schmerzvoller Ergebnisse bei seinen Schülern forderte er, dass sie künftig vor dem Eintritt viel reifer und ausgebildeter sein müssten.

Die letzte Zeit seines Lebens verbrachte er in Sonada in den Himalaja-Vorbergen, nahe Siliguri im Tiefland Indiens, wo ihm später zu Ehren ein 33 Meter hoher Stupa neben der Hauptstraße nach Assam gebaut werden sollte. Als wir während einer seiner letzten Belehrungen dort von ihm Abschied nahmen, war er schon fast durchsichtig und lebte offensichtlich nur noch durch seinen Willen.

Während der letzten Stunden in seinem Zentrum wollten die indischen Ärzte ihn nicht in Ruhe lassen. Seine Vertrauten fanden aber einen fadenscheinigen Grund, sie aus dem Zimmer zu schaffen, dann schlossen sie die Tür und hoben Kalu Rinpoche in eine sitzende Stellung. Statt wie manche andere unserer Lehrer den Geist im Herzen zu halten, atmete er einmal tief aus und verband sich so mit dem Raum. Sein Körper behielt dadurch die ursprüngliche Größe bei. Nach seinem Tod wurde dieser getrocknet und mit Gold bedeckt.[46] Wir sahen ihn zuletzt in einem Stupa des Klosters sitzend. Er war der geborene Lehrer. Was er sagte, war einfach, leuchtete ein und blieb unvergesslich, beispielhaft wie sein Tod.

Lopön Tsechu Rinpoche (1918–2003)

Abb. 36 Lopön Tsechu Rinpoche – geboren und gestorben am Tag Guru Rinpoches

Das Ableben von Lopön Tsechu Rinpoche, der Hannahs und mein erster Lama war, beschrieb uns seine Vertraute Maggie. Sie hatte ihn über viele Jahre hinweg betreut, bis er uns alle am 10. Juni 2003 verließ.

Obwohl Bhutanese, lebte er in Nepal und wurde als Vertreter des Buddhismus sogar nach China während der harten Jahre unter Mao Tse-tung eingeladen. Seit seinem ersten Besuch in Europa 1987 bis zum Jahre 2003 unterstützte er den Aufbau des Diamantweges weltweit.

Lopön Tsechu Rinpoche blieb immer der gütige Vater unserer Arbeit. Mit seiner menschlichen Tiefe und seiner Klarsicht über Kulturgrenzen hinweg hat er zahllosen Menschen die Herzen geöffnet. Er errichtete im Westen unter anderem 19 Stupas, mehrere davon über zehn Meter hoch, nach Süden zeigend und darauf ausgerichtet, westliche Freiheiten zu schützen. Obwohl seit Jahren seine Herzleistung bei 40 Prozent lag, reiste er mehrmals mit uns um die Welt. Als er 2002 in London in das Flugzeug stieg, sagte sein Arzt: »Wenn du jetzt fliegst, wirst du sterben.« »Wenn ich nicht fliege, werde ich sterben«, antwortete Rinpoche, »mein Leben macht nur Sinn, wenn ich anderen helfen kann.« Als sein Herz nur noch mit 17 Prozent Kraft schlug und er bei unseren nahen Freunden Caesar und Yoshiko in Bangkok bleiben musste, machte er noch genaue Pläne und Verabredungen für die abschließenden Feierlichkeiten des 33 Meter großen Benalmádena-Stupas an der Südküste Spaniens im Herbst. Er arbeitete einfach weiter, so als würde er bei uns bleiben. Mit keinem Wort erwähnte er den bevorstehenden Tod und starb so ruhig und einfach, aber der Lage mächtig, wie er sich sein gesamtes Leben gezeigt hatte. Er schaute Maggie in die Augen und hörte auf zu atmen. Im Raum herrschte Frieden – doch seine Tatkraft blieb ungebrochen, und sein Kraftfeld ist bis heute bei uns.

Hannah Nydahl (1946–2007)

Abb. 37 Hannah Nydahl

Meine Frau Hannah, seit 1968 geschätzt als »Mutter«, Schützerin und Vertraute für Dutzende tibetischer Lamas in West und Ost, war im Tod noch beeindruckender, als meine Bücher es erahnen lassen. Statt sich mit dem Gedanken einzuengen, dass ihr blühendes Leben viel zu früh abgeschnitten werde, genoss sie ihre verbleibende Zeit und nutzte sie weiter zum Besten anderer. Sie hatte keine Angst und vertraute auch in dieser Lage, dass alles Sinn macht und in der richtigen Weise geschehen würde. Sie verabschiedete sich öffentlich bei der Neujahrsfeier 2007 in Stuttgart, bedankte sich bei allen Schülern und gab ihnen großes Vertrauen für ihren weiteren Weg.

Bescheiden, wie sie war, bat sie nur um zwei Dinge: die restliche Zeit mit mir zu verbringen – und das in Kopenhagen, in unserem Zuhause. Es geschah wie immer in ihrem Leben, alle Bedingungen kamen wie von selbst zusammen.

Ihre Schülerinnen nahmen sich rührend ihrer Bedürfnisse an und wichen nicht mehr von ihrer Seite. Drei buddhistische Ärzte schenkten ihr ohne Zögern die notwendige medizinische Betreuung, so dass sie die ganze Zeit im Kopenhagener Zentrum verbringen konnte. Auch dort stellten sich alle völlig auf sie ein und boten ihr den Rahmen, das zu schaffen, was ihr noch möglich war.

Der 17. Karmapa Thaye Dorje verabschiedete sich bereits vor Weihnachten von ihr. Er kam extra aus Südspanien mit dem Auto nach Kempten, und wir verbrachten den ganzen Tag mit ihm zusammen. Shamar Rinpoche, der zweithöchste Lama in der Karma-Kagyü-Linie, besuchte sie am 10. März in Kopenhagen. An diesem Tag begriff jeder, dass Hannah sterben würde. Nur der dringende Rat unserer Ärzte, die im Raum nebenan wohnten und sie Tag und Nacht bestens versorgten, hielt die Freunde aus aller Welt davon ab, die Treppe zu ihrem Zimmer zu belagern.

Äußerst bescheiden wie immer, redete sie in all den Monaten nur einmal über den anstehenden Tod: Einen Tag bevor sie aufhörte zu sprechen, übergab sie gemeinsam mit mir ihre Arbeit im KIBI in Delhi an Kerstin und vieles andere an vertraute Freunde weiter. Hannah unterschrieb glücklich den Kaufvertrag für unser Europazentrum und zog sich dann von den Freunden für dieses Leben zurück.

Zusammen mit der Zeit der Hoffnung auf Genesung vor Neujahr schenkte die Krankheit Hannah und mir fünf Monate des tiefen Austausches, und uns war dabei bewusst, dass wir auch in künftigen Leben als Paar für den Diamantweg zusammenarbeiten würden.

Hannah starb nachts am 1. April 2007 in meinen Armen sitzend. Fünfzehn Mal war sie klinisch tot – über eine Minute ohne Herzschlag oder Atmung –, wie es die beiden buddhistischen Ärzte im Zimmer bestätigten, und jedes Mal kam sie durch ihren Willen wieder zurück. Beim 16. Mal, als klar wurde, dass sie jetzt gehen sollte, machte ich Phowa und bat sie weiterzugehen. Das Lächeln auf ihrem Gesicht am nächsten Morgen sagte alles aus. Es war, als hätte sie soeben etwas Wunderbares geschmeckt.

Als die Weisheit hinter unserer gemeinsamen Arbeit hat sie unzählige Menschen mit ihrer milden Liebe beeinflusst. Für mich ist sie als der leuchtende Zustand der Eingebung immer und überall dabei.

Mögen viele so werden wie sie.

Der 16. Gyalwa Karmapa (1924–1981)

Abb. 38 Der 16. Gyalwa Karmapa

»Nothing happens«, meinte der 16. Karmapa Rangjung Rigpe Dorje auf die Frage hin, was beim Sterben passiert.

Zur Sommerwende 1980 sagte Karmapa in Colorado, USA, beim Abschied zu uns: »Kommt am ersten Tag im elften Monat des nächsten Jahres wieder.« Und er bestätigte, dass die Zeitangabe dem westlichen und nicht dem tibetischen Kalender entsprach. Wir waren verwundert, verstanden aber später, warum er uns eine Zeitlang von sich fernhielt. Wir waren ja seine Hauptschüler bei den frischen Buddhisten im Westen, und vor allem ich war als verantwortlicher Lehrer nur dazu geeignet, ihn als Helden des Augenblicks zu vertreten, so kraftvoll und strahlend, wie wir ihn bis dahin kannten.

»Ihr könnt eure Freunde mitbringen«, fügte er hinzu. So kam es, dass Hannah und ich mit über einhundert Freunden in den Himalaja reisten, während die folgenden Geschehnisse im amerikanischen Krankenhaus bei Chicago abliefen.[47] Es überrascht nicht, dass Karmapa als »König der Yogis Tibets« auch mit seinem Tod sowohl seine Schüler als auch Vertreter der westlichen Wissenschaft tief beeindruckte. Schon zu Lebzeiten verkörperte der 16. Karmapa Rangjung Rigpe Dorje, ebenso wie seine früheren Wiedergeburten, die Tatkraft aller Buddhas.

1924 in Osttibet geboren, rettete er 1959 mit seiner beeindruckenden Flucht aus Tibet die Übertragungen und wichtigsten Reliquien seiner Linie vor den angreifenden Chinesen. Zwischen 1961 und 1965 baute er zunächst als Grundlage für die Fortsetzung der althergebrachten Lehre Tibets das große Zentrum Rumtek in Sikkim auf und bereiste dann mit seinen westlichen Schülern ab 1973 und bis zu seinem Tod im Jahre 1981 mehrmals Nordamerika und Europa, wo sich seine große Offenheit für den Laien-Buddhismus festigte. Die restliche Zeit verbrachte er vor allem in Sikkim. Durch häufige Belehrungen, Kronzeremonien und Einweihungen rettete er die Übertragungen der Kagyü-Schule. Sicher um den Westen nochmals zu segnen, wo er große Entwicklungen für seine Lehren voraussagte, und um die Wirkung des Diamantweges der Welt zu zeigen, folgte er, schon sehr krank, Mitte Oktober 1981 einer Einladung nach Hongkong und danach in die USA und starb am 5. November nahe Chicago an einem halben Dutzend tödlicher Krankheiten. Er hatte Hannah und mich genau für den 1. November nach Rumtek eingeladen, und dort kam sein Körper in einem Hubschrauber einige Tage später an. Am 20. Dezember 1981 wurde dieser, begleitet von einer hohen Zahl an Wundern, die in meinem Buch »Über alle Grenzen« beschrieben sind, verbrannt. Die letzten 18 Tage seines Lebens im Krankenhaus schenkte er der Wissenschaft und ließ die Ärzte ihre stärksten Mittel an ihm anwenden. Anfangs war Dr. Levy – ebenfalls Buddhist – noch erstaunt, dass sich sein Patient nie über Schmerzen beklagte und trotz seiner schweren Erkrankung ständig auf das Glück anderer bedacht war. Stets strahlte er eine kraftvolle und tiefe Liebe aus, kümmerte sich um das Wohl der Ärzte und des Pflegepersonals und machte Scherze. Je länger sie ihn betreuten, desto beeindruckter waren sie von ihm, und je näher der Tod rückte, desto mehr mussten alle ihr gesamtes medizinisches Weltbild in Frage stellen. Für die Beteiligten war es eine ständige Belehrung, was ein einsgerichteter und kraftvoller Geist alles ermöglicht. Dr. Levy hatte zum Beispiel das Gefühl, dass Karmapa bewusst seinen Tod hinauszögerte, damit sich alle damit vertraut machen und den Verlauf beobachten und daraus lernen konnten. Karmapa erfuhr offensichtlich seinen Körper als ein Werkzeug und wollte damit seinen Schülern und der Welt etwas Wichtiges beibringen. Seine Anteilnahme für andere hielt dabei bis zum letzten Augenblick an. Insbesondere für Ärzte und Pflegepersonal war das oft ungewöhnlich, denn statt wie üblich einem armen, schwachen, hilfebedürftigen Patienten zu begegnen, war Karmapas Aufmerksamkeit stets liebevoll auf alle anderen gerichtet. Seine Strahlkraft und Wärme blieben völlig unverändert und überwältigten alle Besucher und das Klinikpersonal, selbst als sein Körper immer schwächer wurde und er schließlich im Sterben lag. Normalerweise vermeidet das Personal auf einer Intensivstation eine enge persönliche Beziehung mit den Patienten, um professioneller arbeiten zu können. Doch bei Karmapa war alles anders: Jeder war tief ergriffen. Sein Geisteszustand hatte eine unglaubliche Kraft und Unerschütterlichkeit, die auf jeden ausstrahlte und die sich niemand erklären konnte. Seine Gegenwart ließ niemanden ungerührt, und man konnte einfach nicht verstehen, dass Karmapa ungeachtet seiner Schmerzen sich ganz anders verhielt, als Sterbende es sonst tun.

Nach einigen Tagen verschlimmerte sich Karmapas Zustand drastisch. Er hatte Atemschwierigkeiten, hustete Blut, und sein Blutdruck fiel rasch ab. Aus medizinischer Sicht wiesen alle Symptome auf einen baldigen Tod hin, weshalb Dr. Levy die vorhandenen Linienhalter aufforderte, ihren letzten Besuch bei Karmapa zu machen. Eine Dreiviertelstunde später verließen diese jedoch völlig entspannt sein Zimmer und erzählten, dass Karmapa über ihren »Abschiedsbesuch« gelacht und ihnen fröhlich erklärt habe, dass er noch nicht vorhätte zu sterben. Als Dr. Levy das Zimmer betrat, saß Karmapa mit weit offenen Augen aufrecht in seinem Bett und fragte ihn nach seinem Befinden. Innerhalb einer halben Stunde hatte er aufgehört zu bluten, und alle seine Vitalwerte waren wieder stabil und auf normalem Niveau. Karmapas Willenskraft war offensichtlich so stark, dass er bestimmen konnte, wann er den Körper verlassen wollte. Und bisher war er noch nicht bereit dazu.

Zehn Tage später fiel sein Blutdruck erneut steil ab und konnte auch mit Medikamenten nicht wieder stabilisiert werden. Während alle Anzeichen erneut auf einen Tod innerhalb weniger Minuten hindeuteten und die Ärzte um sein Leben kämpften, lächelte Karmapa freundlich, nur um zwei Stunden später wieder mit normalem Blutdruck aufrecht im Bett sitzend mit den Ärzten zu plaudern.

Niemand in der Klinik hatte so etwas zuvor erlebt: Ein Patient mit Krebs im Endstadium und massiver Lungenentzündung erholt sich eigentlich nicht mehr, geschweige denn, dass er aufrecht im Bett sitzt, erholt, froh und freundlich.

Als Karmapa tags darauf verstarb, verblüffte er noch ein letztes Mal die Ärzte. Als sein Herz frühmorgens aussetzte, begannen sie sofort mit der Wiederbelebung und konnten Karmapa auch für eine halbe Stunde stabilisieren. Schließlich sackte der Blutdruck jedoch völlig ab, und es kam zum endgültigen Herzstillstand. Die Ärzte belebten Karmapa 45 Minuten lang wieder, doch auf dem Herzmonitor konnte man deutlich erkennen, wie das Herz mehr und mehr versagte und auch auf Injektionen nicht mehr reagierte. Schließlich gaben die Ärzte auf, stellten den Tod Karmapas fest und verließen den Raum. Schon klinisch tot, schaltete Karmapa danach die an ihn angekoppelten Maschinen einfach wieder ein.

Als die Pfleger eine Viertelstunde später die Magensonde herausziehen wollten, sahen sie auf dem Herzmonitor, dass Karmapas Blutdruck wieder bei 140 zu 80 und sein Puls gleichmäßig war. Als Dr. Levy hinzukam, glaubte er, ohnmächtig zu werden, so weit außerhalb seiner üblichen Erfahrungswelt war dieses Ereignis. Einer der älteren Rinpoches klopfte ihm jedoch beruhigend auf die Schulter und sagte: »Es ist unmöglich, aber es geschieht.«

Man hatte den Eindruck, dass Karmapa – eine Stunde nachdem sein Herz endgültig aufgehört hatte zu schlagen und 15 Minuten nachdem die Ärzte ihn aufgegeben hatten – nochmals zurückgekommen wäre, um zu überprüfen, ob dieser Körper seinen Geist noch tragen konnte oder nicht. Doch damit nicht genug, selbst nach seinem Tod hörte Karmapa nicht auf, die westlichen Mediziner zu verblüffen: 48 Stunden nach seinem Tod war seine Herzgegend immer noch warm, und seine Haut blieb geschmeidig. Da das Krankenhaus ausnahmsweise die Erlaubnis erteilt hatte, Karmapas Körper weiter ungestört im Krankenzimmer zu lassen, verweilte er in dieser tiefen Versenkung weitere zwei Tage, bis er nach Sikkim geflogen wurde. Bei einem Zwischenstopp in London wurde der Zinksarg von Schülern noch mit Blumen geschmückt.

Der »König der Yogis«, der 16. Karmapa Rangjung Rigpe Dorje, »Diamant der selbstentstandenen letztendlichen Wahrheit«, hatte auch in früheren Wiedergeburten in Verbindung mit seinem Tod Wunder aus dem Ärmel gezogen. Dieser Tradition folgend, setzte Karmapa, der durch seine Spiele mit den Naturgesetzen die Ärzte in den USA völlig aufgerüttelt hatte, schon vier Tage klinisch tot und im Sarg um die halbe Welt geflogen, fröhlich seine Wunder fort. Er war in der Lage, seinen Körper, ohne dass dieser bei dem warmen Wetter und den vielen Butterlampen zerfiel, innerhalb von 40 Tagen bis zum 20. Dezember 1981 auf die Größe von 50 Zentimetern zu schrumpfen. Sein Kopf machte davon ein Drittel aus, und als ich ihn vor der Verbrennung anschaute und mich verabschiedete, war er tiefgrau, aber unbeschädigt und leicht erkennbar.

Die von Karmapa verwendete Art der Meditation zeigt auf die Verwirklichung seines Geistes. In diesem Zustand kann man eine der drei Meditationen wählen, um mit dem Wahrheitszustand zu verschmelzen. Bei dem von Karmapa verwendeten Tudam[48] (*tu* bedeutet Herz und *dam* Band, also dass der Geist im Herzen gebunden bleibt) kann man selbst als Außenstehender erkennen, dass hier etwas höchst Ungewöhnliches mit dem Körper geschieht, was selbstverständlich viel Vertrauen in die Kraft des Geistes gibt. Bei dieser Meditation verankert man im Verlauf des Sterbens seinen Geist im Wahrheitszustand und erfährt das nackte Gewahrsein an sich. Dabei verweilt der Erleber im Herzen und wird gleichzeitig völlig klar und uferlos. Raumbewusstheit innen und außen ist dann nicht mehr getrennt, und enorme Kraft und endlose zeitlose Weite werden erlebt. Hier verschmelzen Gegenwart, Vergangenheit und Zukunft mühelos zu zeitloser Einsicht. Von dieser Ebene aus kann man sich zum Besten der Wesen an jedem Ort wiedergebären lassen, auch unzählige Körper annehmen und überall dort helfen, wo die Wesen eine Verbindung mit einem haben.

Als sein Körper auf dem Hauptgebäude Rumteks und mit freiem Blick auf das Gangtok-Tal und die Achttausender des östlichen Himalajas verbrannt wurde, erschienen zwei kreisrunde Regenbogen um die Sonne, und sein Herz rollte aus dem Ofen herunter zu Lopön Tsechu Rinpoche, der dort uns gegenüber um den Verbrennungsstupa stand.

Das Leben und Sterben des 16. Karmapa war der letztendliche Beweis für den Reichtum und die Möglichkeiten des Geistes, die einem jeden innewohnen. Sein Beispiel ist bis heute der Motor für meine Schüler und mich im Westen. Die Wünsche, die wir bei dieser Verbrennung gemacht haben, erfüllen sich noch heute. Der Diamantweg wuchs und reifte während seiner Abwesenheit weltweit. Heute führt die religiöse 17. Wiedergeburt Gyalwa Karmapa, Trinle Thaye Dorje, diese Übertragung stilvoll weiter.

Abb. 39 Der 17. Gyalwa Karmapa Trinle Thaye Dorje

Meditationen

Meditation kennt jeder. Die Augenblicke im Leben, in denen einem etwas geschenkt wird, wenn Freude aus eigener Kraft entsteht und alles einfach Sinn hat, sind Meditationserlebnisse: Unbemerkt kommt das Meer des Geistes zur Ruhe, und man sieht klar; der Staub fällt vom inneren Spiegel, und man versteht.

Was ohne das Hinzufügen von irgendetwas so viel Erfüllung bringt, ist der eigene Geist, das Gewahrsein dieses Augenblicks. Dieser Zustand kann bewusst dauerhaft gemacht werden.

Damit das Gelesene auch vom Kopf ins Herz rutschen kann, folgen hier fünf Meditationen, die auch ohne Anleitung eines Lehrers durchgeführt werden können. Wer gerne mit anderen meditiert, kann das in den über 100 Diamantweg-Zentren im deutschsprachigen Raum lernen.

Grundsätzlich setzt man sich bei jeder Meditation gerade hin, entweder auf einen Stuhl oder im Schneidersitz auf den Boden, in einem angenehmen, ruhigen Raum. Man hält den Rücken gerade, aber nicht steif. Die Hände liegen im Schoß oder auf den Knien. Dann folgt man dem Text. Tauchen zwischendurch Gedanken auf, die mit der Meditation nichts zu tun haben, schenkt man ihnen keine weitere Beachtung, und sie werden sich, so wie sie gekommen sind, auch wieder auflösen.

Die folgenden Meditationen entsprechen zwar verschiedenen Entwicklungsstufen der buddhistischen Lehre, sie können aber dennoch von jedem angewandt werden. Obwohl einfach in der Verwendung, enthalten sie Wichtiges aus allen Wegen Buddhas.

Die Meditationen festigen allgemein erfreuliche Eigenschaften des Übenden. Sowohl bei der Meditation auf Liebevolle Augen als auch auf Karmapa zeigt sich die Vielfalt des Diamantweges: Entweder zielt man bewusst auf erleuchtete Eigenschaften wie Liebe und Mitgefühl in der Meditation auf Liebevolle Augen, oder man richtet sich auf einen Buddha in Gestalt des 16. Karmapa aus, damit man immer kraftvoller zum Besten aller handelt. Man kann sich auch eine goldene Buddhaform vorstellen anstelle des Karmapas. Schließlich kann man sich bei der Meditation auf den Buddha des Grenzenlosen Lichtes, die ebenfalls eine Diamantweg-Meditation ist, auf die im Buch erwähnten Kurse des Bewussten Sterbens (Phowa) vorbereiten.

Am Anfang ist es besser, mit Anleitung und in einer Gruppe zu meditieren, um die Übung richtig kennenzulernen und Fragen zu klären. Möchte man den buddhistischen Weg gehen, ist es notwendig, mündliche Erklärungen und Übertragungen von einem Lehrer zu den Meditationen zu erhalten. In jedem Diamantweg-Zentrum finden öffentliche Meditations- und Einführungsabende statt.

Übt mühelos und genießt!

Licht-Atem-Meditation

In dieser Meditation übt man, den Geist zu beruhigen und Abstand zu den alltäglichen, dauernd auf einen einstürzenden Erlebniswelten zu schaffen. So kommt man allmählich aus dem bewegten Geisteszustand heraus, der leicht zu leidbringenden Gedanken, Worten und Handlungen führen kann. Diese »haltende und beruhigende« Art der Vertiefung wird damit verglichen, ein Pferd anzubinden: Es bleibt jetzt an einer Stelle, statt jedem nachzulaufen, und lernt zu sehen, was ist. Hat man die vergänglichen Spiele der Welt oft genug mitbekommen, beeinflussen sie einen nicht mehr, und man hat die erste Ebene der Geistesruhe erreicht. Sie ist nicht nur für diesen Zweck nützlich, sondern eignet sich auch erstklassig als Grundlage für alle weiterführenden Meditationen.

Wir sitzen so angenehm, wie wir können. Unsere Hände ruhen im Schoß, die rechte in der linken, die Daumen berühren sich leicht. Der Rücken ist gerade, ohne steif zu sein, und das Kinn leicht eingezogen.

Zuerst beruhigen wir den Geist. Wir spüren den formlosen Luftstrom, der an der Nasenspitze kommt und geht, lassen Gedanken und Geräusche einfach vorbeiziehen, ohne an ihnen zu haften.

Wir wollen nun meditieren, um den Geist zu erfahren und Abstand zu eigenen Störungen zu gewinnen. Nur dann können wir anderen wirklich nützen.

Etwa eine halbe Armlänge vor unserer Nase entsteht jetzt ein klares, durchsichtiges Licht.

Während wir einatmen, strömt es mitten durch unseren Körper nach unten. Auf dem Weg hinunter wird das klare Licht immer röter. Wenn es eine Handbreit unterhalb des Nabels kurz anhält, ist das durchsichtige Licht völlig rot geworden.

Beim Ausatmen bewegt es sich nach oben und verfärbt sich dabei immer mehr ins Blaue. Eine halbe Armlänge vor uns wird das blaue, durchsichtige Licht in einem Augenblick wieder klar, und wir atmen es erneut ein.

Wir halten diese Vorstellung so gut wie möglich, während der Atem natürlich kommt und geht.

Ist es schwierig, sich Farben vorzustellen, denken wir einfach: klares Licht beim Einatmen, rotes, wenn der Atem unterhalb des Nabels anhält, und blaues während des Ausatmens.

Nach einer Weile können wir uns auch allein auf die Schwingungen des Atems einlassen. Beim Einatmen hören wir dann die innere Schwingung der Silbe OM, beim Anhalten unterhalb des Nabels ein tiefes AH und beim Ausatmen ein HUNG.

Die Schwingungen stellen wir uns innerlich vor, solange es angenehm ist.

Am Ende der Meditation lassen wir die Welt wieder frisch und neu entstehen. Zuletzt wünschen wir, dass all das Gute, was hier geschah, grenzenlos wird, zu allen Wesen überallhin ausstrahlt, ihnen jedes Leid nimmt und dafür das einzige Dauerglück gibt, das Erkennen des eigenen Geistes.

Die Meditation des Gebens und Nehmens

Bei dieser Meditation sät man gute Eindrücke in den Geist, damit man die Fähigkeit bekommt, anderen selbstverständlich helfen zu können. Man stellt sich auf die Schwierigkeiten und Leiden der Wesen ein und wandelt sie zum Besten aller in Liebe um. Da man von der Ichlosigkeit weiß, können die Leiden einen nicht schädigen. Diese grundlegende Meditation des Großen Weges hat zum Ziel, Mitgefühl für andere zu entwickeln.

Wir spüren den formlosen Luftstrom, der an der Nasenspitze kommt und geht, und lassen Gedanken, Gefühle und Geräusche einfach vorbeiziehen, ohne an ihnen zu haften.
Wenn der Geist ruhiger geworden ist, nehmen wir Zuflucht zu Buddha (dem Ziel), zur Lehre und zu den Freunden auf dem Weg. Wir wollen jetzt meditieren, um allen Wesen nützen zu können und um die Unwirklichkeit aller bedingten Zustände zu verstehen.
Nun erleben wir die Leiden aller Wesen als schwarze Wolken um sie herum. Dieses schwarze Licht atmen wir natürlich und ohne Anstrengung in uns ein. Wenn es im Herzen ankommt, wird es in einem Augenblick zu strahlendem, klarem Licht, das wieder mit unserem Atem durch die Nase auf die Wesen ausströmt. Es verbreitet sich über sie und gibt allen jedes Glück. Das machen wir so lange, wie es angenehm ist.
Am Ende wünschen wir, dass all das Gute, was hier aufgebaut wurde, allen Wesen nützen möge.
(Ziel dieser Meditation ist es, gute Eindrücke in den Geist zu säen, damit man später die Fähigkeit hat, anderen selbstverständlich nützen zu können.)

Liebevolle Augen (tib.: Chenresig/sanskr.: Avalokiteshvara) steht für das Mitgefühl aller Buddhas. Eine seiner sehr häufig vorkommenden Erscheinungen ist eine weiße, vierarmige Form. Meditiert man auf ihn, geht es darum, durch die Einswerdung mit ihm selbst sein Mitgefühl und seine Liebe vollständig zu verwirklichen.

Die vier Arme deuten darauf hin, dass es sich nicht um eine feste, weltliche Erscheinung handelt. Sie stellen sinnbildlich die vier Arten der Liebe dar: Liebe, Mitgefühl, Mitfreude und Gleichmut. Seine Kennzeichen (Kristall-*Mala*,

Abb. 40 Liebevolle Augen

Tücher, Lotosblüte und vieles mehr) und deren Bedeutung wirken ohne Worte auf das Unterbewusstsein.

Im Mittelpunkt steht sein Mantra OM MANI PEME HUNG. Es ist in Nepal und Tibet sicherlich das am meisten gesprochene, und man sieht es überall und ständig in Stein gemeißelt. Auch beim Drehen der Gebetsmühlen im Uhrzeigersinn, häufig in der Nähe eines *Stupas*, oder in kleiner Form, in der Hand gehalten oder mit Verwendung einer Mala, wünscht man jedes Mal allen Wesen alles Gute. Den gleichen Sinn hat das Mantra auch in dieser Meditation.

Zuerst richten wir uns auf das Ziel aus, die volle Verwirklichung, Erleuchtung.
Dann auf die Mittel, die uns dahin führen.
Drittens auf die Freunde, mit denen wir den buddhistischen Weg gehen,
und zuletzt auf den Lehrer, der uns seine Kraft für diese Vertiefung gibt.

Wir sitzen mit geradem Rücken, das Kinn leicht angezogen, die rechte Hand ruht auf der linken im Schoß, und die Daumen berühren sich leicht. Man spürt den Luftstrom an der Nasenspitze, wie er kommt und geht, bis der Geist zur Ruhe kommt.
Jetzt entstehen in einem Augenblick oberhalb unseres Scheitels und der Köpfe aller Wesen mondsteinfarbene Formen von Liebevolle Augen. Sie sitzen in derselben Richtung wie wir, strahlend und unbeschreibbar schön. Die vier Hände von Liebevolle Augen drücken Liebe, Mitgefühl, Mitfreude und Gleichmut aus, und der Schmuck versinnbildlicht seine vollkommenen Eigenschaften.

Während wir die Schwingung des OM MANI PEME HUNG laut oder leise wiederholen, strahlt Regenbogenlicht der Liebe aus der Mitte aller Körper auf Herzensebene zu den Lebewesen und der Welt hinaus.

OM MANI PEME HUNG OM MANI PEME HUNG OM MANI PEME HUNG OM MANI PEME HUNG

– Wiederhole dieses Mantra, so lange du magst. –

Alle Wesen strahlen jetzt vor Segen, und alles ist vollkommen.
Jeder Gedanke ist Weisheit, und jedes Geräusch klingt wie das Mantra.
Jetzt versprechen die Formen von Liebevolle Augen, da zu sein, wenn wir an sie denken. Sie verschwinden in Licht, und alle Wesen sind glücklich.
Am Ende wünschen wir, dass all das Gute, das eben entstand, zu allen Wesen hinausstrahlt und ihnen das Wesen des Geistes zeigt.

16.-Karmapa-Meditation

In den späten 60er Jahren machte der 16. Karmapa, Rangjung Rigpe Dorje, Hannah und mich zu Haltern dieses praktischen und verständlichen Erleuchtungs-Werkzeuges. Seinen Wunsch ehrend, die Meditation immer frisch und zeitgemäß am westlichen Geist auszurichten, verschoben wir den Schwerpunkt mehrfach. In dieser Fassung liegt die Betonung darauf, die in der Meditation erworbene Reine Sicht kraftvoll in unserem täglichen Leben fortzuführen.

Abb. 41 Der 16. Gyalwa Karmapa

Nach der Zuflucht morgens, die einen auf dauerhafte buddhistische Werte ausrichtet, kann man die Lichter dieser Meditation zu jeder Tageszeit und ohne Vorbereitung in sich aufnehmen. Ich kenne kein wirksameres Mittel. Deswegen – übt und genießt!

16. Karmapa-Meditation

Wir spüren, wie der formlose Luftstrom unseres Atems an der Nasenspitze kommt und geht und lassen Gedanken und Geräusche vorbeiziehen, ohne sie zu beurteilen.

Die Vier Grundgedanken

Danach beschäftigen wir uns kurz mit den Vier Grundgedanken, die den Geist auf Befreiung und Erleuchtung ausrichten:

Wir erkennen unsere kostbare Möglichkeit, zahllosen Wesen mit den Mitteln eines Buddhas nutzen zu können. Nur wenige begegnen seinen Lehren und noch weniger sind fähig, sie zu verwenden.

Wir erinnern uns der Vergänglichkeit aller Dinge: Nur die offene, klare Unbegrenztheit des Geistes ist dauerhaft. Niemand weiß, wie lange die Bedingungenbleiben werden, um dies zu erkennen.

Wir denken über Ursache und Wirkung nach, darüber, dass wir selbst bestimmen, was geschieht. Frühere Taten, Worte und Gedanken wurden zu unserer heutigen Welt. Wir säen ständig die Samen für unsere Zukunft.

Schließlich machen wir uns klar, warum wir mit dem Geist arbeiten: Erleuchtung ist zeitlose höchste Freude, und wir können nur wenig für andere tun, solange wir selbst verwirrt sind oder leiden.

Zuflucht und Erleuchtungsgeist

Deswegen öffnen wir uns jetzt denjenigen, die das Ziel verkörpern.

Zum Besten aller Wesen nehmen wir Zuflucht:
zu *Buddha*, dem erleuchteten Zustand unseres Geistes;
zu den *Lehren*, die uns dahin führen;
zu den *Bodhisattvas*, unseren Freunden auf dem Weg;
und vor allem zum *Lama*, der Segen, Mittel und Schutz in sich vereint.

Vergegenwärtigung

Die Welt der Erscheinungen löst sich im Raum auf.
(Verweilt in der leuchtenden Weite)

Jetzt verdichtet sich vor uns die goldene, durchsichtige Form des 16. Karmapa, ein strahlendes Kraftfeld aus Energie und Licht.
Karmapa trägt die Schwarze Krone, die unseren inneren Reichtum erweckt. Sein Gesicht ist golden und mild. Er sieht uns, kennt uns und wünscht uns jedes Glück.

Seine Arme sind am Herzen gekreuzt. Er hält Dorje und Glocke, die Zeichen für Mittel und Weisheit, für Freude und Raum. In voller Meditationsstellung ist er von Regenbogenlicht umgeben.

Karmapa ist die Tatkraft aller Buddhas. Er ist da, ob wir ihn bildlich erfahren oder nicht. Wir wünschen zutiefst, seine Erleuchtung zum Besten aller zu verwirklichen.

Karmapa kennt unseren Wunsch. Er lächelt und kommt immer näher. Er bleibt in einem angenehmen Abstand im Raum vor uns.
»Lieber Lama, Essenz aller Buddhas, bitte zeig uns die Kraft, die die Unwissenheit und Verdunkelung von allen Wesen und uns selbst entfernt. Mögen wir das zeitlose Klare Licht des Geistes erkennen.«

Aus Karmapas Stirn strahlt ein kraftvolles durchsichtiges Licht in unsere Stirn und füllt unseren Kopf auf.

Das Licht entfernt alles Störende im Gehirn, in den Nerven und in den Sinnen. Alle schädlichen Gewohnheiten und Krankheiten verschwinden und unser Körper entspannt sich. Er wird ein bewusstes Mittel, um den Wesen Liebe und Schutz zu schenken.
Im durchsichtigen Licht verweilend, erleben wir die innere Schwingung der Silbe **OM.**

(Verweilt in Licht und Schwingung)

Aus Karmapas Kehle strahlt ein kraftvolles rotes Licht in unseren Mund und Hals.

Das rote Licht löst alle Hindernisse in unserer Rede auf. Eindrücke aus groben und leidbringenden Worten verlassen uns und unsere Rede wird zu Mitgefühl und Weisheit – ein bewusstes Mittel, um anderen zu helfen. Ungetrennt vom roten Licht schwingt die Silbe **AH.**

(Verweilt in Licht und Schwingung)

Aus Karmapas Herzzentrum strahlt ein kraftvolles blaues Licht in die Mitte unserer Brust und füllt sie auf.

Alle Schwierigkeiten verschwinden im Geist. Störende Gefühle und steife Vorstellungen lösen sich auf und unser Geist wird ursprüngliche Freude: Raum und Freude untrennbar.
Mit dem blauen Licht zusammen schwingt die Silbe **HUNG.**

(Verweilt in Licht und Schwingung)

Alle drei Lichter strahlen gleichzeitig in uns hinein: durchsichtiges Licht in unsere Stirn, rotes in die Kehle und blaues ins Herzzentrum.

Wir verweilen mühelos in Karmapas Zustand, dem Einssein aller Erscheinungen.

(Verweilt in den Lichtern)

Nun verwenden wir das Mantra **Karmapa tschenno.** Es bedeutet Tatkraft aller Buddhas arbeite durch uns.

Karmapa tschenno

Verschmelzung und Sicht

Vor uns lösen sich die goldene Gestalt Karmapas und seine Schwarze Krone in Regenbogenlicht auf. Es strahlt in uns hinein – ist überall – und jede Form verschwindet.

Nun gibt es nur noch Gewahrsein, jenseits von Mitte und Grenze, zeitlos und überall.

(Verweilt im Wesen des Geistes)

Alles, was im Geist erscheint, ist das freie Spiel des Raumes.

(Verweilt im Wesen des Geistes)

Aus dieser offenen Weite heraus entsteht eine reine Welt, schön und vollkommen. Jedes Atom schwingt vor Freude und wird zusammengehalten von Liebe. Alles ist frisch und neu, voll unbegrenzter Möglichkeiten.

Die Wesen nah und fern entstehen als weibliche oder männliche Buddhas, ob sie es wissen oder nicht. Geräusche sind Mantras und Gedanken Weisheit, bloß weil sie geschehen können.

Der eigene Körper verdichtet sich aus dem Raum, voller Kraft und Freude. Es besteht jedoch ein großer Unterschied zu vorher: Früher waren wir unser Körper und so durch Alter, Krankheit, Tod und Verlust verwundbar. Jetzt haben wir den Körper. Körper und Rede sind bewusste Mittel, um anderen zu nützen. Was wir wirklich sind, und wir wissen das jetzt, ist das zeitlose Gewahrsein jenseits von Mitte und Grenze, das alles spielerisch hervorbringt.

Widmung

Wir entscheiden uns, diese Reine Sicht in allen Lebenslagen beizubehalten und wünschen nun, dass die guten Eindrücke, die gerade entstanden sind, grenzenlos werden. Mögen sie allen Wesen das einzige dauerhafte Glück bringen, das Erkennen des Geistes.

Meditation auf den Buddha des Grenzenlosen Lichtes (vorbereitende Meditation für die Teilnahme an einem Phowa-Kurs)

Nichts ist wichtiger als das Meistern unseres Todes. Durch die Kraft des Roten Buddhas des Grenzenlosen Lichtes kann man beim Sterbevorgang in einen Bereich höchster Freude überwechseln. Hier ein Zugang zu diesem nicht zu überbietenden Geschenk.

Wer den Meditationskurs des Bewussten Sterbens mitmachen möchte, sollte mit der folgenden Meditation und ihren Vorstellungen vertraut sein. Sobald dauerhafte Ergebnisse angestrebt werden, vertieft Gewohnheit die Erfahrung. Deshalb bin ich immer sehr froh, wenn Teilnehmer vor ihrem ersten Phowa das hier gegebene kurze Mantra 100000-mal wiederholt haben.

Abb. 42 Buddha des Grenzenlosen Lichtes

Wir spüren, wie der formlose Luftstrom unseres Atems an der Nasenspitze kommt und geht. Dabei lassen wir Gedanken und Geräusche vorbeiziehen, ohne sie zu beurteilen.

Die Vier Grundgedanken

Danach beschäftigen wir uns kurz mit den Vier Grundgedanken, die den Geist auf Befreiung und Erleuchtung ausrichten:

Wir erkennen unsere kostbare Möglichkeit, zahllosen Wesen mit den Mitteln eines Buddhas nutzen zu können.
Nur wenige begegnen seinen Lehren, und noch weniger sind fähig, sie zu verwenden.

Wir erinnern uns der Vergänglichkeit aller Dinge: Nur die offene, klare Unbegrenztheit des Geistes ist dauerhaft. Niemand weiß, wie lange die Bedingungen bleiben werden, um sie zu erkennen.

Wir denken über Ursache und Wirkung nach, darüber, dass wir selbst bestimmen, was geschieht. Frühere Taten, Worte und Gedanken wurden zu unserer heutigen Welt. Wir säen ständig die Samen für unsere Zukunft.

Schließlich machen wir uns klar, warum wir mit dem Geist arbeiten: Erleuchtung bedeutet zeitlose höchste Freude, und wir können nur wenig für andere tun, solange wir selbst verwirrt sind oder leiden.

Zuflucht und Erleuchtungsgeist

Da wir die Welt nicht immer so erleben, wie wir es möchten, öffnen wir uns denen, die uns das lehren können:

Zum Besten aller Wesen nehmen wir Zuflucht:
zum Ziel, Buddha, dem erleuchteten Zustand unseres Geistes;
zu den Lehren, die uns dahin führen;
zur verwirklichten Sangha, den Freunden auf dem Weg,
und vor allem zu Karmapa, dem Lama, der Segen, Mittel und Schutz in sich vereint.

Vergegenwärtigung

Oberhalb unserer Köpfe entsteht in erreichbarer Höhe eine voll geöffnete Lotosblüte, in der eine flache Mondscheibe ruht. In dieselbe Richtung schauend wie wir, sitzt der Buddha des Grenzenlosen Lichtes rot und leuchtend wie ein Berg aus Rubinen in dem Licht von tausend Sonnen. Er ist strahlend und schön, jenseits aller Vorstellungen, und sein Zustand ist die Erfüllung aller nur möglichen Wünsche. Im Wesen die Essenz Karmapas, sitzt er in der Meditationsstellung. Seine Hände halten eine Schale aus Lapislazuli mit dem Nektar der höchsten Freude. Über unserer rechten Schulter, etwas kleiner als der Buddha des Grenzenlosen Lichtes, steht das geballte Mitgefühl aller Buddhas, die weiße vierarmige Gestalt von Liebevolle Augen. Über unserer linken Schulter steht Diamant, in der Hand die vereinigte Kraft aller Buddhas,

in seiner friedvollen blauen Form mit Glocke und Dorje.
Die drei zentralen Formen sind umgeben von allen Lamas der Phowa-Linie.

Während wir das Mantra so oft wie möglich wiederholen, halten wir das Reine Land im Geist und wünschen sehr stark, ins Herz des Roten Buddhas zu gehen.

OM AMI DEWA HRIH

Sobald wir mit den Wiederholungen aufhören, verschmelzen alle Lamas in den weißen und den blauen Bodhisattva.
Diese strahlen in den Buddha des Grenzenlosen Lichtes hinein, der sich in Licht auflöst und in uns hinunterströmt.
Wir sind jetzt untrennbar eins.

Widmung

Wir wollen diesen Zustand in allen Lebenslagen beibehalten und wünschen nun, dass all das Gute, das eben entstand, grenzenlos wird, jedes Leid entfernt wird und alle Wesen zum höchsten Glück führt, zum Erkennen des eigenen Geistes.

GLOSSAR

Ausstrahlungszustand (sanskr.: nirmanakaya, tib.: tulku): siehe *Tulku*

Band, Bände (sanskr.: samaya, tib.: damtsig): die Grundlage für schnelles geistiges Wachstum im *Diamantweg*-Buddhismus. Durch die ungebrochene Verbindung zum *Lama*, zu den *Buddha*formen und denjenigen, mit denen man gemeinsam *Einweihungen* und Belehrungen erhalten hat, entwickelt der Praktizierende schnell die ihm innewohnenden Fähigkeiten.

Bardo, der (tib., wörtl.: »zwischen zwei«, sanskr.: antarabhava): im Allgemeinen jeder Zwischenzustand oder Übergang; in den Belehrungen des Diamantweges wird gewöhnlich von vier bzw. sechs Bardos gesprochen. Im Westen verstehen die meisten darunter die Zeit zwischen dem Tod und der nächsten Wiedergeburt.

Bardo des Lebens (sanskr.: jatyantarabhava, tib.: rangzin bardo): die Zeit zwischen Befruchtung und Beginn des Sterbens.

Bardo des Traumes (sanskr.: svapanantarabhava, tib.: milam bardo): Zeitspanne der nach innen gerichteten Sinne während des Schlafes und der (oft unbewussten) Träume (findet innerhalb des Bardos des Lebens statt).

Bardo der Meditation (sanskr.: samadhyantarabhava, tib.: samtan bardo): Zeitspanne der wirklichen Vertiefung während einer *Meditation* (gehört ebenso zum Bardo des Lebens).

Bardo des Sterbens (sanskr.: mumursantarabhava, tib.: chikai bardo): Zeitspanne zwischen dem ersten Anzeichen des Sterbens und ca. 30 Minuten nach dem letzten Atemzug (gehört gleichzeitig zum Bardo des Todes).

Bardo der Soheit (sanskr.: dharmatantarabhava, tib.: chönyi bardo), auch Bardo der letztendlichen Natur, Bardo des Dharmata: ca. 10 Tage lang nach dem tatsächlichen Todeszeitpunkt (wie er im Buddhismus verstanden wird).

Bardo des Todes: Zeitspanne vom unumkehrbaren Sterbeprozess bis zur Wiedergeburt.

Bardo des Werdens (sanskr.: bhavantarabhava, tib.: sipä bardo): ab ungefähr dem 10. Tag nach dem Tod bis zur Befruchtung.

Bardo Thödröl (tib.): Befreiung durch Hören im *Zwischenzustand.*

Befreiende Taten: siehe *Sechs Befreiende Taten*

Befreiung/befreit: Befreiung vom Daseinskreislauf (Samsara), Geisteszustand, in dem alles Leid – zusammen mit den Ursachen für Leid – vollkommen überwunden ist. Auf dieser Stufe fallen alle Störgefühle weg. Erst wenn auch die letzten festen Vorstellungen von der Wirklichkeit losgelassen wurden, spricht man von Erleuchtung.

Bewusstes Sterben: siehe *Phowa*

Bodhicitta (sanskr., tib.: changchub kyi sem): siehe *Erleuchtungsgeist*

Bodhisattva (sanskr., tib.: changchub sem pa): jemand, der Erleuchtung zum Besten aller Wesen anstrebt. Diese Haltung entspricht dem Ideal des *Mahayana*-Buddhismus, dem auch die Einstellung des *Diamantweges* angehört. Ein Bodhisattva ist einerseits jemand, der Leerheit verstanden und Mitgefühl entwickelt hat, andererseits wird der Begriff auf alle angewendet, die das *Bodhisattva-Versprechen* genommen haben.

Bodhisattva-Versprechen: das Versprechen, zum Besten aller Wesen Erleuchtung zu verwirklichen und mit Kraft und Ausdauer zu arbeiten, bis alle Wesen befreit bzw. erleuchtet sind. Es wird in Gegenwart eines *Bodhisattvas* genommen und in der täglichen *Meditation* wiederholt, um die Motivation zu stärken.

Buddha, der/die (tib.: sangye): Der Name bezeichnet den erleuchteten Geisteszustand. »Sang« bedeutet »vollkommen gereinigt« von allen Schleiern, die die Klarheit des Geistes verdunkeln. »Gye« bedeutet »vollkommene Entfaltung« aller Qualitäten des Geistes. Zu diesen gehören Furchtlosigkeit, unendliche Freude, grenzenloses Mitgefühl, *Weisheit* und Tatkraft zum Wohle der Wesen. Der Buddha unserer Zeit ist der historische Buddha Shakyamuni, der vierte von insgesamt 1000 historischen Buddhas dieses Zeitalters. Jeder historische Buddha leitet eine neue *Dharma*-Periode ein.

Buddha des Grenzenlosen Lebens (sanskr.: Amitayus, tib.: Tsepame): Ausstrahlung vom *Buddha des Grenzenlosen Lichtes* im Freudenzustand, verkörpert langes Leben und Gesundheit. Er ist von roter Farbe, sitzt in der Lotoshaltung und hält in seinen beiden zur Meditationsgeste zusammengelegten Händen eine Vase mit dem Nektar des langen Lebens. Eine *Einweihung* auf ihn kann bei günstigem Karma lebensverlängernd wirken.

Buddha des Grenzenlosen Lichtes (sanskr.: Amitabha, tib.: Öpame): Buddha der unterscheidenden Weisheit, rubinrot, sitzend. Die Hände ruhen im Schoß und halten eine Schale mit dem Nektar der höchsten Erfüllung. Sein Bewusstseinsfeld ist das *Reine Land der höchsten Freude (Dewachen),* das man durch sein Versprechen an die Wesen mit starken Wünschen erreichen kann.

Buddhaformen, Buddha-Aspekte (sanskr.: deva oder ishtadeva, tib.: yidam): eine der *Drei Wurzeln.* Die unendlichen Eigenschaften des erleuchteten *Geistes* drücken sich selbst in zahlreichen Licht- und Energieformen aus. Indem man sich mit ihnen in der *Meditation* und im täglichen Leben identifiziert, erwecken sie die jedem innewohnende *Buddhanatur.* Sie werden als untrennbar vom eigenen Lehrer gesehen. Um auf sie meditieren zu können, benötigt man die Erlaubnis oder eine *Einweihung* von einem *Lama,* der die Übertragung hält.

Buddhanatur: die Natur des Geistes, das Potenzial der *Buddhaschaft,* das allen Wesen innewohnt.

Buddhaschaft: siehe *Erleuchtung*

Buddhataten, auch *Vier Tatbereiche:* Sie beschreiben mitfühlendes, spontanes und müheloses Verhalten, die Fähigkeit, zum richtigen Zeitpunkt an der richtigen Stelle das Richtige zu tun. Es gibt insgesamt Vier Buddhataten: die befriedende, vermehrende, begeisternde und kraftvoll schützende Handlung eines Buddhas. Die Grundlage für diese Tatbereiche ist die Fähigkeit, in dem zu ruhen, was ist.

Chakra (sanskr., tib.: khorlo): fünf Kraft- bzw. Energieräder entlang des *Zentralkanals* mit Verästelungen/Energiespeichen mitten im Körper; das Kopfchakra (32 Speichen) steuert den Körper, das Kehlchakra (16) die Rede, das Herzchakra (8) ist für den Geist und den ungehinderten Zugang zum Raum zuständig, das Nabelchakra (64) für Phantasie und Kreativität, das geheime Chakra (32) vier Finger unterhalb des Nabels in der Mitte des Körpers für Lebens- und sexuelle Kraft.

Chöd (tib.; wörtl.: »Durchschneiden«): fortgeschrittene Yidam-Meditation, die das Durchschneiden der Ich-Wahnvorstellung zum Ziel hat.

Chönyi Bardo (tib.): die Erfahrung des Dharmata bzw. *Zwischenzustands* der Soheit; Erfahrung des Wahrheitsraumes, die man auf einer sehr hohen Entwicklungsstufe genau zum Zeitpunkt des Todes haben kann; entspricht der Erfahrung des *Wahrheitszustands.*

Daseinsbereiche, sechs: sechs Bewusstseinsebenen, in die man wiedergeboren werden kann: drei Bereiche des bedingten Glücks: Götter- und Halbgötterbereich, Menschenbereich; drei Bereiche des Leidens: als Tier, Bereich der Hungergeister, Höllenbereiche.

Detong (tib.): Erfahrung der *Leerheit* als wonnevoll; den buddhistischen *Tantras* zugeordnete Sichtweise der *Kagyü-* und *Nyingma-Verwirklicher.*

Dewachen: siehe *Reines Land der Großen Freude*

Dharma, der (sanskr., auch: das, tib.: chö): die buddhistische Lehre. Teil der buddhistischen *Zuflucht*. Es wird unterschiedlich gegliedert, oft in *Theravada, Mahayana* und *Vajrayana,* die drei Ebenen von Belehrungen, die *Buddha* an Schüler mit unterschiedlichen Einstellungen gab.

Diamant: siehe *Dorje*

Diamant in der Hand (sanskr.: Vajrapani, tib.: Channa Dorje): einer der drei bekanntesten *Bodhisattvas* neben Weisheitsbuddha und *Liebevolle Augen;* steht für (Tat-)Kraft und Ausdauer.

Diamantdolch (sanskr.: Vajrakilaya, tib.: Dorje Phurba): kraftvoll-schützende Ausstrahlung von *Diamantgeist;* überwindet alle Hindernisse, vor allem diejenigen, die der *Meditation* entgegenstehen.

Diamantgeist (sanskr.: Vajrasattva, tib.: Dorje Sempa): *Buddha* der reinigenden Kraft aller Buddhas, weiß, sitzend. Die rechte Hand hält einen *Dorje* zum Herzen und die linke eine *Glocke* an der Hüfte. *Freudenzustand* von Akshobya.

Diamantweg (sanskr.: vajrayana, tib.: dorje thegpa): höchste Sicht und *Meditation* innerhalb des *Großen Weges (Mahayana).* Auf der Grundlage des Erleuchtungsgeistes wird durch tiefgehende und schnelle Mittel das Ziel, vollkommene *Erleuchtung,* zum Weg gemacht. Er kann nur mit der Einstellung, alles als grundlegend rein zu betrachten, praktiziert werden (siehe auch *Reine Sicht*). Synonyme sind Tantrayana und Mantrayana.

Djalü (tib.): siehe *Regenbogenkörper*

Dorje, der (sanskr., tib.: vajra; wörtl.: »Herr der Steine, Diamant«): Sinnbild der Unzerstörbarkeit und Unerschütterlichkeit, die den höchsten Geisteszustand, die *Erleuchtung,* kennzeichnen. Der so bezeichnete Ritualgegenstand symbolisiert die Mittel des *Diamantweges* sowie Mitgefühl und Freude (siehe auch *Glocke*).

Drei alte Schulen Tibets: siehe *Kagyü-*, *Nyingma-* und *Sakya*-Linie

Drei Juwelen (sanskr.: tri ratna, tib.: könchog sum): *Buddha, Dharma* und *Sangha*. Alle Buddhisten nehmen *Zuflucht* zu ihnen.

Drei Wurzeln (sanskr.: trimula, tib.: tsa sum): *Lama, Yidam* und *Schützer*. Sie sind über die *Drei Juwelen* hinaus *Zuflucht* im *Diamantweg* und ermöglichen einen schnellen *Erleuchtung*sweg. Sie sind die Quelle (oder Wurzeln) für Segen, Verwirklichung und Schutz.

Einweihung (sanskr.: abhisheka, tib.: wang): auch Ermächtigung; die meist mit Zeremonien verbundene Einführung des Praktizierenden in das Kraftfeld einer Buddhaform, wodurch der Schüler die Ermächtigung erhält, auf diese zu meditieren (siehe auch *Drei Zustände der Erleuchtung*). Praxis-Ermächtigungen sind mit Versprechen verbunden. Einweihungen können auch als *Segen* gegeben werden (sogenannte Erlaubnis-Einweihungen). Hier bekommt man ein Band zum Lama, und Hindernisse auf dem Weg zur *Erleuchtung* werden gereinigt. Neben der Ermächtigung sind für die *Diamantweg*-Übung auch die Übertragung durch Lesen (tib.: lung) und die mündlichen Erklärungen (tib.: thri) notwendig. Der unmittelbare Weg des *Gomlungs* wird unter *Meditation* erklärt.

Elemente: Aus den Elementen Erde (alles Feste), Wasser (alles Fließende), Feuer (alles Wärme Spendende), Wind (alles Bewegung Gebende) und Raum (umfasst alle Möglichkeiten) entstehen alle Wesen; während des Sterbeprozesses lösen sich alle Elemente nacheinander wieder in den Raum auf.

Energiebewusstheit: die Verbindung zwischen Lebensenergie und Bewusstsein.

Energiekanal (sanskr.: nadi, tib.: tsa): siehe *Energiesystem*

Energiesystem: siehe auch *Nadi, Pranas, Bindus, Thigle, Chakra, Zentralkanal,* Seitenkanäle; die unterschiedlichen Energieverteilungen sind notwendig beim Entstehen eines Kindes, beeinflussen sämtliche körperlichen und geistigen Funktionen und lösen sich während des Sterbeprozesses wieder auf; das gesamte System besteht aus einem *Zentralkanal,* zwei Seitenkanälen, fünf *Chakras* und 72 000 Buddha-Energien.

Energietropfen (sanskr.: bindu, tilaka, tib.: thigle): siehe *Thigle* und *Energiesystem*

Energiewind (sanskr.: prana, vayu, tib.: lung): siehe *Energiesystem*

Erlangen (tib.: thob): Nach ungefähr 20 bis 30 Minuten nach dem klinischen Tod, nachdem die weiße männliche Energie *(Erscheinen)* und rote weibliche Energie *(Zunehmen)* auf Herzensebene zusammengetroffen sind, lösen sich sieben Schleier von Unwissenheit auf, und für einen Moment wird alles schwarz und still.

Erleber: bezeichnet die Eigenschaft des *Geistes,* bewusst zu sein, auch wenn es keine Gegenstände der Wahrnehmung gibt; wird von den meisten Menschen gar nicht wahrgenommen.

Erleuchtung/erleuchtet: siehe *Buddha*

Erleuchtungsgeist (sanskr.: bodhicitta, tib.: djang chub kyi sem): Grundlage für den *Großen Weg* und den *Diamantweg.* Der Wunsch, zum Besten aller Wesen *Erleuchtung* zu erlangen. Der bedingte (relative) Erleuchtungsgeist besteht aus dem Wunsch und des Weiteren aus der Einstellung, sich selbst durch die *Sechs Befreienden Handlungen* zum Wohle aller Wesen zu vervollkommnen. Der letztendliche (absolute) Erleuchtungsgeist ist die Erkenntnis der Untrennbarkeit von *Leerheit* und Mitgefühl, spontane und mühelose Aktivität ohne Gedanken oder Zögern. Subjekt, Objekt und Tat werden nicht mehr als voneinander getrennt erlebt. Geisteshaltung eines *Bodhisattva.*

Erscheinen (tib.: nang): Die zu Lebzeiten am höchsten Punkt des Kopfes ruhende weiße männliche Energie vom Samen des Vaters bewegt sich am Ende des Sterbeprozesses in der Körpermitte hinab in Richtung Herzensebene; währenddessen lösen sich 33 Arten des Zorns und des Hasses auf.

Formzustände: *Freudenzustand* und *Ausstrahlungszustand.* Sie entspringen dem *Wahrheitszustand* und bringen Nutzen für andere.

Freudenebene: siehe *Freudenzustand*

Freudenzustand (sanskr.: sambhogakaya, tib.: long ku): einer der *Drei Zustände* der *Erleuchtung*. Erleuchteter Ausdruck der *Klarheit* des *Geistes,* sein freies Spiel und Erfahrung höchster Freude. Dieser Zustand wird erlebt, wenn der Geist von der Ebene der Furchtlosigkeit aus seinen Reichtum an Möglichkeiten erkennt. Er zeigt sich aus dem *Wahrheitszustand* heraus als mannigfache *Bud-*

*dha*formen. Fortgeschrittene *Bodhisattvas* können ihnen begegnen und Belehrungen erhalten (siehe auch *Tulku*).

Geist: Strom von einzelnen Momenten des klaren und bewussten Erlebens. In seinem unerleuchteten Zustand drückt er seine Denk-, Wahrnehmungs- und Erinnerungsfähigkeit durch das Bewusstsein aus. Sein wahres erleuchtetes Wesen ist frei von aller Selbstbezogenheit und erlebt sich ungetrennt vom Raum als offene, klare und unbegrenzte Bewusstheit.

Gelug-Linie, -Schule, die Gelugpas (tib., zwei Übersetzungen: Tugend-Tradition oder Ganden-Tradition, benannt nach ihrem Hauptkloster, auch »Gelbhut«-Schule): die neueste der Vier Hauptschulen des tibetischen Buddhismus. Diese reformierte, erst im 14. Jahrhundert von Tsongkhapa gegründete Schule legt besonderes Gewicht auf das Studium der Schriften und auf die klösterliche Tradition. Obwohl diese Schule auch verschiedene tantrische Übertragungen besitzt, ordnet sie sich selbst meistens dem Großen Weg und nicht dem Diamantweg zu.

Glocke: Ritualgegenstand, der oft zusammen mit dem *Dorje* verwendet wird und die *Weisheit* bzw. den Raum symbolisiert. Gemeinsam bedeuten sie die Untrennbarkeit von Raum und Freude, *Weisheit* und Mitgefühl.

Gomlung: Übertragung durch *Meditation.*

Grenzenloses Leben: siehe *Buddha des Grenzenlosen Lebens*

Große Vervollkommnung (sanskr.: maha ati, tib.: dzogchen, dzogpa chenpo): die letztendliche Belehrung der »Alten« oder *Nyingma*-Tradition. Essenz und Ziel entsprechen dem *Großen Siegel* (Mahamudra) der *Kagyü*-Übertragung. Mittel und Weg sind jedoch verschieden.

Großer Weg (sanskr.: mahayana, tib.: thegchen): teilt sich in *Sutra*- und *Tantra*-Weg. In beiden strebt man nach *Erleuchtung* zum Wohle aller Wesen. Im *Sutra*-Weg wird durch Studium, Hinterfragen und *Meditation* über lange Zeit Mitgefühl und Wissen vertieft, was dann in Einsicht mündet. Der *Große Weg* wird manchmal gleichbedeutend mit *Sutra* verwendet.

Großes Siegel (sanskr.: mahamudra, tib.: chagchen, chagya chenpo): das »Große Siegel« der Verwirklichung. *Buddha* gab das Versprechen, dass dies die letztendliche Belehrung sei. Sie wird hauptsächlich in der *Kagyü*-Schule gelehrt und führt zu einer direkten Erfahrung des Geistes. Das Große Siegel umfasst Grundlage, Weg und Ziel. Auf die Buddhanatur vertrauend, übt man, in der Untrennbarkeit von Erleber, Erlebtem und Erleben zu verweilen, und wird als Resultat den *Geist* voll erwecken und seine *Erleuchtung* besiegeln.

Grundgedanken: siehe *Vier Grundgedanken*

Grundübungen (tib.: chag chen ngöndro), wörtl.: die Vorbereitung auf das *Große Siegel;* sie bestehen aus den vier allgemeinen (oder auch *Vier Grundgedanken*) und den vier besonderen vorbereitenden Übungen. Mit den besonderen Vorbereitungen, den Grundübungen, schafft man unzählige gute Eindrücke im Unterbewusstsein. Sie bilden die Grundlage für das *Große Siegel.* Bei jeder dieser Übungen gibt es 111 111 Wiederholungen:

- *Zuflucht*nahme und das Erwecken des *Erleuchtungsgeistes* bei den Verbeugungen
- Reinigung von leidbringenden Eindrücken durch die *Meditation* auf *Diamantgeist* (siehe auch *Buddhaformen*)
- das Verschenken von Mandalas bei den *Mandalagaben*
- *Guru-Yoga,* die *Meditation auf den Lama*

Guru-Yoga, das (sanskr., auch: der, tib.: lami naljor): *Meditation* auf den Lehrer *(Lama)* als Essenz aller *Buddhas.* Dabei erhält man, wie bei einer *Einweihung,* den *Segen* von Körper, Rede und Geist, und die *Drei Zustände* der *Erleuchtung* werden erweckt. Am Ende verschmilzt man mit dem erleuchteten Zustand des *Lamas.*

Hinayana (sanskr.): siehe *Kleiner Weg*

Höchste Freude (sanskr.: Chakrasamvara; wörtl.: »Rad der höchsten Freude«, tib.: Korlo Demchog): *Buddha* der strahlenden und überpersönlichen Freude, welche die wahre Natur unseres *Geistes* (des Raumes) ist, tiefblau, stehend, die Hände sind auf Herzenshöhe gekreuzt und halten *Dorje* und *Glocke.* Begeisternde Erscheinung, die Anhaftung umwandelt. Oft in Vereinigung mit *Roter Weisheit.* Wichtige Meditationsform in der *Karma-Kagyü-Linie.*

Kagyü-Linie, Kagyü-Schule, die Kagyüpas: die *Verwirklicher-Übertragung* innerhalb der *Vier Hauptschulen des tibetischen Buddhismus.* Sie umfasst die alten und neuen Belehrungen, die Tibet erreichten. Da sie sehr praxisorientiert ist, wird sie die »mündliche« oder »vervollkommnende« Schule genannt. Sie wurde durch den

Helden Marpa ca. 1050 nach Tibet gebracht und schöpft ihre Kraft aus der engen Lehrer-Schüler-Verbindung.

Vier größere und acht kleinere Schulen finden ihren Ursprung in den vier Hauptschülern Gampopas. »Größer« und »kleiner« beziehen sich auf die direkte Verbindung mit Gampopa (größere oder Hauptschulen) oder auf die indirekte Verbindung über einen Schüler von Gampopa (kleinere oder Nebenschulen). Heute sind die größeren alle in der Karma-Kagyü-Schule verschmolzen, deren geistiges Oberhaupt *Karmapa* ist. Von den acht kleinen Linien haben die Drugpa und Drikung Kagyüpas viele Anhänger in Bhutan und Ladakh.

Kalachakra-Kalender: beginnt im Jahr 1027, Grundlage ist ein 60-Jahre-Zyklus; ein Monat geht von einem Neumond zum nächsten; alle Komponenten, vom Tag bis zu den 60 Jahren, sind mathematisch genauestens vorgegeben.

Kanjur, der (tib.): Sammlung der direkten Belehrungen *Buddhas,* je nach Ausgabe 100, 103, 106 oder 108 Bände (vgl. *Tenjur*).

Karma, das (sanskr., tib.: le): wörtl.: »Handlung«; das Gesetz von Ursache und Wirkung, nach dem wir die Welt entsprechend der im Geist gespeicherten Eindrücke erleben, die wir mit Handlungen von Körper, Rede und Geist schaffen. Das bedeutet, dass wir mit unseren Handlungen hier und jetzt unsere eigene Zukunft bestimmen.

Karma-Kagyü(-Schule/-Linie): siehe *Kagyü*(-Schule/-Linie)

Klares Licht: Erfahrung der Einswerdung von Raum und Erscheinung in *Leerheit.*

Klarheit (tib.: sälwa, sanskr.: yakla): *Leerheit,* Klarheit und Unbegrenztheit sind die nicht voneinander zu trennenden Eigenschaften des *Geistes;* Klarheit ist die dem Geist innewohnende Fähigkeit, ohne Unterbrechung zu erleben, und entspricht bei der Verwirklichung dem *Freudenzustand* der *Erleuchtung*.

Kleiner Weg (sanskr.: Hinayana, heute Theravada oder auch Grundlagenfahrzeug, tib.: theg chung): der Weg der »Hörer« (sanskr.: Shravakas) und der »Einzel*buddhas*« oder »Alleinverwirklicher« (sanskr.: Prathyeka-*Buddhas*). Hier steht die eigene Befreiung im Mittelpunkt.

Kraftfeld: siehe *Mandala*

Kronzeremonie: Zu Lebzeiten des 5. *Karmapa* ließ der chinesische Kaiser eine Nachbildung vom Kraftfeld der *Schwarzen Krone* anfertigen. Diese zeigen die *Karmapas* seither in Zeremonien, wobei sie gleichzeitig in tiefer *Meditation* verweilen. Der 16. *Karmapa* gilt als Ausstrahlung von »Allmächtiger Ozean«. Die *Schwarze Krone* gehört zu den Schätzen der Karma-Kagyü-Linie.

Ku-dung: getrockneter Körper eines hohen Verwirklichers, der in *Meditation*sstellung gestorben ist.

Lama (tib.; wörtl.: »höchstes Prinzip«, sanskr.: guru): eine der *Drei Wurzeln;* buddhistischer Lehrer; er ist im *Diamantweg* besonders wichtig. Ohne ihn gibt es keinen Zugang zu den tiefsten Belehrungen. Durch das *Guru-Yoga,* die *Meditation* auf ihn, erhält man seinen *Segen.* Bei *Segen* erlebt man für Momente die wahre Natur des *Geistes,* der Lehrer spiegelt dem Schüler die *Drei Zustände* der *Erleuchtung.*

Langlebenseinweihung: siehe *Buddha des Grenzenlosen Lebens;* einige Buddhas wie Langlebensdame, Weiße Befreierin und Grenzenloses Licht wählen, lebensverlängernd zu arbeiten. Die Ermächtigungen durch ihre Kraftkreise sind sehr wirksam und begehrt.

Leerheit (sanskr.: shunyata, tib.: tong panyi): leer von unabhängiger Existenz, nichts entsteht aus sich selbst heraus, sondern aufgrund von Bedingungen. *Leerheit* ist die letztendliche Natur aller äußeren und inneren Erscheinungen und kann nicht durch Begriffe erfasst werden.

Lhaktong (tib., sanskr.: vipashyana): *Einsichtsmeditation;* diese Meditationspraxis wird sowohl im *Sutra* als auch im *Tantra* als Methode verwendet und baut auf einer stabilen *Shine*-Erfahrung auf. Man übt, die Einsicht in die Nichtzweiheit von wahrnehmendem Bewusstsein und wahrgenommenem Objekt von Moment zu Moment aufrechtzuerhalten. Es gibt einen analytischen und einen direkten Zugang.

Liebevolle Augen (sanskr.: Avalokiteshvara, tib.: Chenresig): *Buddha* des Mitgefühls und der nicht unterscheidenden Liebe, im *Freudenzustand,* weiß, sitzend, mit vier Armen. Die rechte äußere Hand hält eine Kristall*mala,* die alle Wesen aus der bedingten Welt befreit. Die beiden mittleren Hände umschließen das Juwel der *Erleuchtung* vor seinem Herzen. Die linke äußere Hand hält eine

Lotosblüte, die die Reinheit seiner Einstellung zeigt. Seine Augen sehen jedes Wesen.

Lotoshaltung: *Meditation*sstellung; voller Lotos entspricht der Form einer Lotosblüte, die Beine sind verschränkt. Dabei ruht der rechte Fuß auf dem linken Oberschenkel nahe der Leistenbeuge und der linke Fuß entsprechend auf dem rechten Oberschenkel. Die Fußsohlen zeigen nach oben; halber Lotos: Das rechte Bein ruht auf dem linken.

Lung, der (tib.) (sanskr.: agama): rituelles Vorlesen der *Diamantweg*-Texte; das bloße Hören der Silben überträgt ihre innere Bedeutung; siehe auch *Einweihung.*

Mahakala (sanskr., tib.: nagpo chenpo): Großer Schwarzer, Kategorie von *Schützern,* zweiarmige Form: Bernagchen; siehe *Schwarzer Mantel.*

Mahayana, das (sanskr.): siehe *Großer Weg*

Mala: Gebetskette, bestehend aus 108 Perlen; wird unter anderem dazu benutzt, um während einer *Meditation Mantras* zu zählen.

Mandala, das (sanskr., tib.: khyilkhor), wörtl.: »Zentrum und Umkreis«; mehrere Bedeutungen:

- reines Mandala: Kraftfeld eines *Buddhas,* das aus den unzähligen Möglichkeiten des Raumes entsteht, oder die bildliche Darstellung davon; ist immer frei von einer Ich-Fehlvorstellung und deshalb ein von Störgefühlen befreiter Bewusstseinszustand
- unreines Mandala: Es bestimmt weitestgehend das Verhalten der Wesen. Es erscheint, weil jeder Unerleuchtete gegen jede Logik denkt, es gebe etwas Dauerhaftes und wirklich Vorhandenes, was ein »Ich« genannt werden könnte, um das alles kreist.

Mantra, das (sanskr., tib.: ngag): natürliche Schwingung einer *Buddhaform;* aktiviert das *Kraftfeld* eines *Buddhas.* Viele *Diamantweg-Meditationen* enthalten einen Abschnitt, in dem Mantras gesprochen werden.

Meditation, die (sanskr.: bhavana oder sadhana, tib.: gom) – buddhistische: Das tibetische Wort *»gom«* bedeutet »bekannt werden mit« und drückt einen Vorgang aus, wodurch der *Geist* geübt wird, seine Schleier fallen zu lassen. Hierbei benutzt man Mittel, die das vorher neu begrifflich Verstandene zur Eigenerfahrung machen. *Meditation* ist das mühelose Verweilen in dem, was ist.

Auf den verschiedenen Ebenen der buddhistischen Belehrungen werden unterschiedliche Methoden gelehrt, die sich aber im Wesentlichen unter Shine und Lhaktong zusammenfassen lassen.
Im *Diamantweg* sind die wichtigsten Mittel die Einswerdung mit der *Erleuchtung*, das Erwecken der erleuchteten *Kraftfelder* durch *Mantras* und das Halten der *Reinen Sicht*. Man stellt sich auf die Eigenschaften ein, die man zu erwerben wünscht, und verwirklicht diese dann – oft durch die Rückkopplung von besonderen Licht-Energie-Formen und Schwingungen *(Mantras)*. Wie früher in den Verwirklicherhöhlen Tibets ermöglicht heute geleitete *Meditation* (tib.: *gomlung*) einer Großzahl der Meditierenden den Zugang zu den zahllosen Mitteln des *Diamantweges*.

Meditationsphasen: 1. Aufbauende Phase (tib.: kyerim): Man stellt sich auf einen Buddha-Aspekt ein. 2. Mantra-Phase: Man spricht ein Mantra. 3. Verschmelzende Phase (tib.: dzogrim): Alles wird Gewahrsein, und man ruht darin.

Meditationsschulen Tibets: siehe *Gelug-*, *Kagyü-*, *Nyingma-* und *Sakya*-Linie

Mittlerer Weg (der *Leerheit*) (sanskr.: madhyamaka, tib.: uma): wörtlich »nicht einmal die Mitte«; genaue begriffsmäßige Untersuchung aller Erscheinungen, um sie letztendlich als an sich nicht wirklich oder vorhanden zu erkennen; unterteilt sich in *Rangtong*- (leer an sich) und *Shentong*-Madhyamaka (leer von etwas anderem).

Nadis, Pranas und Bindus (sanskr., tib.: tsa, lung, thigle): Energiekanäle (Nadis), Energiewinde oder -bewegungen (Pranas), Essenz des physischen Körpers bzw. Energietropfen (Bindus).

Natur des Geistes: siehe *Buddhanatur*

Ngöndro, das (tib.): siehe *Grundübungen*

Nirwana, das (sanskr., tib.: nyang ngen le depa): allgemein Befreiung vom Leiden in Samsara, speziell im *Mahayana*-Zustand der Vollkommenheit *(Buddhaschaft)*.

NTE: Nahtoderfahrung (engl. NDE = near-death experience); erstmals während der griechischen Hochkultur erwähnt; Erfahrungen während der ersten Minuten nach dem klinischen Tod bzw. dem Absinken der weißen Energie des Vaters in Richtung Herz;

zurzeit wissenschaftliche Forschung unter anderem von Prof. Dr. Pim van Lommel (NL), Prof. Dr. Peter Fenwick (USA) und Dr. Sam Parnia (GB).

Nyingma-Linie, Nyingma-Schule, die Nyingmapas: die früheste der *Vier Hauptschulen* des tibetischen Buddhismus, die »Alte Schule«. Sie wurde von dem indischen Meister Guru Rinpoche (tib./sanskr.: Padmasambhava) im 8. Jahrhundert begründet. Man unterscheidet zwischen der Kama-Tradition, der Schule der direkten Übertragung von Lehrer zu Schüler, und der Terma-Tradition, der Übertragung der versteckten »Schätze«. Der dem Buddhismus feindlich gesinnte König Langdarma zerstörte kurze Zeit später die Klöster und die Übertragungslinie, aber die durch die Tertöns (Schatzfinder) wiederentdeckten Termas retteten die Lehren Guru Rinpoches für spätere Generationen. Viele Tertöns waren *Kagyüs* und hatten Frauen, und durch das gegenseitige Halten von Übertragungen entstand eine nahe Verbindung zwischen der *Kagyü-* und der *Nyingma*-Schule.

Paramitas: siehe *Befreiende Taten*

Phowa (tib., sanskr.: samkranti): Phowa ist eine Übung des *Diamantweges,* bei der man sich auf den Augenblick des Todes vorbereitet.

Phowa in den Wahrheitszustand hinein (Dharmakaya-Phowa): 20 bis 30 Minuten nach dem letzten Ausatmen: *Tudam* oder *Tjödral* (den *Geist* im Herz halten), *Djalü (Regenbogenkörper)* oder das »In-den-Raum-Ausatmen«; gelingt einem, wenn man in der *Meditation* während der Verschmelzungsphase im Zustand nackten Gewahrseins verweilt.

Phowa in den Freudenzustand (Sambhogakaya-Phowa): ungefähr 68 Stunden nach dem Tod bis zum 10. Tag: Man erlebt die Erscheinungen entweder als die Lichtformen der *Buddhas* oder der *Lamas* oder als Trugbilder; schafft man, wenn man in der *Meditation* während der Aufbau- oder *Mantra*phase die Traumhaftigkeit und den Reichtum der Erscheinungen erfährt.

Phowa in den Ausstrahlungszustand (Nirmanakaya-Phowa): vom 10. bis zum 49. Tag nach dem Tod: vier tief verinnerlichte und gelebte Einstellungen bezogen auf das *Kraftfeld der Großen Freude:* erreicht man mit dem Wunsch, dort geboren zu werden; mit klarer Vorstellung des *Buddhas;* man vermeidet schädliche

Handlungen und möchte *Erleuchtung* zum Nutzen der Wesen erlangen.

Phowa des Segens (für sich selbst): die *Meditation* des *Bewussten Sterbens*. Man lernt, das Bewusstsein aus dem Körper heraus in das Herzzentrum des *Buddhas des Grenzenlosen Lichtes* zu schicken, und bereitet sich so auf den späteren Tod vor. Die Wirkung einer erfolgreichen Praxis ist, weniger Furcht zu haben und beim Sterben in das *Reine Land der Großen Freude* zu gehen. Von dort aus kann man sich zur *Erleuchtung* weiterentwickeln und sich wiedergebären lassen, um anderen Wesen zu helfen.

Phowa für andere (der Haken des Mitgefühls): Übung, womit man Verwandten und nahen Freunden im Tod helfen kann, außer während der 68-stündigen Ohnmacht, bis zum 49. Tag ins *Reine Land der Großen Freude* zu kommen.

Rangtong (tib.): leer an sich; weder ein Ich noch alle Erscheinungen haben eine Eigennatur; Sichtweise hauptsächlich der *Gelugpas.*

Raum: Raum ist zeitlos und überall vorhanden als die allem innewohnende Möglichkeit des *Geistes*. Er enthält Wissen, erfährt Freude und drückt sich sinnvoll und liebevoll aus. Diesen Raum ständig in und um sich zu erkennen ist die volle *Erleuchtung*. Oft als ein Nichts, etwas Fehlendes oder Schwarzes Loch missverstanden, verbindet er stattdessen alles. Von *Buddha* als *Leerheit* beschrieben, umfasst und erkennt er alle Zeiten und Richtungen.

Regenbogenkörper (tib.: djalü): hochverwirklichte Meister können während des Sterbens ihren Körper in Energie umwandeln; nur physische Teile, die keine Nerven besitzen (zum Beispiel Haare, Finger- und Zehennägel), bleiben übrig; siehe *Phowa in den Wahrheitszustand.*

Reines Kraftfeld eines Buddhas: siehe *Mandala*

Reines Land der Großen Freude (sanskr.: sukhavati, tib.: dewachen): Reines Land des *Buddhas des Grenzenlosen Lichtes;* ist durch die vom *Buddha des Grenzenlosen Lichtes* gemachten Wünsche und das *Phowa* besonders leicht zu erreichen.

Reines Land: das Kraftfeld eines *Buddhas;* ein überpersönlicher, nicht bedingter, freudvoller Zustand des *Geistes,* in dem alle Bedingungen zur buddhistischen Praxis für die Verwirklichung und *Er-*

leuchtung vorhanden sind und große Verdienste angehäuft werden können. Das bekannteste *Reine Land* ist das *Reine Land der Großen Freude (Dewachen)* des *Buddhas des Grenzenlosen Lichtes* (siehe auch *Phowa*).

Reine Sicht (oder Reine Sichtweise): *Sicht*weise im *Diamantweg*. Man übt, die Welt und die Wesen als selbstbefreiendes Spiel des *Raumes* zu sehen.

Retreat: siehe *Zurückziehung*

Rinpoche (tib.): wörtl. »Kostbarer«; Ehrentitel, der häufig buddhistischen Lehrern verliehen wird.

Rote Weisheit (sanskr.: Vajravarahi, tib.: Dorje Phamo): weiblicher *Buddha* der letztendlichen höchsten *Weisheit* aller *Buddhas,* rot, tanzend. In der rechten Hand hält sie ein Haumesser, mit dem sie alles Kleinliche durchschneidet, in der linken eine Schädelschale mit dem Nektar der Befreiung. Wichtige *Meditations*form in der *Karma-Kagyü-Linie,* Partnerin von *Buddha* Höchste Freude.

Roter Buddha: siehe *Buddha des Grenzenlosen Lichtes*

»Rotmützen«-Linien: siehe *Kagyü-, Nyingma-* und *Sakya*-Linie, auch *Drei alte Schulen Tibets*

Sakya-Linie, Sakya-Schule, die Sakyapas: eine der *Vier Hauptschulen* des tibetischen Buddhismus, gegründet von Khön Könchok Gyalpo im 11. Jahrhundert. In ihr wird Gewicht sowohl auf das Studium als auch auf die Meditationspraxis gelegt.

Samsara, das (sanskr., tib.: khorwa): Daseinskreislauf; unfreiwillige Wiedergeburt in bedingten Zuständen.

Sangha, die (sanskr., tib.: gendün): die Gemeinschaft der Praktizierenden; als Teil der buddhistischen *Zuflucht* die verwirklichten Freunde auf dem Weg; wird oft auch verwendet, um eine buddhistische Gruppe zu bezeichnen.

Schützer (sanskr.: dharmapala, tib.: chökyong oder gönpo): eine der *Drei Wurzeln;* ihre Funktion ist, Hindernisse auf dem Weg zur *Erleuchtung* zu entfernen. Ihre Kraft bewirkt, dass jede Erfahrung zu einem Teil des Weges wird. Die *Schützer,* Quelle der *Buddhataten,* sind ebenso wie die *Yidams* Ausdruck des *Freudenzustands* der *Erleuchtung* und in ihrer Essenz untrennbar vom *Lama*. In der Kagyü-Linie sind *»Schwarzer Mantel«* und »Strahlende Göttin« die wichtigsten *Schützer*.

Schwarze Krone: besonderes Kennzeichen der *Karmapas;* im Augenblick seiner *Erleuchtung* erhielt *Karmapa* die aus ihren *Weisheit*shaaren geflochtene Krone von den Dakinis. Sie krönten *Karmapa* damit zum »Herrn der Buddha-Aktivität«. Dieses Kraftfeld befindet sich immer über seinem Kopf und ist nur für Wesen auf hohen geistigen Stufen sichtbar. In Kronzeremonien wird eine Nachbildung verwendet, ein Mittel, bei dem durch Sehen Befreiung erlangt werden kann. Durch den Anblick der Schwarzen Krone oder die *Meditation* auf sie entsteht eine Offenheit, die es ermöglicht, die tiefsten Ebenen des *Geistes* zu reinigen und dessen Natur zu verwirklichen.

Schwarzer Mantel (tib.: Bernagchen): Hauptschützer der Karma-Kagyü-Linie, schwarzblau, springend oder mit seiner Partnerin Strahlende Göttin (Palden Lhamo) auf einem Muli reitend. In der rechten Hand hält er ein Haumesser, das alle Hindernisse abschneidet, in der linken eine Schädelschale mit dem Herzensblut des Ego.

Sechs Befreiende Taten (sanskr.: paramitas, tib.: paröl tu djinpa druk): befreiende Handlungen eines *Bodhisattvas;* meistens werden die folgenden sechs genannt: Großzügigkeit, sinnvolle Lebensweise, Geduld, freudvolle Anstrengung, *Meditation* und befreiende *Weisheit.*

Sechs Lehren von Naropa (tib.: naro chö druk): höchst wirksame Mittel der Kagyü-Linie, die nur in Zurückziehung verwendet werden. Ihr Ziel ist das Erkennen der Natur des *Geistes* durch seinen Energieaspekt. Folgende *Meditationen* sind darin enthalten: Innere Hitze (tumo), Klares Licht (ösel), Traum (milam), Illusionskörper (gyulü), Zwischenzustand (bardo), Bewusstes Sterben (phowa).

16.-Karmapa-Meditation (oder Meditation auf den 16. Karmapa): Diese *Meditation* wurde vom 16. Karmapa selbst verfasst. Sie ist eine Form des *Guru-Yoga* und wird auf den Wunsch des 16. Karmapa in den *Diamantweg*-Zentren im Westen als Hauptpraxis für die gemeinsamen *Meditationen* verwendet.

Segen: Den tibetischen Texten nach ein sehr starkes Mittel, um geistige Reife zu übertragen; wird ermöglicht durch die Gleichheit von *Raum* und Freude überall und dadurch, dass jedem die *Buddhanatur* innewohnt. Im *Diamantweg* kann der Lehrer durch die Begeisterung und Offenheit des Schülers einen Einblick in die Natur des eigenen *Geistes* vermitteln und so einen Geschmack von den

Möglichkeiten, die jedem innewohnen, und ein tiefes Vertrauen in die eigene Entwicklung geben.

Seitenkanäle: linker Kanal (sanskr.: lalana, tib.: kyangma) und rechter Kanal (sanskr.: rasana, tib.: roma).

Shentong (tib.): leer von anderem, von allen oberflächlichen Schleiern; grundlegende Bewusstheit erfährt die *Leerheit,* ist aber nicht ein »Ding«; wird auch Großer Mittlerer Weg genannt (sanskr.: maha madhyamaka, tib.: uma chenpo), Sichtweise der allgemeinen *Kagyü-*, *Sakya-* und *Nyingma-*Linien.

Shine (tib., sanskr.: shamatha): Geistesruhe, stilles Verweilen; *Meditation* auf ein tatsächliches, vorgestelltes oder abstraktes Objekt. Man übt, den *Geist* einsgerichtet und ohne Ablenkung verweilen zu lassen. *Shine* ist im *Sutra* und *Tantra* Grundlage für die Erkenntnis der wahren Natur des *Geistes.*

Shitro-Einweihung: eine *Nyingma-*Übertragung in die 42 jovialen, friedvollen und die 58 kraftvoll schützenden *Buddhas,* die ihren Sitz im Herz- bzw. Kopfchakra haben.

Speicherbewusstsein (auch Basisbewusstsein; sanskr.: alaya vijnana): Funktionsweise des *Geistes,* alle Eindrücke zu speichern und beim Auftreten entsprechender Bedingungen wieder heranreifen und sich nach außen manifestieren zu lassen; es färbt das Erleben; Grundlage für die kommende Wiedergeburt aufgrund des Karmas.

Stupa, der (sanskr., tib.: chörten; umgangssprachlich auch: die): eine Form, oft als Bauwerk, die vollkommene *Erleuchtung* symbolisiert, meist mit Reliquien und geschriebenen *Mantras* etc. gefüllt. Bedeutet wörtlich aus dem Tibetischen übersetzt (chö = Geschenke, ten = Grundlage, Basis) eine Grundlage, um Geschenke (von Körper, Rede und Geist) an die *Erleuchtung* zu geben. Wurde auch von *Buddha* im *Sutra* des abhängigen Entstehens gelehrt.

Er steht für die Umwandlung aller Gefühle und *Elemente* in die fünf *Erleuchtungsweisheiten* und die fünf *Buddha*familien. Wird von Buddhisten als Stelle für überpersönliche Wünsche zum Besten aller Wesen verwendet und dabei im Uhrzeigersinn umschritten. Er wird auch als Symbol für *Sangha* verwendet.

Sutra, das (sanskr., tib.: do): oft als Ursachen-Merkmal-Weg bezeichnet. Man setzt lange die »Ursachen« für *Erleuchtung,* um das »Merkmal« aller Dinge, ihre *Leerheit,* zu erkennen (siehe auch *Großer Weg*).

Weitere Bedeutung (sanskr., wörtl.: Leitfaden): Bezeichnung der einzelnen Lehrreden *Buddhas.*

Tantra, das/tantrisch (sanskr.) – buddhistisches: höchst wirksamer Teil des *Großen Weges*, bei dem die Einswerdung mit *Erleuchtung* und das Halten der *Reinen Sicht* die wichtigsten Mittel sind. Tantrayana (*Tantra*-Weg) ist bedeutungsgleich mit *Vajrayana* (sanskr.: *Diamantweg*) und Mantrayana (*Mantra*-Weg). Das Ziel, *Buddhaschaft,* wird zum Weg gemacht. Ein schneller Weg zur *Erleuchtung,* der aber Vertrauen in den eigenen *Geist* und eine mitfühlende Einstellung (siehe *Erleuchtungsgeist*) voraussetzt.

Tenjur, der (tib.): Sammlung der Kommentare der indischen Meister zu den Belehrungen *Buddhas (Kanjur),* je nach Ausgabe zwischen 225 und 256 Bänden.

Thangka (tib.): Rollbild, auf dem verschiedene *Buddha*-Aspekte dargestellt sind. Sie dienen der *Meditation*sunterstützung.

Theravada: »Weg der Ranghöchsten des (Kloster-)Ordens«, siehe *Kleiner Weg*

Thigle (tib., sanskr.: bindu oder tilaka): Essenz der Energie, umfasst alle fünf *Elemente* und enthält die Lebenskraft; sie entspringt bei der Empfängnis dem *Zentralkanal* auf der Höhe des Herzens und folgt der weißen Vater-Essenz nach oben und der roten Mutter-Essenz nach unten und bildet somit den *Zentralkanal.*

Tjödral: siehe *Tudam*

Tudam (tib.): »Den Geist im Herz halten«; eine Form des *Phowa* in den *Wahrheitszustand;* nach dem Tod eines hoch Verwirklichten verweilt der *Geist* im Zustand der Soheit im Herzen.

Tulku (tib., sanskr.: nirmanakaya): einer der *Drei Zustände* der *Erleuchtung;* auch *Ausstrahlungszustand.* Drückt die Fähigkeit des *Geistes* aus, sich ungehindert aus dem *Raum* heraus zu zeigen. In seiner höchsten Bedeutung bezieht sich »Nirmanakaya« auf einen historischen *Buddha.* Er ist ein »perfekter Tulku«. Weitere Arten von Tulkus sind der »Expertentulku«, der zum Beispiel als Heiler, Künstler oder Wissenschaftler zum Besten anderer handelt, und der »geborene Tulku«, der zum Beispiel auch als Tier Geburt annehmen kann, um den Wesen zu helfen. Es gibt Tulkus, die sich an frühere Leben erinnern, und solche, die sich anfangs noch nicht daran erinnern. Sie zeigen sich, um den Wesen den Zugang zu ihrer

Buddhanatur zu ermöglichen. Tulku bedeutet wörtlich »Illusionskörper«: Man *ist* nicht der Körper, sondern man *hat* ihn und kann ihn als Werkzeug zum Besten aller Wesen nutzen.

Vairocana (sanskr., tib.: Namparnangdse): der Strahlende; zentraler *Buddha* der fünf Buddhafamilien; steht für die Umwandlung von Unwissenheit in alles durchdringende *Weisheit* oder Eingebung.

Vajrayana, der (sanskr.): siehe *Diamantweg*

Verwirklicher, Verwirklicherin (sanskr.: yogi, yogini, tib.: naljorpa, naljorma): buddhistische Übende, die sich, unabhängig von äußeren Sicherheiten oder gesellschaftlichen Regeln, vor allem auf die Erkenntnis von der Natur des *Geistes* ausrichten. In Asien waren Buddhisten in den meisten Kulturen entweder Mönche oder unterstützende Laien. Die Tibeter hatten zusätzlich Verwirklicher, sicher ein Grund dafür, dass ihre Lehre so lebendig blieb. Im Westen vermischen sich die Lebensweisen der Laien und Verwirklicher.

Vier Grundgedanken, auch Vier Allgemeine Vorbereitungen genannt: vier Gedanken, die ein tiefes Verständnis für die grundlegenden Tatsachen unseres Lebens entwickeln und den *Geist* auf das *Dharma* ausrichten:

- die Kostbarkeit unserer gegenwärtigen Existenz: dass wir sie nutzen können, um Befreiung und *Erleuchtung* zu erlangen,
- die Vergänglichkeit: dass man diese Gelegenheit jetzt nutzen sollte,
- Karma, Ursache und Wirkung: dass wir unser eigenes Leben gestalten,
- die Tatsache, dass *Erleuchtung* die einzig wahre und andauernde Freude ist (siehe auch *Grundübungen*).

Vier Grundübungen: siehe *Grundübungen*

Vier Hauptschulen oder -linien des tibetischen Buddhismus: *Kagyü* (tib.; wörtl.: »mündliche Übertragung«), *Nyingma* (tib.; wörtl.: »alter Stil«), *Sakya* (ein Gebiet in Tibet), *Gelug* (tib.; wörtl.: »Tugend-Tradition« bzw. »Ganden-Tradition«).

Wahrheitszustand (sanskr.: dharmakaya; wörtl.: »Körper der Phänomene«, tib.: chöku): einer der *Drei Zustände* der *Erleuchtung*. Der Wahrheitszustand ist die zeitlose *Erleuchtung* an sich, die leere Natur des *Geistes*. Er bildet die Grundlage für den *Freuden-* und den *Ausstrahlungszustand*. Er ist das letztendliche Wesen eines

Buddhas, jenseits aller Formen, Eigenschaften und Begrenzungen. Die Erkenntnis des Wahrheitszustands nutzt einem selbst und schenkt absolute Furchtlosigkeit, während die beiden Formzustände anderen nutzen.

Weisheiten, fünf: Die fünf *Buddha*-Weisheiten sind die wahre Natur der Störgefühle. Durch die Umkehrung der gewöhnlichen Erfahrung wird Zorn als ein spiegelähnlicher Zustand erkannt, Stolz wird zur ausgleichenden Weisheit, Anhaftung zur Fähigkeit zu unterscheiden, Eifersucht verwandelt sich in die Kraft, Erfahrungen aneinanderzureihen, und Verwirrung wird zur alles durchdringenden Einsicht.

Wesenszustand, auch Essenzzustand (sanskr.: svabhavikakaya, tib.: ngowonyiku): die Drei Zustände *Wahrheitszustand, Freudenzustand* und *Ausstrahlungszustand* drücken zusammen den *Buddha*zustand aus.

Yidam (tib., sanskr.: deva): eine der Drei Wurzeln; Quelle für erleuchtete Eigenschaften.

Zentralkanal (sanskr.: avadhuti; tib.: uma): eine Energieachse in der Mitte des Körpers; entsteht durch die weiße Energie (über den Samen) des Vaters nach oben und die rote Energie (über das Ei) der Mutter nach unten; ist nach 29 Tagen nach der Befruchtung vollständig entwickelt; er beginnt am obersten Punkt des Schädels und endet in der Form eines Reagenzglases vier Finger breit unterhalb des Nabels in der Mitte des Körpers. Kommen beide Energien beim Sterben zusammen, bedeutet das aus buddhistischer Sicht den Tod.

Zuflucht (tib.: khyab dro): wörtl. »zum Schutz gehen«; die Begegnung mit der eigenen *Buddhanatur.* Man wendet sich den Werten zu, auf die wirklich Verlass ist. Man nimmt *Zuflucht* zum *Buddha* als Ziel, zum *Dharma* – der Lehre – als dem Weg, und zur verwirklichten *Sangha* – den Bodhisattvas – als seinen Freunden und Helfern auf dem Weg. Dies sind die sogenannten *Drei Juwelen.* Im *Diamantweg* nimmt man zusätzlich Zuflucht zu den *Drei Wurzeln.* Die Zufluchtnahme bei einem *Lama* ist der rituelle Beginn des Weges. Er stellt eine Verbindung zwischen der *Buddhanatur* des Schülers und der zeitlosen *Weisheit* eines *Buddhas* her. Als gutes Zeichen bekommt man einen buddhistischen Namen, und es wird ein wenig Haar abgeschnitten, symbolisch für den Akt *Buddhas,* der, nachdem er seine Heimat verlassen und beschlossen hatte, all seine Zeit und Energie der Suche nach *Erleuchtung* zu widmen, seine Haare abschnitt.

Zunehmen (tib.: ched): Die zu Lebzeiten vier Finger unterhalb des Nabels in der Körpermitte ruhende rote weibliche Energie bewegt sich nach dem *Erlangen* in Richtung Herzensebene; dabei lösen sich 40 verschiedene Arten der Anhaftung auf.

Zurückziehung (buddhistische), auch engl.: Retreat: tage-, wochen- oder jahrelanges Meditieren an einem ruhigen, abgeschiedenen Ort, nicht abgelenkt von den Verstrickungen des Lebens. Am wirkungsvollsten mit klarem Ziel und vorgegebenem Tagesablauf und unter Betreuung an einer buddhistischen Stelle und in Abstimmung mit dem Lehrer. Es gibt offene und geschlossene Zurückziehungen, Einzel-, Paar- oder Gruppenzurückziehungen. Zurückziehungen schaffen mehr Abstand zum Alltag und fördern die Vertiefung der *Meditation*erfahrungen.

Zwischenzustand: siehe *Bardo*

Atisha (982–1054): Er lebte ab 1042 in Tibet und begründete zusammen mit dem Übersetzer Rinchen Sangpo (958–1055) und seinem Hauptschüler Dromtönpa (1004–1065) die Kadampa-Tradition, deren Lehrinhalte später von Je Tsongkhapa (1357–1419) zum Kern der Gelug-Tradition gemacht wurden. Atisha hielt drei große Übertragungen: die des »Weiten Verhaltens« von Asanga, die der »Tiefen Sicht« von Nagarjuna und die des »Segens und der Praxis« von Naropa; Atisha brachte das »Gefäß«, also die Wiederbelebung äußerer monastischer Formen, sowie die Mahayana-Grundlage nach Tibet; er übersetzte viele Belehrungen Buddhas von Sanskrit ins Tibetische.

Ayang Rinpoche (geb. 1941): geboren in einer Nomadenfamilie in Osttibet. Nach seiner Flucht aus Tibet baute er in Südindien zwei Klöster auf. Er ist Halter mehrerer Übertragungen des Phowa (Bewusstes Sterben) und hat diese Praxis in vielen Ländern gelehrt.

Dalai Lama: Der jetzige Dalai Lama Tenzin Gyatso (geb. 1935) ist die 14. Wiedergeburt der Dalai Lamas (mong.: »Ozeangleicher Lehrer«, als Titel an den 3. Dalai Lama 1578 von dem Mongolenfürsten Altan Khan verliehen); ihre Wiedergeburtslinie geht zurück auf Gendün Drub (1391–1474); er war ab seiner 5. Wiedergeburt das politische Oberhaupt Tibets, niemals das Oberhaupt aller Buddhisten.

Dilgo Khyentse Rinpoche (1910–1991): Er war einer der größten verwirklichten buddhistischen Meister der Nyingma- und Kagyü-Schulen des 20. Jahrhunderts und brachte zum Beispiel die jetzt im Westen verwendete Form des Phowa in die Kagyü-Übertragung ein. Er wurde als hervorragender Dichter, Gelehrter und Dzogchen-Meister respektiert. Dilgo Khyentse war einer der letzten aus der Generation großer Meister, die ihre Ausbildung noch in Tibet abschließen konnten. Viele hochrangige tibetische Lamas, so auch der 14. Dalai Lama, betrachteten ihn als ihren Lehrer. Auch im Westen hatte er eine große Schülerschaft.

Gampopa (1079–1153): Milarepas Hauptschüler und Lehrer des 1. Karmapa, Düsum Khyenpa. Buddha sagte voraus, dass Gampopa das Dharma in ganz Tibet verbreiten werde. Er vereinte die Kadampa-Schule des Atisha mit dem Weg des Großen Siegels (Mahamudra) von Milarepa. Die klösterliche Kagyü-Überlieferung beginnt mit ihm.

Zu einem seiner philosophischen Hauptwerke, dem »Kostbaren Schmuck der Befreiung«, sagte er, dieses zu lesen sei das Gleiche, als würde man ihm selbst begegnen. Dieses Buch erklärt Sichtweise und Weg des »Großen Weges« und ist eine hervorragende Einführung in die Grundlagen des Buddhismus.

Guru Rinpoche (sanskr.: Padmasambhava; wörtl.: »der Lotosgeborene«, tib.: Pema Jungne): brachte den Buddhismus, insbesondere die Diamantweg-Übertragungen, im 8. Jahrhundert nach Tibet. Er führte ein spannendes Leben und zeigte unzählige Wunder. Mit seinen Termas und den Vorhersagen der Tertöns begründete er die Nyingma-Linie und wird auch von den Kagyüs sehr verehrt.

(Goshir) Gyaltsab Rinpoche (geb. 1954): einer der Linienhalter zu Zeiten des 16. Karmapa; wendete sich im Juni 1992 mit Tai Situ Rinpoche dem von China unterstützten politischen Karmapa Urgyen Trinle zu.

Hambo Lama (hier der 12. Pandito Hambo Lama Dorzho Itigilow, 1852–1927): mumifizierte sich selbst nach seinem Tod durch eine besondere Meditation. Heute unverwest in Datsang nahe Ulan-Ude in Sibirien besuchbar.

Jamgön Kongtrul Rinpoche (1954–1992): Er galt als die dritte Wiedergeburt eines der größten Gelehrten und Meditationsmeister der Karma-Kagyü-Linie, des Jamgön Kongtrul Lodrö Thaye. Der dritte Jamgön Kongtrul Rinpoche – Lodrö Tschökyi Senge – floh als Kind zusammen mit dem 16. Karmapa aus Tibet und wurde im Kloster Rumtek in Sikkim erzogen und ausgebildet. Er begleitete als Jugendlicher den 16. Karmapa auf mehreren Reisen in den Westen und wurde später selbst als Dharmalehrer im Westen sehr aktiv. 1992 starb er bei einem Autounfall in Nordindien.

Kalu Rinpoche (1904–1989): Linienhalter der Shangpa-Tradition; er wurde Retreat-Meister für die traditionellen Drei-Jahres-Zurückziehungen; er verließ Tibet 1957 auf Wunsch des 16. Karmapa; ab 1971 reiste er häufig nach Europa, Nordamerika und Südostasien; er war unter anderem Lehrer des 14. Shamarpa, 12. Tai Situpa, 3. Jamgön Kongtrul und von Lama Ole und Hannah Nydahl.

Karmapa (tib.; wörtl.: »Derjenige, der die Buddhatat ausführt« oder »Herr der Buddha-Aktivität«): der erste bewusst wiedergeborene Lama Tibets und geistiges Oberhaupt der Kagyü-Linie seit dem 12. Jahrhundert. Der Karmapa verkörpert die Tatkraft aller

Buddhas und wurde schon von Buddha Shakyamuni und Guru Rinpoche vorhergesagt. Viele Karmapas hinterließen vor ihrem Tod einen Brief, der die genauen Umstände ihrer nächsten Geburt enthält. Bis heute gab es 17 Inkarnationen:

1. Düsum Khyenpa, 1110–1193
2. Karma Pakshi, 1204–1283
3. Rangjung Dorje, 1284–1339
4. Rölpe Dorje, 1340–1383
5. Deshin Shegpa, 1384–1415
6. Tongwa Dönden, 1416–1453
7. Chödrag Gyamtso, 1454–1506
8. Mikyö Dorje, 1507–1554
9. Wangchug Dorje, 1556–1603
10. Chöying Dorje, 1604–1674
11. Yeshe Dorje, 1676–1702
12. Changchub Dorje, 1703–1732
13. Düdül Dorje, 1733–1797
14. Thegchog Dorje, 1798–1868
15. Khakhyab Dorje, 1871–1922
16. Rangjung Rigpe Dorje, 1924–1981
17. Thaye Dorje, 1983–

Lopön Tsechu Rinpoche (1918–2003): Er wurde in Bhutan geboren. Als er 13 Jahre alt war, floh seine Familie wegen einer Seuche nach Nepal. Dort wurde er enger Schüler des Drukpa-Meisters Sherab Dorje Rinpoche, der sein Onkel war. Seine Ausbildung beinhaltete längere Zurückziehungen in Höhlen des Himalajas. 1944 begegnete er dem 16. Karmapa und wurde auch dessen Schüler. Lopön Tsechu Rinpoche war eine Schlüsselfigur des Buddhismus in Nepal. Er kümmerte sich um die buddhistischen Stämme des Landes, verwandte viel Energie auf den Erhalt buddhistischer Stellen, setzte sich für tibetische Flüchtlinge ein und arbeitete als Berater der Königshäuser von Nepal und Bhutan. Ab 1987 bereiste Tsechu Rinpoche häufig mit Lama Ole und Hannah, deren erster Lama er wurde (1968 in Nepal), Europa, Australien sowie Nord- und Südamerika. In Europa leitete er den Bau von 19 Stupas, darunter auch den mit 33 Metern höchsten Stupa außerhalb Asiens. Er wurde im spanischen Benalmádena im Oktober 2003 eingeweiht, wenige Wochen nach dem Tod des angesehenen Meditationsmeisters. Der 16. Karmapa sagte über ihn: »Wäre ich Buddha, wäre er Ananda« (der Lieblingsschüler Buddhas).

Machig Labdrön (1055–1149): tibetische Verwirklicherin; oftmals dargestellt in blassgelber Farbe, tanzend, mit einer Doppeltrommel in ihrer rechten und einer Glocke in ihrer linken Hand; sie gilt als die Begründerin der weiblichen Chöd-Übertragungslinie.

Maitripa (1007–1088): Schüler von Shavaripa, wurde ein Hauptlehrer Marpas. Seine Haupttatkraft war die Übermittlung der Lehren des Großen Siegels der Karma-Kagyü-Linie. Er lehrte Marpa auch das Singen von Dohas.

Marpa (1012–1097): der »große Übersetzer«; er reiste dreimal aus Tibet nach Indien und verbrachte dort viele Jahre, um bei seinen Lehrern zu lernen. Er vermochte den Buddhismus in Tibet wiederaufzubauen. Seine Hauptlehrer waren Naropa und Maitripa, von welchen er die Sechs Lehren Naropas und die Belehrungen zum Großen Siegel erhielt. Er war der erste tibetische Linienhalter der Kagyü-Schule und wurde Milarepas Lehrer. Die Laien- und *Verwirklicher*-Übertragung der Kagyü-Linie wird auch oft »Marpa Kagyü« (vgl.: Gampopa) genannt.

Milarepa (1040–1123): Hauptschüler Marpas und Lehrer Gampopas. Er ist der bekannteste der tibetischen Verwirklicher. Nachdem er sich auf Befehl seiner Mutter an 35 Feinden seiner Familie gerächt und sie getötet hatte, suchte er einen Weg, um das angesammelte schlechte Karma wieder zu reinigen. Er begegnete Marpa, und aufgrund seines unerschütterlichen Vertrauens in ihn und seines Willens, selbst unter den schwierigsten Bedingungen zu meditieren, erlangte er die Verwirklichung der Belehrungen in einem Leben.

Naropa (956–1040): Schüler Tilopas und Lehrer Marpas. Indischer Mahasiddha und ehemaliger Gelehrter von Nalanda, einer der großen buddhistischen Universitäten Indiens. Nach acht Jahren wandte er sich vom akademischen Leben ab und wurde ein wandernder, bettelnder Verwirklicher auf der Suche nach seinem wahren Lehrer. Er verfasste die erste schriftliche Zusammenfassung über wichtige tantrische Lehren, die Sechs Lehren Naropas (tib.: naro chö druk).

Nydahl, Hannah (1946–2007): Ehefrau von Lama Ole Nydahl; studierte ab 1968 zusammen mit ihrem Mann bei den höchsten Kagyü-Lamas, unter anderem beim 16. Karmapa. Ab 1972 teilten sie ihre Tätigkeiten in verschiedene Bereiche: Sie unterstützte die tibetischen Lamas und stellte so eine sehr wichtige Brücke zwischen Ost und West her, organisierte Reisen für bedeutende Rinpoches und begleitete sie, übersetzte wichtige buddhistische Texte, hielt Vorträge und unterstützte ihren Mann beim Aufbau von Zentren rund um die Welt.

Rechungpa (1083–-1160): einer der Hauptschüler Milarepas (der »Mondgleiche«); Laie und Verwirklicher, der in den Klöstern als Gegenteil zu dem immer tugendhaften Gampopa, dem »sonnengleichen« Schüler Milarepas, beschrieben wurde. Er wurde einer der Lehrer des 1. Karmapa Düsum Khyenpa und befindet sich hinter Karma Pakshi in dessen Kraftfeld, was eine große Ehrung bedeutet. Beherzt nahm er sich der einsamen Frauen an.

Sabtju Rinpoche: Hauptlama des Swayambhu-Klosters in Kathmandu/Nepal.

Saraha (spätes 8. Jahrhundert): einer der sogenannten Mahasiddhas; er war einer der großen tantrischen Verwirklicher; nachdem er eine Gefährtin hatte, arbeitete er als Pfeilschmied (er wird deswegen oft mit einem Pfeil dargestellt). Eine seiner Hauptaussagen ist, dass das Guru-Yoga die Essenz des »Weges der Befreiung« ist; er lehrte ebenso das Essenz-Mahamudra.

Shamarpa (tib.) oder Shamar Rinpoche (sha = Hut, marpa = rot): Der 2. Karmapa Karma Pakshi kündigte zwei Wiedergeburten von sich an: seine eigene und die von Shamarpa, um die Kagyü-Übertragung zu sichern. Der erste Shamarpa Khedrup Drakpa Senge lebte von 1283 bis 1349; der heutige 14. Shamarpa Mipham Chökyi Lodrö wurde als Neffe des 16. Karmapa 1952 geboren.

Shariputra: einer der Lieblingsschüler Buddha Shakyamunis; wurde in Nalanda geboren; Buddha schickte manchmal Schüler, die bereit für klare Einsicht waren, zu ihm; seine Fragen forderten immer wieder Buddhas Weisheit heraus; lehrte sehr fundiert das Prajnaparamita-Sutra.

Situ Rinpoche (geb. 1954), hier der 12. Tai Situ Rinpoche Pema Donyo Nyinje Wangpo: Der Khentin Tai Situ Rinpoche gehört zu den hochrangigen Tulku-Linien in der Karma-Kagyü-Linie. Der Titel geht zurück auf das Jahr 1407. Der gegenwärtige 12. Tai Situ Rinpoche wurde 1954 als Bauernsohn in Osttibet geboren und bald darauf vom 16. Karmapa offiziell als die Reinkarnation seines Vorgängers anerkannt. Er verließ mit 22 Jahren Rumtek und baute im über 1500 Kilometer entfernten nordindischen Himachal Pradesh das Kloster Sherab Ling auf. 1991 war er die treibende Kraft zugunsten einer Ernennung von Urgyen Trinle zum Karmapa-Titelträger, dem von den Chinesen eingesetzten politischen Kandidaten.

Tenga Rinpoche (geb. 8.7.1932 in Nanchen/Tibet): gründliche buddhistische Ausbildung in den Klöstern Benchen und Palpung. Er lernte außerdem tibetische Medizin. Anschließend führte er das traditionelle Drei-Jahres-Retreat durch. 1959 Flucht aus Tibet; er ließ sich am Hauptsitz des 16. Karmapa in Rumtek/Sikkim nieder. 1974 erste Reise nach Europa (mit dem 16. Karmapa). Seit Anfang der 1990er Jahre folgt er dem chinesischen politischen Karmapa-Kandidaten.

Tilopa (928–1009): großer indischer Meditationsmeister und Mahasiddha, der die gesamte Übertragung des Diamantweges in sich vereinigte. Er gab sie an seinen Hauptschüler Naropa weiter und wurde somit zum Vorvater der Kagyü-Linie.

Urgyen Tulku (geb. 1920 in Osttibet, gest. 1996 in Nepal): Er war Halter sowohl der Kagyü- als auch der Nyingma-Übertragungen. Er war kein Mönch; er begründete mehrere Klöster und Retreat-Zentren in Nepal. Ein großer Lama, bekannt durch Lama Ole Nydahls Bücher. Sein Werk »Blazing Splendor« zeigt den vollen Zauber Osttibets und der letzten Karmapas auf.

LITERATUR

Bokar Rinpoche: Der Tod und die Kunst des Sterbens im Tibetischen Buddhismus, Kagyü-Dharma-Verlag, 1992

Chögyam Trungpa: The Life of Marpa the Translator, Shambala, 1982

Ckökyi Nyima Rinpoche: Das Bardo-Buch, O. W. Barth, 1998

Chos-Kyi Blo-Gros Marpa: The Life of Mahasiddha Tilopa, Paljor Publications, 2002

Clifford, Terry: Tibetische Heilkunst, Ullstein, 1996

Diamantweg-Stiftung (Hrsg.): Raum und Freude, Buddhistischer Verlag, 2004

Doidge, N.: Neustart im Kopf. Wie sich unser Gehirn selbst repariert, Campus, 2008

Dzogchen Pönlop Rinpoche: Der Geist überwindet den Tod, Theseus, 2009

Fenwick, Peter, u. a.: Wir wissen mehr als unser Gehirn. Die Grenzen des Bewusstseins überschreiten, Herder, 2003

Gampopa: Der Kostbare Schmuck der Befreiung, Theseus, 1996

Halcour, Dieter: Das Lebensrad der Tibeter, Hanke, 1991

Hodge, Stephen; Boord, Martin: Das Illustrierte Tibetische Totenbuch, Urania, 2000

Kalu Rinpoche: Geflüsterte Weisheit: Die Lehren des Eremiten vom Berge, O. W. Barth, 2009

Keown, Damien: Buddhism, Brain Death, and Organ Transplantation, Journal of Buddhist Ethics, Vol. 17, 2010

Lopön Tsechu Rinpoche: Die Zwischenzustände, Teil 1–4, Bardo dieses Lebens, Bardo des Sterbens, Bardo des Klaren Lichts, Bardo des Werdens, Zeitschrift Buddhismus Heute 29–32, 1999–2001

Lyubomirsky, Sonja: Glücklich sein: Warum Sie es in der Hand haben, zufrieden zu leben, Campus, 2008

Nydahl, Lama Ole: Das Große Siegel, Droemer Knaur, 2006

Nydahl, Lama Ole: Über alle Grenzen, Aurum, 2005

Nydahl, Lama Ole: Wie die Dinge sind, Droemer Knaur, 2004

Nydahl, Lama Ole: Die Buddhas vom Dach der Welt, Aurum, 2003

Nydahl, Lama Ole: Die Vier Grundübungen, Joy, 2000

Parnia, Sam: What happens when we die?, Hay House, 2008

Pearsall, Paul: The Heart's Code, Broadway Books, 1999

Ray, Reginald A.: Secret of the Vajra World, Shambala, 2001

Sartori, Penny: The Near-Death Experiences of Hospitalized Intensive Care Patients: A Five Year Clinical Study, Edwin Mellen Press, 2008

Sheldrake, Rupert: The Extended Mind, Journal of the Society for Psychical Research 68, 168–172, 2004

Tenga Rinpoche: Übergang und Befreiung, Khampa, 1996

Thrangu Rinpoche: Ten Teachings from the 100.000 songs of Milarepa, Sri Satguru Publications, 1999

Thrangu Rinpoche: The Spiritual Biography of Marpa, the Translator, Sri Satguru Publications, 2000

Tsele Natsok Rangdröl: Wegweiser durch die vier Bardos, Joy, 2009

Tulku Thondrup: Friedliches Sterben, Glückliche Wiedergeburt, Windpferd, 2008

van Lommel, Pim, u. a.: Nah-Tod-Erlebnisse, Gesundheit aktiv anthroposophische Heilkunst, 2008

Zeilinger, Anton: Einsteins Spuk: Teleportation und weitere Mysterien der Quantenphysik, Goldmann, 2005

ÜBER DEN AUTOR

Ole Nydahl wurde am 19. März 1941 in der Nähe von Kopenhagen geboren. Nach seiner Zeit in der dänischen Armee studierte er in Dänemark, den USA und in Deutschland Philosophie, Englisch und Deutsch.

Während der Hochzeitsreise mit seiner Frau Hannah 1968 trafen sie zum ersten Mal auf große Lehrer der Diamantweg-Linie in Nepal; 1969 wurden sie die ersten westlichen Schüler des damaligen Oberhauptes der Karma-Kagyü-Linie, des 16. Karmapa.

Während ihrer nahezu vierjährigen umfangreichen Ausbildung im östlichen Himalaja bekamen sie von all den großen damaligen Meditationsmeistern und Verwirklichern die wichtigsten Übertragungen und tiefgründige Belehrungen der Kagyü- und Nyingma-Übertragungslinien. Diese waren unter anderem:

- *Mahamudra* (»Das Große Siegel«, die höchste buddhistische Sicht der Natur des Geistes) durch den 16. Gyalwa Karmapa 1969–1981;
- *Kagyü Ngagdzö* (die gesammelten »Schätze der wichtigsten Übertragungen« der Karma-Kagyü-Linie) durch den 16. Gyalwa Karmapa 1976;
- *Bodhisattva-Versprechen* (innere Verpflichtung, sein Leben der Erleuchtung aller Wesen zu widmen) durch Shamar Rinpoche, den zweithöchsten Lama der Karma-Kagyü-Linie 1970;
- Grundübungen *(Ngöndro)* durch Kalu Rinpoche 1970–1971;
- *Kagyü Ngagdzö* durch Jamgön Kongtrul Rinpoche 1989;
- *Kalachakra* (»Rad der Zeit«-Übertragung) durch Kalu Rinpoche 1985, Tenga Rinpoche 1985, den Dalai Lama 1985 und 2002, Lopön Tsechu Rinpoche 1994, Beru Khyentse Rinpoche 2009, Sakya Trizin 2010;
- *Sechs Yogas von Naropa* (fortgeschrittene tantrische Meditationen der Kagyü-Übertragung) vom Lehrer Situ Rinpoche 1975;
- *Phowa* (die Übung des Bewussten Sterbens) auf Wunsch von Gyalwa Karmapa durch Ayang Rinpoche 1972;
- *Chik Tsche Kun Dröl* (eine Zusammenstellung von Kagyü-Einweihungen) durch Tenga Rinpoche 1985;
- *Rinchen Terzö* (»Schatz der Nyingma-Übertragungen«) durch Kalu Rinpoche 1983.
- Außerdem erhielten sie verschiedene andere Einweihungen und

Belehrungen durch oben genannte Lamas und Dilgo Khyentse Rinpoche, Gyaltsab Rinpoche, Urgyen Tulku, Bokar Rinpoche, Kanjur Rinpoche, Gyaltrul Rinpoche und andere.

Im Herbst 1972 schickte der 16. Karmapa Ole und Hannah Nydahl nach Europa zurück. Sie erhielten den Auftrag, in Karmapas Namen zu lehren und in der westlichen Welt buddhistische Zentren zu gründen. Er ermächtigte das dänische Paar darüber hinaus, buddhistische Zuflucht sowie das Bodhisattva-Versprechen zu geben. Er nannte Ole Nydahl zunächst »Khampa«, die Bezeichnung für die osttibetischen Krieger, in den folgenden Jahren, in denen es für die Kagyü-Linie unvermeidbar wurde, politisch Verantwortung zu übernehmen, »Chökyi Magpön« – »Dharma-General«, und nach einigen Jahren »Mahakala«, die Bezeichnung für den Hauptschützer der Karma-Kagyü-Linie. 1977 ernannte Karmapa Ole Nydahl in den USA öffentlich zum Lama.

Der 16. Karmapa blieb über seinen Tod im Jahr 1981 hinaus ihr Hauptlehrer, der alles verband und bis heute der Arbeit Richtung gibt.

Shamar Rinpoche und Tenga Rinpoche baten Lama Ole Nydahl nach dem Tod des 16. Karmapa im Jahr 1987, die Praxis des Phowa (Meditation des Bewussten Sterbens) an westliche Schüler weiterzugeben. Seinen ersten Phowa-Kurs gab Lama Ole Nydahl im selben Jahr in Graz, Österreich. Bis heute übertrug er diese Meditation während durchschnittlich zwölf Kursen pro Jahr weltweit an mehr als 70 000 Menschen. Er gilt zurzeit als *der* westliche Fachmann auf dem Gebiet Leben, Sterben, Tod und Wiedergeburt und ist gleichzeitig Halter mehrerer Phowa-Übertragungslinien.

Während einer großen Veranstaltung vor mehr als 4000 Zuhörern stellte Shamar Rinpoche einmal fest, dass Lama Ole den Wünschen seines Lehrers, des 16. Karmapa, ganz genau und ohne den kleinsten Zweifel gefolgt sei, und dies sei der Grund, warum seine Aktivität mit so viel Erfolg bis heute Tausende von Menschen inspiriert.

Mit unveränderter Freude und Tatkraft arbeitet Lama Ole Nydahl mit der Wiedergeburt seines früheren Lehrers, dem 17. Karmapa Trinle Thaye Dorje, eng zusammen.

Websites zum Thema Buddhismus allgemein, zum Diamantweg und zu Lama Ole Nydahl
www.buddhismus.de
www.lama-ole-nydahl.de
www.diamantweg.de
www.diamondway-buddhism.org (mehrsprachig)

Buddhistische Zentren
Für weitere Informationen steht Ihnen ein internationales Netzwerk von über 600 Diamantweg-Zentren der Karma-Kagyü-Tradition unter der spirituellen Führung des 17. Karmapa Trinle Thaye Dorje, geleitet von Lama Ole Nydahl, zur Verfügung. Im deutschsprachigen Raum existieren mehr als 100 Gruppen. Die Adressen können über die angegebenen Websites eingesehen werden.

Europa-Zentrum
Hochreute 1
87509 Immenstadt
Telefon: +49 (8323) 9868740
E-Mail: join@europe-center.org
Homepage: http://europe-center.org

DEUTSCHLAND
www.diamantweg.de

Buddhistisches Zentrum Berlin
Milastr. 4
10437 Berlin
E-Mail: Berlin-Mitte@diamondway-center.org
Homepage: www.buddhismus-berlin-mitte.de

Buddhistisches Zentrum Braunschweig
Kramerstr. 18
38122 Braunschweig
E-Mail: Braunschweig@diamondway-center.org
Homepage: www.buddhismus-braunschweig.de

Buddhistisches Zentrum Frankfurt
Saalburgstr. 17
60385 Frankfurt am Main
E-Mail: Frankfurt@diamondway-center.org
Homepage: www.buddhismus-frankfurt.de

Buddhistisches Zentrum Hamburg
Thadenstr. 79
22767 Hamburg
E-Mail: Hamburg@diamondway-center.org
Homepage: www.buddhismus-hamburg.de

Buddhistisches Zentrum Kiel
Jungmannstr. 55–57
24105 Kiel
E-Mail: Kiel@diamondway-center.org
Homepage: www.buddhismus-kiel.de

Buddhistisches Zentrum München
Gabelsbergerstr. 52/Rgb.
80333 München
E-Mail: Munich@diamondway-center.org
Homepage: www.buddhismus-bayern.de/muenchen

Buddhistisches Zentrum Stuttgart
Esslinger Str. 22
70182 Stuttgart
E-Mail: Stuttgart@diamondway-center.org
Homepage: www.buddhismus-stuttgart.de

Buddhistisches Zentrum Wuppertal
Heinkelstr. 27
42285 Wuppertal
E-Mail: Wuppertal@diamondway-center.org
Homepage: www.buddhismus-wuppertal.de

ÖSTERREICH

www.diamantweg.at

Buddhistisches Zentrum Graz
Pfeifferhofweg 94
8045 Graz
E-Mail: Graz@diamondway-center.org
Homepage: www.diamantweg.at/graz/

Buddhistisches Zentrum Wien
Schmelzgasse 3/3
1020 Wien
E-Mail: Wien@diamondway-center.org
Homepage: www.diamantweg.at/wien/

SCHWEIZ

www.buddhismus.org

Buddhistisches Zentrum Bern
Gerberngasse 14
3011 Bern
E-Mail: Bern@diamondway-center.org
Homepage: www.buddhismus.org/bern

Buddhistisches Zentrum Zürich
Hammerstr. 9
8008 Zürich
E-Mail: Zuerich@diamondway-center.org
Homepage: www.buddhismus.org/zuerich

ANMERKUNGEN

1 Doidge, N.: *Neustart im Kopf. Wie sich unser Gehirn selbst repariert,* 2008

2 Das »Leib-Seele-Problem« ist ein europäisches, die philosophischen Traditionen in Asien zum Beispiel halten diese Trennung in Geist und Körper für illusionär oder bedeutungslos.

3 Der Kardiologe Pim van Lommel befragte an zehn niederländischen Kliniken 344 Patienten, die nach einem Herzstillstand klinisch tot waren und erfolgreich wiederbelebt werden konnten. Van Lommel kommt zu dem Schluss, dass a) klares Bewusstsein auch in Phasen eines Herzstillstandes und vollständigen Erliegens der Gehirndurchblutung möglich ist, b) Bewusstsein nicht als Resultat der Gehirntätigkeit betrachtet werden kann. Vgl. van Lommel, P.: *Endloses Bewusstsein. Neue medizinische Fakten zur Nahtoderfahrung,* 2009, S. 170 ff.

4 Das wohl einfachste Beispiel für die nicht duale, auf dem Sowohl-als-auch beruhende Quantenlogik ist der Welle-Teilchen-Dualismus: Das Licht kann je nach Betrachtung als Welle oder als Teilchen gesehen werden. Die spannendste Eigenschaft der Quantenfeldtheorie zeigt sich im Casimir-Effekt: Selbst in einem Vakuum brodelt es von virtuellen Teilchen, die aus dem Raum entstehen, für kurze Zeit bestehen und in den Raum zurück verschwinden.

5 Rosenkranz, Z.; Wolff, B.: *Albert Einstein: The Persistent Illusion of Transience,* 2007

6 Sheldrake, R.: *Journal of the Society for Psychical Research* 68, 168–172, 2004

7 »Ich glaube, wir müssen uns von der Idee lösen, dass Masse oder Energie das Primäre sind. Es könnte durchaus sein, dass das Primäre eben die Information ist.« Vgl. u. a. Zeilinger, A.: *Einsteins Schleier – Die neue Welt der Quantenphysik,* 2003; *Einsteins Spuk – Teleportation und weitere Mysterien der Quantenphysik,* 2005

8 So erhielten 2007 Abert Fert (geb. 1938 in Frankreich) und Peter Grünberg (geb. 1939 in Deutschland) gemeinsam den Nobelpreis für Physik. Unabhängig voneinander entdeckten

sie nahezu zeitgleich 1987/88 den Riesenmagnetowiderstand beziehungsweise GMR-Effekt (engl.: giant magnetoresistance).

9 A. Zeilinger in einem persönlichen Gespräch mit mir am 3. April 2006: »Es scheint, dass Information etwas ist, was über Zeit und Raum hinausgeht.«

10 Tsele Natsok Rangdröl: *Wegweiser durch die vier Bardos,* 2009; Tenga Rinpoche: *Übergang und Befreiung,* 1996

11 Nydahl, O.: *Wie die Dinge sind,* 2004

12 Dschetsün Gampopa: *Der Kostbare Schmuck der Befreiung,* 1996

13 Siehe Meditationen im Anhang

14 Vgl.: Nydahl, O.: *Die Vier Grundübungen,* Sulzberg, 2000

15 Eine Übungsreihe von vier verschiedenen Meditationen, die den Geist auf tiefer gehende Meditationen vorbereitet, vgl.: Nydahl, O.: *Die Vier Grundübungen,* Sulzberg, 2000

16 Manibhadra zählt zu den 84 Mahasiddhas. Diese großen Verwirklichten des alten Indien, Männer wie Frauen aus ganz unterschiedlichen Gesellschaftsschichten, verbanden auf einzigartige Weise ihre buddhistische Praxis mit ihrem Alltagsleben und sind daher wichtige Vorbilder für alle Laien und Verwirklicher bis heute.

17 Vgl. Lyubomirsky, S.: *Glücklich sein: Warum Sie es in der Hand haben, zufrieden zu leben,* 2008

18 Graphik: Malte von Tiesenhausen

19 »Dead, but a brain wave lingers on«, *New Scientist,* 12.2.2011

20 Deutsches Statistisches Bundesamt, Erhebung von 2007

21 Siehe Kapitel »Die Wege zum Glück«

22 Hodge, S., u.a.: *Das illustrierte Tibetische Totenbuch,* 2000

23 In Belgien ist dies zum Beispiel folgendermaßen geregelt: Ein Gesetz von 2002 sieht eine Ausnahme im Strafgesetzbuch vom dort festgeschriebenen Verbot des Tötens vor. Danach soll aktive Sterbehilfe dann straffrei sein, wenn der Wunsch nach lebensbeendenden Maßnahmen von einem unheilbar kranken, volljährigen und bei Bewusstsein befindlichen Patienten mehrfach und freiwillig schriftlich oder vor Zeugen geäußert wird.

Zwischen dem Wunsch nach Sterbehilfe und lebensbeendenden Maßnahmen muss ein Monat vergehen.

24 Informationsstelle Transplantation und Organspende (nur Totspenden, also keine Niere usw. von Lebenden entnommen) – letzte Statistik 2009

25 Deutsche Stiftung Organtransplantation – letzte Statistik 2009

26 Gewebespenden umfassen unter anderem Augenhornhaut und Knochen.

27 Pearsall, P.: *The Heart's Code,* 1999

28 Vgl. die Wiedergeburt in den Daseinsbereichen im Kapitel »Die Wiedergeburt«

29 Foto: Thomas L. Kelly

30 Lopön Tsechu Rinpoche: *Die Zwischenzustände,* Teil 3, BUDDHISMUS HEUTE Nr. 31, 1992

31 Vgl. Kapitel »Die Vorbereitung auf den Tod«

32 Nydahl, O.: *Über alle Grenzen,* 2005, und Kapitel »Das Bewusste Sterben«

33 Vgl. Kapitel »Das Bewusste Sterben«

34 Sie wurden bereits 800 n. Chr. von den Schamanen zerstört.

35 Ausführliche Erklärungen sind bei meinem Lehrer Tenga Rinpoche zu finden, von dem ich selbst unter anderem mehrmals die Shitro-Einweihung erhalten habe: Tenga Rinpoche: *Übergang und Befreiung,* 1996

36 Der genaue zeitliche Ablauf hängt vom persönlichen Karma ab und kann auch wesentlich kürzer ausfallen.

37 Vgl. Kapitel »Der entscheidende Augenblick«

38 Milarepa, einer der bekanntesten tibetischen Verwirklicher und Hauptschüler Marpas, Lehrer Gampopas. Aufgrund seines unerschütterlichen Vertrauens in seinen Lehrer und seines Willens, selbst unter den schwierigsten Bedingungen zu meditieren, erlangte er die volle Verwirklichung in einem Leben.

39 Foto: Ginger Neumann

40 Vgl. Abb.: Günstige Zeitpunkte für »Phowa für andere«

41 Stand 2010

42 Vgl. Kapitel »Die Wege zum Glück«, Abschnitt *Die Zuflucht*

43 Foto: David Bauke

44 Quelle: Presseagentur RUFO, 6.12.2004

45 In meinen Büchern *Die Buddhas vom Dach der Welt* und *Über alle Grenzen* wird die Bedeutung Kalu Rinpoches für den Westen sehr deutlich.

46 Ein sogenannter Ku-Dung

47 Wir haben den folgenden Bericht seines betreuenden Arztes Dr. Mitchell Levy von mehreren tibetischen Freunden bestätigt bekommen. Vgl. Ray, R.: *Secret of the Vajra World,* 2001, S. 465–480.

48 Vgl. Kapitel »Der entscheidende Augenblick«

Lama Ole Nydahl

Wie die Dinge sind

Eine zeitgemäße Einführung in die Lehre Buddhas

Antworten auf u.a. folgende Fragen: Was ist Buddhismus? Welche Wege lehrte Buddha, um festgefahrene Vorstellungen zu durchbrechen?

KNAUR

Lama Ole Nydahl

Buddha und die Liebe

Im Buddhismus werden Liebe und Partnerschaft als Grundlage für persönliches Wachstum und ein erfülltes Leben gesehen. Lama Ole Nydahl beschreibt eindrucksvoll, was Buddha empfahl, um eine Beziehung so zu leben, dass sowohl das Paar als auch dessen Umfeld in einen Bereich des Glücks eintreten. Er gibt in diesem Buch Antworten auf unsere wichtigsten Beziehungsfragen aus der Sicht des tibetischen Buddhismus.

Wie man das erreicht, wovon viele träumen: eine erfüllte Liebe und ein dauerhaft glückliches Leben.

KNAUR